JN145556

筑摩選書

芳賀 徹

haga toru

文明としての徳川日本

一六〇三―一八五三年

文明としての徳川日本　一六〇三―一八五三年　目次

III

文明としての徳川日本　一六〇三―一八五三年

プロローグ——徳川像の変遷

江戸時代の日本を指していうのに、私は「徳川日本」という呼びかたの方を好む。たとえば英語で **Edo Japan** といったのでは、地名が二つ並ぶだけで、意味をなさない。なんのことやらわからない。その点を考慮してか、英語圏の日本研究の学界ではすでに早くから **Tokugawa Japan** の呼称が定着している。これを日本語でも使う方が、徳川日本の歴史をはじめから一挙に普遍史の場において見直すことに通じ、ひろがりと新鮮さが得られる。少なくとも私にはそう感じられる。「トクガワ・ジャパン」というのは、大体、簡潔で、すがたもひびきもすてきな言葉ではないか。徳川日本のすがたそのままだとさえいっていいほどだが、それはそれとして、徳川期の日本をこう呼ぶことによって私たちは、少なくとも徳川日本に関する従来の二つの迷蒙から脱することができるように思う。

一つは、いわゆる江戸趣味からの脱却である。江戸期の日本を語るのに、たちまち歌舞伎の何代目何十郎かの声色に変り、これを知らにゃあお江戸は語れねえ、と江戸っ子ぶりを押しつけてくる体(てい)の悪趣味である。歌舞伎定式幕のあの三色(萌黄、柿、黒)と、浮世絵と根付けと、一心太助ばりの男伊達と、吉原花魁の「ありんす」言葉とに、せっかくの徳川文明の豊麗さ、その思いもかけぬ普遍性を、狭く小さく限定してしまいたがる傾向である。それらは、個々にはもちろん美しくもあり、興味深くもある。だが、それらへの趣味に執着するのは、いわば贔屓の引き倒し、というのに近いだろう。江戸を偏愛するあまり、徳川日本を相変らず薄暗い「井の中」にひきとめておく結果になりかねない。この江戸グルメの人々はたしかに愛敬があったが、幸か不幸か、最近では数が少なくなり、声も小さくなったかに思われる。

それにくらべて、いまだに根強いもう一つの迷蒙は、もっとたちの悪いもので、徳川日本をただ暗く歪んでいじけた「封建社会」と見下し、見放す徳川暗黒史観、私の呼んでいるいわゆる「夜明け前史観」である。島崎藤村が悪いわけではないが、その歴史小説（『夜明け前』、昭和四—十年『中央公論』連載）の題名があまりにうまくできていた。そのため題名がひとり歩きして、黒船が来、明治の御一新になってはじめて夜が明けた、つまりそれ以前はただ暗い息詰まるような夜だった、とのイメージを一般の間にまで広め、定着させてしまったのである。それはもちろん藤村の作品一つのせいではなかった。すでに明治はじめの文明開化史観以来、戦前昭和から戦後にかけてのマルクス主義史観、また戦後の近代主義史観と、藤村前後のおよそ三世代にわたって、学界・言論界では、いわば「徳川いじめ」がつづけられてきた。高校、中学の日本史教科書の記述にまで強い影響力を及ぼしたこれらの史観と、藤村の「夜明け前」像とが、期せずして増幅しあって、江戸時代日本史をいよいよ黒く暗く塗りこめてきたのである。

その見かたは要するに、イギリスやフランス、あるいはアメリカの輝かしくも立派な市民革命と民主主義の歴史に比較して、日本の近代化がかくも遅れ、かくも歪み、ついにかく挫折したのは、江戸期封建制の重い残滓と天皇制のせいだ、ということだった。その残りかすを清算しなかった明治維新は絶対主義革命か、いやそれでもやはりブルジョア革命か、などという戦前以来の議論がつい先年まで、幾多のこむつかしい「概念規定」をからめて大まじめに交わされ、私の耳にさえまだその残響をとどめているのは、今日からすると、不思議に思われるほどである。

私が学部学生、また大学院生のころに目にした日本人による日本史書というのは、少なくとも近世＝近代に関する限り、ほとんどみなその種の、西欧近代を理想型として下された日本近代化への重罪判決の宣告、その「挫折」「限界」への告発文のようなものばかりだった。あのころの学者たちは自分自身の「限界」などは棚にあげて、よほど高邁な地点に立って歴史を見下しておられたのであろう。気の毒なのは彼らの糾弾の犠牲となった徳川日本であり、彼らの「人民史観」によって、生涯笑ったこともない、ひたすら地べたを這う獣のごとくに扱われた徳川の民衆たちだった。いま思うと、いささか古い連想だが、徳川日本は映画『アマデウス』の終幕に出てくる共同墓地のあの大きな墓穴のようなものでもあったろうか。日本近代の「悪」は、モーツアルトの亡骸のごとく袋詰めにされて、冷たい雨の降る日につぎつぎにその穴のなかに投げこまれていったのである。

そのためか、私なども、いまから五十年前、明治から洋学の系譜をさかのぼってしだいに徳川研究に入っていったときは、なにかうしろめたいような、薄闇に入ってゆくような、あるいは泥沼に踏みこんでゆくような気がしないでもなかった。それだけに、その後の徳川発見はスリルに富んで面白くてならなかったということもあるが、要するにあの徳川「夜明け前」史観は、史家の政治的イデオロギーによるにせよ、対西洋コンプレクスによるにせよ、あまりにも狭隘な見かたであった。徳川日本をその鎖国体制や幕藩制まで含めて「トクガワ・ジャパン」として世界史の広がりとコンテキストのなかに開け放ち、自在に遠近をとってその幸も不幸も、光も闇も相対的に評価してやるという、人文的寛容、人間的度量に欠けていたのである。「世界史の基本法則」に照らし合わせるなどといいながら、極東の島国の歴史がその「法則」にうまく合わぬことを責め、この歴史を特殊視し局地化し差別扱いしたのである。その結果、それならなぜこの日本近代史を動かぬ一つの実例としてその「基本法則」とやらを逆照射して、その自称普遍性を改訂させないのか、日本を、他国と、比較はしても、なぜ他国を、日本と、比較してみようとはしないのか、——と、かえってアメリカ人の日本史家（A・クレイグ）に挑発されたりするしまつだった。

いまふりかえると、江戸時代を徳川文明として、そして **early modern** として広い視野でしかも親身に評価する点では、むしろ大正期の歴史家たち——内田銀蔵や辻善之助、津田左右吉や村岡典嗣、幸田成友や内藤湖南、それに徳富蘇峰や森銑三といった官学・在野のリベラルな史家たちの方がはるかにすぐれ、均整がとれていた。彼ら碩学（せきがく）の史書はいまなお読んで面白く、知的刺戟と示唆に富み、文学的な興趣にさえ富んでいる。そこにはもちろん史伝の森鷗外をも加えるべきだろう。この史家たちは、着眼の自由さでも発想の豊かさでも、教養と視野の広さでも文章のしなやかさでも、後代のマルクス派の磧石（かわらいし）のごとき悪文とは段違いというものだった。

この人文学者あるいは文人学者たちが徳川暗黒史観による学界支配を後方から制して許さぬ大山脈であったとするなら、一九六〇年代にはこんどは太平洋のかなたから、主としてアメリカの学者たちが「日本近代化研究」*Studies in the Modernization of Japan*（Princeton University Press, 1965–1971）というかたちで、これに徹底的なゆさぶりをかけてきた。いうまでもないライシャワー、ホール、ドーア、ジャンセン、キーンといった当時のアメリカ・ヨーロッパ日本学の、満を持し、総力をあげての挑戦で、これが「近代化」という大きな比較史学の枠組みのもとに、江戸の日本を世界史の明るみのなかにひっぱり出し、まさに**Tokugawa Japan**として仕立て直したといってよい。この挑戦は日本の学界にもようやく新しい渦をまきおこしたが、そのころから「トクガワ」の名が海の向こうでもこちら側でも、従来とはまるでちがうトーンでひびきはじめたのは確かだった。

だが、そのアメリカ学派の研究の一端につらなった自分自身の寄与をもふくめて、いまあらためて考えてみると、この近代化論のなかで徳川の文化と社会は、明治以後のいわゆる「成功」につながる面——たとえば教育水準の高さとか、実学的合理思想の発展とか、有能な武士官僚群の養成とか——でのみ評価された、少なくともその面のみが強調されたというきらいがある。そこにはなお単線思考的な、「近代」の高みから「近代」に近いほどよしとする、一種の功利主義的な進歩史観が働いていたのではなかったろうか。

いま、あの六〇年代もはるかに遠ざかり、ポスト高度工業化、ポスト・モダンともいわれるような時代に入ってみると、アーリー・モダンの徳川日本はまたまた別な、もっと濃密でもっと親密な様相をおびて、さらに意味深く見えてくる。後代日本の発展や挫折とはなんのかかわりももたぬような文化所産、なかにはあの江戸グルメ派の好きだったような要素までみな含めて、しかも同時代世界史の視野のなかで、いまはじめて徳川日本を一つの総体として「まるごと」問うことができるようになったのではなかろうか。

正確には慶長八年（一六〇三）二月、初代徳川将軍として家康が江戸に幕府を開いてから、慶応四年（一八六八）九月、第十五代将軍慶喜のもとにその幕府が瓦解し明治と改元されるまで二百六十五年間の歴史。一政治体制がこれほどはっきりとした始まりと終りをもっているのは、世界史上にも珍しく、近世史家大石慎三郎氏はこれをたわむれて「尾頭つき」と呼び、尾頭つきでぴんとした魚は極上の味だと述べたりもした。しかも、その上下を限定された長い時間のあいだに、空間も日本列島という一地域に限定されて、ゆっくりと営まれ熟成しやがて崩れていった、一つのみごとに完結した独特の文明体——それが徳川日本というものにほかならない。

その時空間内では、島原の乱（一六三七—三八）を最後として戊辰戦争（一八六八）にいたるまで、日本列島を舞台とした内戦や対外戦争はもちろん、反乱や宗派争いさえ絶えてなく、ただ「御静謐」が、完全平和が、この列島内にびっしりと詰まっていた。十八世紀の京都の詩人與謝蕪村の――

春の海終日（ひねもす）のたり〳〵哉
菜の花や鯨もよらず海暮（くれ）ぬ
うづみ火や終（つひ）には煮（にゆ）る鍋のもの

などの句は、むしろこの長い長い「徳川の平和」（Pax Tokugawana）の自覚と、そのもとでの文化熟成のありようを内側から照らしてみせた作ともいえるのではなかろうか。そうだとすると、この徳川文明の歴史過程そのものが、その個々の豊富な文化所産にもまして、いよいよ強く今日の私たちの関心を惹かずにはいない。徳川日本の時間空間の全体が、まるでそのまま歴史哲学のための思索の場となり、文化と社会の相互作用や異文化摂取過程の観察など、文化動態研究のための恰好の実験室となりうるのである。そしてさらには、永い平和の持続と一国文化の変容との間の相互作用といった、世界史上のさまざまな大問題を考えてゆくためのデータの宝庫、また智恵の鉱脈ともなるだろう。

「世界史のなかの徳川日本」の最大の意味は、これからはむしろこのようなところにこそ見いだされてゆくのかもしれない。

I

1 「洛中洛外図屏風」の世界

数多の「洛中洛外図」

普通「洛中洛外図」と呼ばれている屏風絵では、いま千葉県佐倉市の国立歴史民俗博物館に収められている旧町田家蔵の屏風が室町時代後期、十六世紀前半の作で、いちばん古い。そのあと安土桃山から徳川の前期・後期まで、いくつもいくつも描きつづけられた。現存するものだけでも八十点以上はあるといわれるから、たいへんな数になる。

そのなかには、織田信長が安土城を築いてそこに移る少し前のころ、自分が重用していた画家狩野永徳（一五四三―九〇）に描かせて、天正二年（一五七四）に、天下取りのライヴァルである上杉謙信に贈ったという有名な六曲一双の屏風もある。信長―永徳―謙信という三人の組み合わせだけでもすごいことなのに、それが旧米沢藩主の上杉家に大切に保管されてきて、いまは国宝となって米沢市の博物館でときどき公開されているというのは、この名品がたどった四百四十年余の歴史を思いやれば、なにか不思議な気がするほどに、ありがたいことだ。

もう一つとくに有名な「洛中洛外図屛風」には、専門家たちのあいだで「舟木本」と呼ばれて、いま東京国立博物館の所蔵となっている、同じく金地に着色の六曲一双の作もある（二六、二七頁）。高さは一六二cm、横幅は左隻右隻それぞれに三四二cm、合わせれば七mに近いという大屛風絵。これは、第二次大戦後まもなく、近江長浜の舟木というお医者さんが彦根で買い求め、昭和二十四年秋、たまたま当地を訪れて舟木邸に泊った美術史家源豊宗氏がこれをはじめて見て驚嘆し、京都国立博物館に展示して世に知らせたという逸品である。この屛風もなかなか数奇な運命をたどって、国の重要文化財となった。

「洛中洛外図屛風」の制作年代の判定は、画中に描かれた建造物の建設や修復の記録から推定する難しい仕事だが、近世美術史専門の辻惟雄（のぶお）氏は、この舟木本は画中の景観年代から推して元和二、三年（一六一六、一七）のころの作だろうと述べている。徳川家康（一五四二―一六一六）が、すでに大御所ながら、大坂冬の陣、夏の陣で豊臣勢を殲滅して一年後のころ、そして彼が七十四歳で駿府（静岡）で死去する年のころということになる。

舟木本とほぼ同じころの慶長十八年（一六一三）以後の作と推定されている、京都の高津（こうづ）古文化会館蔵の「洛中洛外図屛風」（高津本）もある。これは、右隻のほとんど真中に、鴨川を上下方向、つまり縦に幅ひろく描いて、三条、四条、五条の橋とその東西の通りのにぎわいを俯瞰するという大胆な構図をとっていて、他の「洛中洛外図」とはずいぶん違い、これもまたたいへん

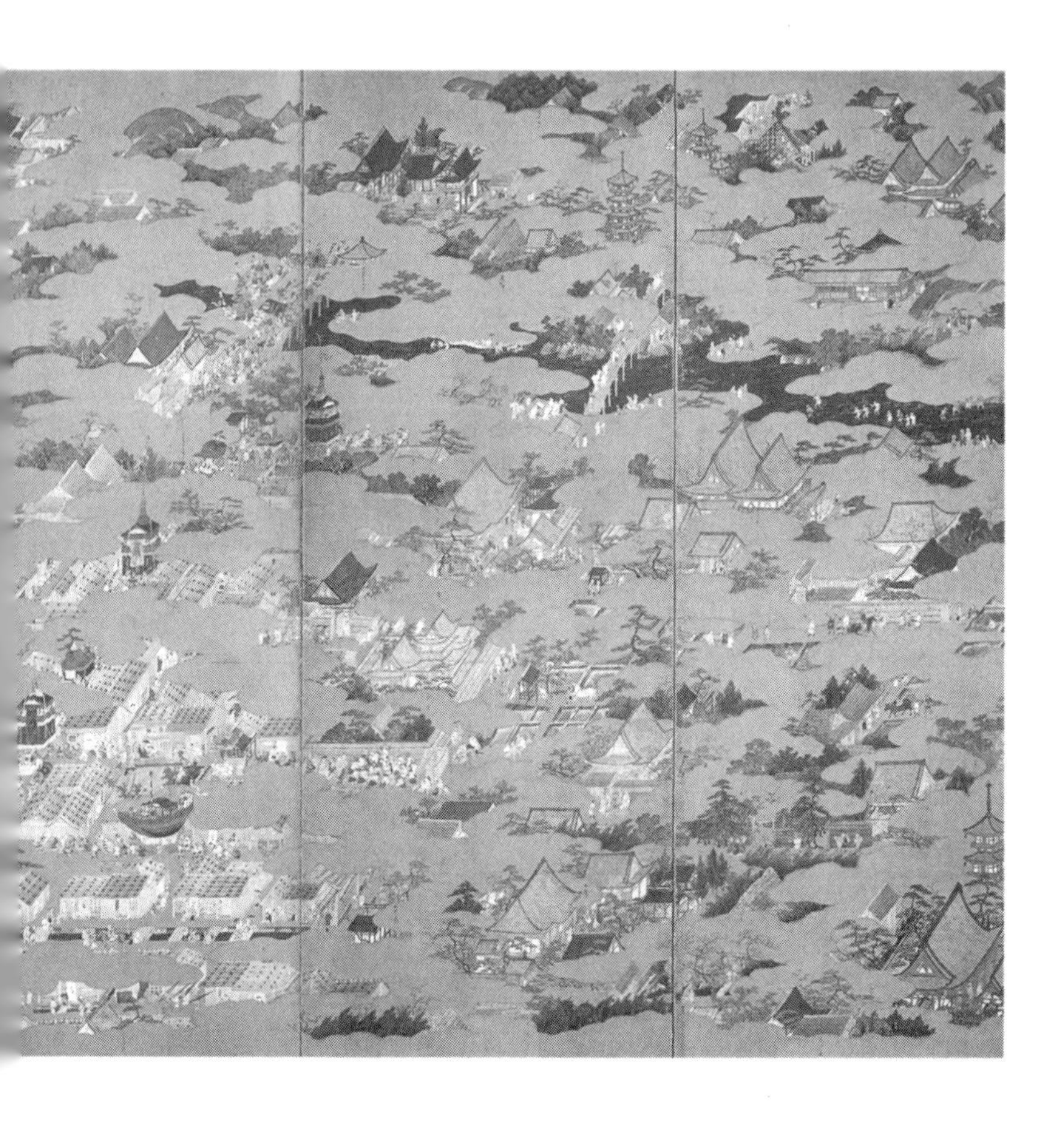

上杉本「洛中洛外図屏風」右隻（米沢市上杉博物館蔵）

面白い。

「洛中洛外図屏風」の主なものは、前にもふれたように、みな右隻と左隻が対になっていて、高さが一五〇cmから一六〇cm前後、横幅が左右合わせて六mから七mという大画面の作ばかりである。そのほとんど全面にわたって、金色の雲形が横にたなびき、その雲の切れ間ごとに都の内外の山や川、神社仏閣、さまざまな御殿、東西南北の通りとそこにひしめく商店、人家、そして各層各種の人々のすがたが描きこまれている。だから、博物館の特別展などでめずらしく出品されていても、とても三十分や一時間で細部までを見つくせるものではない。全体の大きさと、金の雲の絢爛たるかがやきと、その雲を突き破ってあふれる都市の景観の美しさと活気に、まず圧倒されて息を呑み、それからようやく細部の面白さに気づいて、いくらかのぞきこんだところで帰ってくる、というのが私たち素人の常である。

もっとよく見ようと思ったら、こんどは美術館用の小型望遠鏡を携帯して、まる一日を屏風の前で過ごすつもりで出かけるか、あるいは図書館から大判の重い画集を借りてきて、そのなかの拡大図版をさらに拡大鏡を使ってなめるように見つめまわして一晩を過ごすか、どちらか以外にない。大徳寺の塔頭や二条城などで畳に坐って襖絵の山水や花鳥を鑑賞したり、ルーヴルのルーベンスやウフィツィのボッティチェルリの前に立って、その大画面をたのしんだりするのとは、まるで違う見かたが必要なようだ。

京のまちのにぎわい　上杉本「洛中洛外図屏風」部分（米沢市上杉博物館蔵）

上杉本「洛中洛外図」

だが、そうやって注意深く「洛中洛外図屏風」をながめ直してゆくと、これはまたなんという面白さ。絵のなかに、そして絵を通して四百年余り前のみやこ暮らしのなかに、しだいに深く惹きこまれてゆくような気がして、しまいには、しばらくはそこから抜け出せなくなるような気さえする。

あちこちに群青色の大きな瓦屋根を見せている寺院や塔も、茶色い檜皮葺き（ひはだぶき）の屋根をつらねる神社や宏壮な館も、画面を見わたしたとき、もちろんまず眼に飛びこんでくる重要なランドマークで、それらがみな京都人自慢の由緒深い名所であったことはいうまでもない。上杉本の「洛中洛外図」でいえば、右隻第一扇（せん）の右端下の東寺から画面を上に、つまり東の方に眼をあげてゆけば、濃い群青の鴨川を五条の橋で渡って、その先に三十三間堂も、東福寺も清

舟木本「洛中洛外図屛風」右隻（東京国立博物館蔵）

水寺の舞台も金の雲間にくっきりとすがたを見せている。そのまま画面上部の東山ぞいに左に、つまり北に眼を動かしてゆけば、八坂の塔、祇園社、南禅寺などがいかにも遠そうだけれどもはっきりと望まれ、さらに最後の第六扇の上端には比叡山と東山殿(どの)つまり慈照寺（銀閣）がある。そこからふたたび鴨川を西に渡って、画面を下におりてくると、十あまりの屋根をつらねて内裏の構えがひろがり、その紫宸殿の白砂の庭ではいましも元旦の節会(せちえ)の舞楽が舞われているのが俯瞰できる。そしてこれらの南、東、北の名所、名勝にぐるりと囲まれたかたちで、洛中下京の町なみのにぎわいが、右隻の中心部を占めていっぱいに描きこまれている。

　上杉本のこの右隻が、下京の家なみを西側から見晴らして、鴨川の向こうの洛外東山まで眺望しているとすれば、左隻の六扇は北の洛外の鞍馬山や上賀茂神社や深泥(みどろが)池を描く第一扇からはじまって、京の西山を高雄、愛宕、嵯峨、嵐山と、画面上方のかなたに望みながら、上京(かみぎょう)の公卿や大名たちの大邸宅や室町将軍の館などが立ちならぶ町筋を右から左へ、つまり大まかに北から南へ、今出川のあたりまでゆっくりと移動しながら俯瞰していった、といえる。

　この景観の配置、構成のしかたが、上杉本から四十数年後の舟木本となると、ずいぶん大きく変わってしまう。舟木本は、東山、北山、西山の遠景はなるべく省略して、右隻六扇のほとんどを方広寺の大仏殿から祇園社と五条大橋周辺にひろがる洛東と河原のにぎわいで埋めてしまう。左隻の方も、三条大橋、小橋を渡ったさきの寺町通の母衣(ほろ)武者行列の騒ぎから、第五、六扇の上下の、内裏と二条城のたがいに壮麗を競いあうような構えにいたるまでを、上杉本中の建造物よりもはるかに大きくズーム・アップして描いている。右隻から左隻へと町筋の景観はほぼ連続して、全体として洛中下京と洛東の殷賑ぶりを南側の東寺の五重塔の上あたりから北に眺めわたしたような斬新な構図となっている。

これらの神社仏閣、また楼閣や民家の建築物も、それらの画中での配置のしかたも、みな興味深いし、大事な問題にはちがいない。だが、なんといってもいまの私たちを魅惑してやまないのは、大きな屛風絵のいたるところに群れ、それらの建造物の内にも外にも見えている数かぎりない京都町衆のすがただ。数かぎりないとはいっても、その人数を数えた人がいて、それによれば、たとえば上杉本の「洛中洛外図屛風」には二千四百八十五人が描かれ、舟木本ではさらに多くて、なんと二千七百二十八人の人物が動きまわっているとのこと。それも、天皇や将軍をのぞけば、公卿、武家、神仏の宗教者から、職人、商人、農夫、漁師、巡礼、聖、役者、遊女、賤民、乞食にいたるまで、あらゆる階層、あらゆる職種の人々が、みなそれぞれの服装、仕種、表情で、克明に、実にいきいきと描きわけられている。

「洛中洛外図屛風」をながめたとき、画中から私たちに迫ってくる活気とは、なによりもこの桃山、徳川初期の京都民衆のすがたから発してくるものにちがいない。たいがいの「洛中洛外図」には、夏の祇園祭の情景が中心部に欠かせないものとして描かれていて、たとえば上杉本ではそれが右隻の第三扇に四条通を進む山鉾巡行としてあざやかにとらえられている。祇園社本殿から出てきた神輿は、特別に架けられた鴨川の四条橋を渡り終えたり、これから渡ろうとして、神官

山鉾巡行　上杉本「洛中洛外図屏風」部分（米沢市上杉博物館蔵）

をふくむ大勢の人に前後を守られているし、山鉾の方も長刀鉾や蟷螂山（とうろうやま）を先頭に、四条通を鶏鉾、岩戸山と何台もつづき、しんがりの船鉾が善長寺の前の新町通を北に進んで、もうじき四条通に出ようとしている。

　それぞれの山や鉾を振り返りながら懸命に曳いている浴衣がけや両肌ぬぎの男たち、鎧兜を身につけてそれを先導する男たち、あるいは車輪を方向転換させるためにひょいと腰をかがめ、からだを横にひねって車の輻（や）に棒を当てようとしている男。そして「わあー、御巡行だ」とばかりに、室町通の堀ぞいに走ってくる旅人すがたの男たち、菅笠をかぶった女たち。鉾をはさんで反対側には、その高さを仰ぎ見ている坊さんの一団や、被衣（かつぎ）をかぶった女たちと子供。――まるで、四百四十年前の彼らの歓声や囃（はや）し声が聞こえてくるかのよう。これらの街景を描いた絵師狩野永徳は、よほど親密に祇園会（ぎおんえ）のにぎわいを知り、これが応仁の乱（一四六七―七七）の後にいまや完全に復活したことのよろこびを町衆とともにわかちもっていたのにちがいない。

舟木本「洛中洛外図」

これが上杉本より四十余年後の舟木本左隻に描かれた祇園会の後の祭となると、さらに騒々しく、なまなましくなる。三条通から南に寺町通に曲がった神輿の前には、五十人余りもの男どもがみなからだを傾かせて、入り乱れて踊り狂い、さらにその先には、身の丈の三倍以上はあるような派手な母衣を背負った武者姿の男が三人、黒地に日の丸印の笠をかぶり、黒い長い羽織を着た男どもや、大きな鬼の面をつけた男たちに前後を守られて行列してゆく。彼らの叫び声や、ずしんずしんと足を踏みつける地響きまでが聞こえてくるかと思われる（三二頁）。

と思うと、右隻第六扇の下端から左隻第一扇の下端につながる三筋町（上の町、中の町、下の町）の遊廓では、若い女たちが身をしならせて風流踊を踊る（三三頁）のを、顔を扇子でかくした武士風の男たちが眺めて品定めをしている。その一筋南の下の町では、女が若いかぶき者の手をとって誘い、中年の男が女を後から抱きしめながら女の胸をさぐり、道のまんなかでひしと抱きあっている男女もいるという、まことに真昼間から猥雑なかぶき仕立ての情景である。そういえば、右隻の五条大橋と左隻の三条大橋の間の四条河原では、東岸にも西岸にも芝居小屋が立って、遊女歌舞伎、人形芝居、能が演じられ、鶴丸紋の幕のなかの舞台では出雲の阿国風の歌舞伎

母衣武者行列　舟木本「洛中洛外図屏風」部分（東京国立博物館蔵）

風流踊　舟木本「洛中洛外図屏風」部分（東京国立博物館蔵）

が進行中。どの小屋も老若男女の熱心な観客でいっぱいだ（三四頁）。

上杉本の右隻第四扇では、室町通を東にちょっと入った路地で、駕籠から下りた母親らしい女が医者の竹田法印の家の築地塀の横に向かって子供におしっこをさせている。画中にこれを見つけてよろこんでいたら、こういった小景は、子供たちの遊びや猿まわしやかぶき者の喧嘩などと同様に、「洛中洛外図」には絵を面白くするための点景としてよく登場するのだと、専門家から教えられた。その専門家の一人、辻惟雄氏は、舟木本の母衣武者行列（三二頁）のすこし先に、警固の武士に先導させて四人の異国人が歩いてゆくのを指摘し、そのまんなかで黒い帽子に黒いマントをはおり、お供の黒人に大きな日傘を差しかけさせているひげ面の大男は、平戸のイギリス商館長リチャード・コックスその人ではないかと推定している（三五頁）。コックスは彼の日記によると、一六一六年十一月二日、通訳トムに案内させて、方広寺の大仏殿や三十三間堂から始めて京都市内を見物したのだそうだ。

四条河原の歌舞伎　舟木本「洛中洛外図屏風」部分（東京国立博物館蔵）

当時英国商館員は商取引のためにしばしば上洛していたとのことだから、この辻氏の説は当たっているかもしれない。一六一六年とは元和二年のことで、この点からも辻氏は舟木本の成立を元和二、三年のころと推定してみたのである。

このコックスらしき西洋人は、もう一人の従者に黒い大きな洋犬を赤い綱で連れさせているし、コックスの横につきそう帽子の少年も茶色の小さめの犬を曳いている。黒犬が「京都の夏は暑いな」とばかりに赤い舌を出して喘いでいるのは、辻氏もちゃんと見つけている。そして西洋人一行の先では、寺の門前に武士風、町人風の男たちや女が坐ってさもさも珍しそうにこの異国人一行を見物しているし、寺のなかからは黒衣の坊さんが二人、「見のがすな」と言いながら飛び出してきている。

都市生活景観図の構想

このようにして、虫眼鏡を手にしながら「洛中洛外図」の画集を眺めていれば、飽きることなく、ほんとうに一晩二晩ではとても足りない。ところで、画中の細部をしばし離れて考えてみれば、「洛中洛外図」というこの卓抜な都市生活景観図の構想は、いったいどこから由来したのだろう。十六世紀初頭の京都に突然変異のごとくに出現したとも思われない。

それには諸説あるようだが、近世美術専門の武田恒夫氏がうまくまとめて解明してくれている。それによれば、要するに、平安時代以来の伝統のやまと絵の画題や画法が背景にある、ということである。やまと絵は、鎌倉後期から宋元画の影響を受けて展開したいわゆる唐絵（からえ）とは違って、日本の風景や風俗を淡彩を用いて描いてきたが、そのなかでもとくに詩歌と結びついて発達したジャンルに、四季や十二カ月の景物、風俗をあしらう四季絵ないし月次絵（つきなみえ）があり、またもう一つ、各地または数カ国の名所を選んで描く名所絵があり、どちらも障屏（しょうへい）画のかたちをとっていた。

犬をつれた西洋人　舟木本「洛中洛外図屏風」部分（東京国立博物館蔵）

この二つのジャンルが合流して、ある名所にある季節を当てて描くということは、これも和歌の歌枕の系譜と作用しながらすでに早くからあったのだろうが、名所選びの対象を京洛という一地域に限ることにすれば、そこにおのずから「洛中洛外図」が成立してくる。武田氏も土佐光信筆の「洛中洛外図」と呼ばれるめくり六枚の模写図の例などをあげて縷々説明するように、町田本まで含めて初期の洛中洛外図屏風では、たしかに、京の内外の景観を右（南・東）から左（北・西）に展開させてゆく空間構成に、春夏秋冬の自然と人事（年中行事等）の変遷という時間構成を重ねてゆく画法が、まだ試みられていた。

だが、おそらくようやくおとずれた都（みやこ）の生活の安定と繁栄とともに、市街および郊外の景観そのものとそこに営まれる市民の生業（なりわい）と風俗にもっぱら画家たちの関心が集中していったからであろう、洛中洛外の名所と四季の組み合わせは、すでに十六世紀後半の上杉本でずれを見せはじめ、十七世紀初めの舟木本にいたれば、祇園会の後の祭、その他のいくつかの行事をのぞけば、早くもほとんど顧みられなくなる。上杉本では、都を制する者が天下を制するという覇気があの絵を描かせ、画人永徳にもおそらく伝わっていたその野望の高みから眺めおろせば、洛中洛外の庶民のあの田園牧歌風の平和で美しい生活情景こそが誇りであり、愛着の対象でもあったのだろうか。そして大坂夏の陣の後の舟木本では、天下の実権が江戸に移ってしまった後の王都ににわかに生じた新しい不安と緊張と、それでもなお変わらぬはずの繁栄への自負と、この変動のなかに生じたかぶき者的デカダンスの美味とを、こもごもに誇示することともなったのだろうか。

大都市の市民の生活とそれをも含む景観の全貌を、ある高さから俯瞰して描いてゆくという行為には、たしかになんらかの新しい都市への意識ないしは思想が働いていたと思われる。安土桃山・江戸初期の日本古典復興の時代とはいえ、和歌的な名所と四季の取り合わせという伝統の作

「一遍上人聖絵」に描かれた街道沿いの集落　部分（遊行寺蔵）

法だけではもはや満たされぬ思いが、画人たちの心裡にもあったのだろう。

だが、それにしても、高度一〇〇m（上杉本）ないし五〇m（舟木本）でヘリコプターを飛ばしながら、その機中から眼下の洛中洛外の景を絨毯爆撃ならぬ絨毯描写してゆくというような、武田恒夫氏の言葉を借りれば「多数統一というよりも多数集合の原理」によるこの大画面構成の法を、狩野永徳以下の画家たちはどのようにして手に入れたのであろう。

たしかに、都市の一郭や街道沿いの集落を物語展開の必須の一部として描くことは、すでに平安末期の「信貴山縁起絵巻」や「伴大納言絵詞（えことば）」、また鎌倉末期の「一遍上人聖絵（ひじりえ）」（一二九九）などの絵巻物のなかでも、しばしば実に巧みに行われていた。しかしそれらはあくまでも絵巻物のなかの点景ないし背景にすぎなかった。

高さ一五〇cmないし一六〇cm、横幅は六mないし

七m余という屏風の六曲一双の大画面のなかに、上から下へ、右から左へ連続して、都市内外の景観と風俗をびっしりと、すべて等距離で俯瞰して、しかも細密に描きこんでゆくというこの画法——ふたたび武田氏の名言を借りれば「あくまで密画（細密画）構成による一種の集合空間」のこの表現は、「洛中洛外図」の絵師たちに、いったいどこから示唆されたのだろうか。

それは結局はわからない。日本都市史の専門の内藤昌氏は、天正十二年（一五八四）正月のルイス・フロイスのイエズス会総長あての手紙を引いて、「ローマの都市、教皇のミサと行列」の絵が日本の大名たちに

『清明上河図巻』部分（故宮博物館〔北京〕蔵）

「ローマ教会の栄光と壮観」を教えるのにきわめて有効だったと彼が書いていることを、強調している。フランドルの学者オルテリウスの「世界地図帳」（初版、一五七〇）が、同じくキリシタン時代に日本にもたらされて、その図帳から写して「世界図・二十八都市図屏風」八曲一双が作成されたことにも触れている。

しかし、内藤氏のあげるこれらの事例は、みな町田本や上杉本の「洛中洛外図」の成立より数年ないし数十年後のことである。あるいはこれらの事例よりも前に、信長配下の永徳は、キリシタン宣教師がもってきたなんらかの西洋都市図を見たということがあるかもしれない。それでも、ヨーロッパのルネサンス後期からの都市図は、油彩にせよ銅版画にせよ、「二十八都市図屏風」にも模写されているとおり、すべてルネサンス・イタリアの発明による透視画法（遠近法）に支配されて、固定した一点からの鳥瞰図となってしまっていた。画面が遠景の一点にすべてフォーカスされてゆくというこの窮屈な画法は、その後フェルメールの「デルフトの眺望」にせよ、ホッベマの「ハーレム市遠望」にせよ、カナレットやグアルディのヴェネチア風景にせよ、ターナーやフランス印象派の都市風景にせよ、風景画のすべてを規制してゆくこととなる。

都市景観の興味深い細部を、すべてくまなく平等に等距離から俯瞰描写し、大観というよりは列挙してゆく「洛中洛外図」のこの方法は、それゆえ、まったく日本のユニークな独創であったのかもしれない。日本文化の一つの特徴である細部へのこだわりと、対象の上下・貴賤を問わぬ一種の俳諧的平等主義のあらわれでもあろうか。あるいはそれが町田本から舟木本にいたる画家たちの、新しい都市民意識の表出であったのかもしれない。

ただし、この種の虫瞰的俯瞰の先例として、ただ一つ、中国の北宋末、十二世紀の画家張択端(たくたん)による絹本淡彩の長巻『清明上河図巻』（二四・八×五二八・七㎝）が考えられるかもしれない。北宋の首都汴京(べんけい)（開封）の、清明節（春分の十五日後）当日の汴河(べんが)両岸の繁華殷盛の様を、全景鳥瞰式の散点透視法で描いたこの画巻は、中国美術史上の最高傑作の一つであり、これの複製か、模写か、あるいはこれにならった（例えば明代の南京・北京の景観を描いた「南都繁会図」その他、またはるか後の清朝乾隆帝時代の半ば〔一七五九〕の作となるが徐揚の「蘇州繁華図巻」〔「盛世滋生図」〕のたぐい）中国の名都図巻が日本にも知られていて、「洛中洛外図」の画家たちへの一つのヒントとなったということも、あるいはあるかもしれない、と私は久しく考えている。

政権が江戸に移った後には、江戸市民にも、上方(かみがた)の京都に劣らぬ新興都市への期待と不安と、焦燥と共感があり、それを余すところなく表現したのが、出光美術館蔵の八曲一双の「江戸名所図屏風」（一〇七・二×四八八・八cm）という傑作である。これは明らかに「洛中洛外図屏風」を意識し、それの向こうを張ろうと気負った虫瞰の集合による江戸鳥瞰の図だが、これと「洛中洛外図」との比較は、またいつかのこととしておこう。

2 「いざやかぶかん」——出雲阿国と隆達小歌

風流踊の大群舞

「洛中洛外図」をよく見てゆくと、町なかの四辻などで、男たち女たちが円い輪になって、鼓や笛の音に合わせて踊っている姿がしばしば描かれている。これが一般に「風流踊」とよばれている集団舞踊で、源流をさぐれば平安時代末期からすでに祭礼などの際に笛、太鼓、鉦また歌で藝能を盛りあげることが多かったようだが、この囃子物と呼ばれる藝能が室町時代の十五、六世紀に、これも古い念仏踊りと融合し一つになっていって、風流踊となったらしいといわれている。

これが、ちょうど「洛中洛外図屏風」が成立し、つぎつぎに描かれてゆく時代と重なり、とくに都でさかんだったので、当然のことのように画中に描きこまれた。

たとえば、前節にちょっとだけ触れた、現存の作ではいちばん古い町田本の屏風では、左隻の第六扇（いちばん左側の一面）に、一条通の四辻で十人ほどの男たちが輪になっているところが描かれている。男たちはみな一様に笠をかぶり、ねずみ色の着物に濃紺の前垂れをつけ、まるで田植えでもするかのように右手を差しだしながら腰を低くかがめて踊っている。輪のまんなかにいる別の衣装の四、五人は、笛、太鼓を構えた楽士たちのようだ。この輪舞のなかにつかつかと入りこんでいる身なりのよい男は、輪の外に三人の従者を従えているところから、武士か公卿で、四辻の風流踊は通行妨害だとでも言い張っているのだろうか。

時代は下って、徳川初期、十七世紀前半の高津本の「洛中洛外図屛風」は、右隻に鴨川を縦に描き、それに沿って町並みをジグザグにしている点でも大胆な構図の一双だが、その鴨川西岸の一条か二条あたりの四辻では、またも風流踊がさかんに行われている。こちらでは、参加人数は六十人ほどもいるだろうか。笠をかぶり、裾の長い衣をつけた男たちが、びっしりと詰め合って輪になり、まんなかで鉦と太鼓を打つ三人の楽に合わせて踊っている。ところどころに、笠をかぶらぬ丁髷姿の男が混じっているのは、見物の衆なのか、見物しているうちに囃子に誘われて輪舞に入りかけている人たちなのか、そこはよくわからない。

安土桃山から徳川にかけて、京の町衆はとくに踊りが好きだったようである。「洛中洛外図」以外の屛風のなかにも、その踊りの情景がよく描かれている。大英博物館蔵の「野外遊楽図屛風」と呼ばれる六曲一隻のなかでは、誰か高貴の人の館の前庭におよそ六十人もの人が集まって、それぞれ華やかな笠と衣装をつけ、三重の輪になって風流踊を踊っている。それを、この館の主と一族郎党の男女が、庭に毛氈を敷いて、あるいは館のなかから、見物しているという楽しげな図だ。
もっと楽しげなのは、長円寺蔵の「北野・祇園社遊楽図屏風」という六曲一双（各一五三・三×三六二・〇㎝）の、祇園社の一隻である。ここでは、赤い大鳥居をまんなかにした松林のなかで、それぞれ立派な蒔絵（まきえ）の重箱に酒と肴を持ってきた男女のグループが、適当に酔いもまわってか、三味線弾きの調べに合わせて、立ち上って舞いはじめている。鳥居の上手のほうの一団は、まわりに駕籠と駕籠かきを侍らせて円くなって踊り、下手のほうの集団は十人ほど、まだ円陣にまでならずにちょうど踊りはじめたところらしい。御馳走いっぱいの重箱も開いてひろげたまま、たがいに声をかけ、歌いながら、まずは踊らずにはいられないといった風情（ふぜい）。そのなかには派手な着物に刀を差し、日の丸の扇を手に両腕をいっぱいにひろげて踊りだした若衆もいる。

しかし、さらに驚くべきは、慶長九年（一六〇四）の秋八月、豊臣秀吉（慶長三年〔一五九八〕歿）の七回忌に際して行われた豊国（ほうこく）大明神臨時祭礼の図であろう。豊臣家の御用絵師であった狩野内膳（一五七〇―一六一六）が、この祭礼のすぐあとに描いたのと（豊国神社蔵）、もう一つ、作者不詳の徳川美術館蔵のもの（四六、四七頁）と、二つの大きな六曲一双の屏風がある。どちらも左隻には、この祭礼の目玉として八月十五日に催された豊国踊（風流踊）の大群舞のさまが活写されている。

舟木本の「洛中洛外図屏風」の右隻第一扇にかなり大きく詳しく描かれていた方広寺大仏殿の社頭の広場――そこに上京下京のいくつもの町組からそれぞれ何十人もの町衆が集まって、町組ごとにそれぞれ揃いの着物を着、黒塗りの紋入りの笠をかぶり、手にはみな柄の長い軍配団扇ふうのものをかかげて、いっせいに踊っている。豊臣秀頼の命によるという狩野内膳作の屏風のほうでは、町組ごとに、中央に神の依代（よりしろ）としての大きな風流笠（ふりゅうがさ）を立て、それのまわりに大体三重の人の輪をつくって、輪ごとに左右逆に回りながら踊っているすがたが、割合整然と描かれている。

　それが徳川美術館蔵の絵となると、これはもうほとんど狂乱踏舞の渦のつながりである。三重の輪がまだ保たれて踊っている組もあるが、中央に近い上京川西組などになると、右回りも左回りも混りあってしまって、踊り手たちは右に左に身を傾け、たがいにぶっつかりそうになりながら夢中になって手を振り足を躍らせている。円陣の外側にいる横笛や締め太鼓や鼓の奏者たちも、ここを先途と気合いを入れて吹き、鳴らし、この大乱舞を煽りたてている。しかも徳川美術館本は豊国神社本よりもぐっと視点を低くして、さきの舟木本「洛中洛外図」式に「絨毯描写」をしているから、踊る男たちの笠の下の眼や口の表情までがはっきりと見え、彼らの吐く息やかけ声や足音までが聞こえてきそうな気がする。

　こうして、さまざまな「洛中洛外図」から「豊国祭礼図屏風」までをつぎつぎに眺めてくると、安土桃山の終りごろから十七世紀半ば近くまでのみやこの町衆、つまり市民たちは、いわば踊りフィーヴァーにとらえられていたとさえ言えそうな気がする。見てきたのは絵画であるから、そこに描かれた情景がそのまま歴史上の現実だというのではもちろんない。都市の市街図・風俗図の屏風という共通の大きな枠はあっても、そのなかでそれぞれの作者による題材、視点、構成の

川西
上京
川東

「豊国祭礼図屛風」左隻部分（徳川美術館蔵）

選択があり、強調や誇張のしかたの違いがあったのは当然であろう。だが、どれもけっしていわゆる絵そらごとではなく、織田、豊臣から徳川への大きな激しい政治変動の主要舞台であった京都の社会雰囲気の変様、そしてそのなかに住む上下市民たちの心理や心情の変化を、作者の側でも描かれる対象の側においても、間接的ながらたしかに映しだしていたのである。

阿国歌舞伎

京のみやこにおけるこの風流踊の大流行のさなかに登場するのが、出雲の阿国（おくに）による「かぶき踊り」である。それは方広寺大仏殿でのあの豊国祭の大群舞の前の年、慶長八年（一六〇三）の春のことだった。出雲の巫子（みこ）の出だともいわれた女性藝能者の阿国が、奈良や京都で「ややこ踊り」（娘おどり）の上手として評判をとった後に、その春、洛北の北野天満宮の能舞台を借りて、異様に華麗な男装すがたで、当時流行の茶屋遊びの話を演じてみせたのである。これが大当りで、たちまち京中の評判となった。

みやこの「踊りフィーヴァー」のなかから当然出来（しゅったい）してもいいものがまさに出来した、ともいえそうだ。たしかに、その「狂熱」に包まれ、うながされた「阿国歌舞伎」の登場だったが、そこにはやはり阿国ならではの独創があり、変質があった。その事情を日本演劇史専門のヴェテラン服部幸雄氏は、つぎのように説明している。——「中世末期から近世初期にかけて全国的に流行した、風流踊りの脈を汲む小歌踊りを、大衆の参加芸能としてではなく、鑑賞芸能に転化せしめ、これを舞台上で演じた」のが阿国だ、というのである（傍点引用者。『歌舞伎成立の研究』第二版、風間書房）。

たしかに「洛中洛外図屏風」や「北野・祇園社遊楽図屏風」や「豊国祭礼図屏風」の絵のなかで、風流踊を乱舞していた人々も、北野天神さらには四条河原で男装の阿国の「舞台」を見て、「なるほど、面白い」とうなずき、「やられた」と感嘆し、さらにも「かぶく」ことへと刺激されたにちがいない。時代は少し後になるが、『かぶき草紙』という物語化された記録によると、舞台の上の男装の阿国はつぎのような強烈な魅力を放っていたという。

帯を腰にすり下げて、太刀を佩（は）きてのその有様、女かと見れば男なり、又男かと思へば女房なり。太刀の鍔（つば）を叩いて、色々様々の恋の小歌の心を尽して踊りけるは、さながら昔の業平（なりひら）の、二度現（うつ）つにまみへ給へる有様也。

なるほど、これでは、いまの私たちでさえ心をとろかされそうだ。この阿国の姿は、佐渡の妙法寺蔵の「洛中洛外図屛風」や山岡家蔵のそれにも、出光美術館やサントリー美術館蔵のもののなかにも、北野天満宮で踊っているところが描かれている。まさに織田信長に負けないような、南蛮風にエキゾチックではでな、黒や緑や赤の男の衣装に身を包みながらも、どこかなまめかしい阿国が、男の扮する「茶屋のおかか」に向かって恋歌を唄っているらしい場面である。妙法寺本では、天皇が阿国の踊りに感服して授けたという「天下一」「対馬守」の肩書きが、舞台横の幔幕に大きく書かれたりもしている。

　舞台上の阿国のほんとうの恋人は名古屋山三（さんざ）で、これも思いきりはでな伊達（だて）男、かぶき者のすがたで登場するが、彼が関ヶ原の戦いのあとに非業の死をとげ、阿国の念仏に呼ばれてふたたび亡霊として彼女の前にあらわれると、こんなことを言う。――「よし何事も打ちすてゝ、ありしむかしの一節（ひとふし）をうたいて、いざやかぶかん」。

「いざやかぶかん」とは、なんともすてきな言葉である。そもそも「かぶく」とは、「かたむく」ことであり、そこから転じて、中心をはずれること、常軌を逸することとなり、さらに異様異端な身なりと言動をすること、既存の価値観から解放されて自由放縦（ほうしょう）な行動を敢えてすること、

を意味していた。出雲阿国はただ踊りがうまかっただけでなく、まさにこの意味で「かぶいた」男＝女のすがた、「かぶき者」を象徴していたのである。

比較演劇学者の故河竹登志夫氏によれば、出雲の阿国に始まって、やがて女歌舞伎、若衆歌舞伎、野郎歌舞伎と展開して今日に至る歌舞伎の本質とは、要約すれば「逸脱」と「過剰」と「官能」の三語に尽きる。そしてこの三語はそのまま、阿国と同時代のシェイクスピアをも含む「バロック」藝術の定義ともなる、と明快に述べている。阿国はまさにこのようなものとして、能楽などの貴族的な古典劇に対抗する民衆のバ

「歌舞伎図巻」部分（徳川美術館蔵）

ロック演劇としての歌舞伎、「かぶき者」の芝居を創始したのであった。舟木本の「洛中洛外図屛風」のなかで、祇園会の後の祭りに巨大な母衣(ほろ)を背負って自己顕示している男たちや（三二頁）、「豊国祭礼図屛風」のなかで風流踊の狂乱に陶酔する男どもも女どもも（四六、四七頁）、あるいはまたブルックリン美術館蔵の「桜狩遊楽図屛風」四曲一双のなかで、思い切りそっくり返って肩で風を切り、大胆な色と紋様のファッションを競いあう不良青年の男女の一団にしても、MOA美術館の「湯女図」のなかでガン（眼）をつけあう若い女たちにしても（五三頁）、みな十七世紀前半のこのバロック的かぶき者の大群にほかならなかった。彼らはまさに「逸脱」と「過剰」と「官能」を体現し、出雲の阿国や名古屋山三と声をあわせて、この時代の世界中の合言葉「いざやかぶかん」を叫んでいたのである。

「花見鷹狩図屏風」

実は、この時代の風流踊の流行を描いた屏風絵で、もう一つ、私の大好きな作品がある。近世風俗画と呼ばれるたくさんの作品のなかでも、抜群の秀作で、私のいちばん好きな絵だとも敢えて言っておこう。

それは熱海のＭＯＡ美術館所蔵の「花見鷹狩図屏風」（五七頁）と題されている六曲一双（各、高さ一四二cm、横三四七cm）の大作である。雲谷等顔（うんこくとうがん）（一五四七―一六一八）ないし雲谷派の作と伝えられている。だが、雪舟の画系に属してもっぱら水墨山水画を制作したという長州毛利家の御抱絵師等顔に、こんなに彩色あざやかで優艶な絵もあったのだろうか。確かなところは私にはわからない。

六曲一双のうち左隻のほうは、男だけが三十人ほど、松の木が点々と生えたただ茶色の山野を走りまわって鷹狩りに興じている光景である。このいささか殺伐とした色合いの左隻に対して、右隻のほうはなんとまあ華やいで美しい春の世界なのだろう。

小高い丘の上は平らに開けた舞台のようになっていて、右手のほうには桜の大樹が数本、いままさに爛漫の花ざかり。そこに、女ばかりが、少女まで含めて数えてみると七十人ほども集まってきて、みないっせいに風流踊を始めている。着いたばかりで、すぐにも踊りの輪に入ろうと、もう身をかがめ片足を上げかけている娘もいる。内側が朱色の黒や金の笠をかぶったり、色さまざまのきれいな布で頭をおおい顔も半分かくしたりして、手に肩に大小の桜花の枝をかざして、女たちは踊りつづける。

「湯女図」(MOA美術館蔵)

　大きなしだれ桜の枝に扇や短冊をさげて、それを風流傘(ふりゅうがさ)にうまくとりつけてかかげている女もいるし、もう一人の風流傘には鳳凰の飾りものがつけられている。女たちの着ている小袖は色も柄(がら)も、みなそれぞれの好みであでやかで、その上に着た打掛(うちかけ)の袖を脱いで腰に巻いているのもおれば、はなやかな前垂れを締めているだけの女もいる。色の取合わせの大胆さは、同時代のかぶき者たちに劣らないが、この女たちはみな品のいい瓜実顔の美人と美少女ばかりで、きっと京のみやこの上層町衆(ブルジョアジー)、つまりいい家の妻や娘たちであるにちがいない。その証拠に、左端三扇に枝をひろげる大きな松の根かたには、彼女らをここまで乗せてきた駕籠が何台も置かれ、駕籠かきの男たちがう

「彦根屏風」（彦根博物館蔵）

「花下遊楽図屛風」部分（東京国立博物館蔵）

ずくまって、むやみに長い煙管を吸ったり、おしゃべりしたりして暇をつぶしている。

画面右手の大きな家と桜の木の前には、十二本骨車あるいは木下車というような家紋を入れた緑の幔幕が張りめぐらされているが、その横ではこれも美しく着飾った女の楽団が、小さな女の子までいれて六人ほど、しきりに大小の鼓を鳴らし、横笛を吹く。踊りの輪のなかにも、鼓を肩にして打ち鳴らしながら踊りつづける女がおり、腰に桜の枝を挿して笛を吹く女もいる。この楽の音（ね）のリズムに乗って、内側は左回りに、外側は右回りに輪舞するらしい女たちの、なんと優雅でいきいきとしていることだろう。春風とリズムに煽られて、女たちの袖も裾も、肩から腰に斜にかけた長い紅の紐も、腰に巻いた飾り帯（サッシュ）も、彼女らの姿態と同じく、みななまめかしい曲線を描いてひらめくのだ。彼女らのしなやかな手や足は、踊りそのものとなって、指の先まで美しい。**élégance**（エレガンス）とか**grâce**（グラース、優雅）とかいう言葉は、ブルボン王朝の貴族の女性たちばかりのための言葉ではない。この十七世紀初頭のころの花下遊楽の京女たちにこそふさわしい形容ではないかとさえ思う。「洛中洛外図」のなかの風流踊の集団や「豊国祭礼図」中のあの狂乱群舞とは、またまったく異なる優艶な風流踊がこうして京の一隅でくりひろげられていた。

京の一隅とは言っても、さてこれはどこなのか。それが実はよくわからない。画面の右手二扇にまたがって、緑濃い槙か杉の木立の背後に、柿葺（こけらぶき）らしい切妻の大きな屋根が二つ重なって見えるが、これと幔幕の家紋とで、この場所を同定できないか、何人かの専門家にたずねてみたが、

伝 雲谷等顔「花見鷹狩図屏風」右隻部分（MOA美術館蔵）

まだよくわからない。あるいは洛北紫野の今宮神社で、平安時代から毎年旧暦三月十日、ちょうど花の散りはじめるころに厄祓いの意をこめて行われてきた鎮花（はなしずめ）の祭、女たちが参集して「安らへ花よ」と歌って風流踊をしたことから「やすらひ祭」と呼ばれる、その祭の情景ではないか、と私の京都時代の元同僚のデザイナー久谷政樹教授はあるときささやいてくれた。ほんとうにそうかもしれないと、いま私は考えている。

　ところで、桜の花をかざ

して踊るこの美しい女たちは、風流踊のときに限らず、どんな歌が好きで、どんな歌をふだんに唄っていたのだろう。この絵を見ながら私はいつも想像する。そしてそれは、当時、安土桃山から徳川前期にかけて大流行した隆達小歌にちがいないと考えて、ひそかによろこんでいる。堺の富商高三家に生まれた才子、高三隆達が作り、集め、ひろめた小歌。パリのシャンソンなどよりももっとしゃれて、媚びをふくんで語呂もいい恋の小曲である。前に引用した服部幸雄氏も、阿国歌舞伎の成立に触れて、「風流踊りの脈を汲む小歌踊り」を舞台の上で演じたものと述べていたが、なかでも隆達小歌こそ、阿国のみならず、この画中の女たちにもふさわしいのではないだろうか。


みめがよければ、こゝろもふかし、花に匂ひの、あるもことはり。

誰か再び花さかん、あたゞ（ああ本当に）夢の間の、露の身に。

此春は、花にまさりし、君持ちて、青柳の糸（こころの糸）、みだれ候。

かへるすがたを、見むとおもへば、きりがの、朝霧が。

のかい（退きなさいよ）はなさい（放しなさいよ）、帯がとくる、今にかぎらふか、逢はふ物を。

手に手をしめて、ほと〳〵と叩く、我はそなたの、小鼓か。

底は打解けて、うはの空するふりは、猶いとおしい。

花に嵐の、ふかばふけ、君のこゝろの、よそへ散らずは。
夢はへだてず、海山を、こえてもみゆる、夜なく〳〵に。

（日本古典文学大系44『中世近世歌謡集』岩波書店）

後白河法皇編の『梁塵秘抄』や室町時代の『閑吟集』（一五一八）以来の、人生無常や「もののあはれ」の心情をよく心得ていながらも、さすがにもっと解放されていて、恋のかけひきに鋭敏で、小粋で、エスプリも色気もあざやかだ。出雲阿国も名古屋山三に向かってこんな小歌を唄いかけたのだろうか。「花見鷹狩図屛風」のなかで、腰をひねって手ぶり巧みに踊る若い女に、「みめがよければ、こゝろもふかし……」などと歌いかけたり、あるいは歌いかけられたりするとき、どんな男も心は上の空だろう。

「此春は、花にまさりし、君持ちて」などは、とくに愛誦に値する一首であろう。女が男に向かって歌うのでも、男が女に向かってささやくのでも、どちらでもいい。私は春のはじめ、京都の鴨川沿いの川端通を上ってゆくとき、岸辺の桜の花にまじって柳の細い枝が芽ぶくのを眺めては、いつもこの「青柳の糸、みだれ候」の小歌を思い出す。いまの平成日本の女性たちも、ときには桜の花をかざして、嘘でもいいからこんな小歌をくちずさんではくれないだろうか。

3　「平和」の祝典序曲――光悦・宗達と古典復興

†天地にとよもす二神の踏舞――俵屋宗達「風神雷神図屏風」

二〇二〇年の東京オリンピック、パラリンピックのための「エンブレム」再公募の問題が生じたとき、私にはすぐに浮かんだ一つのアイデアがあった。実にいい案だと思いこみ、知り合いのグラフィック・デザイナーを説得して応募させようとまでした。前案のあのちょっとしゃれた幾何学的図形の集合体よりは、はるかに力強く動的でスポーツの祭典にふさわしい図像であり、しかも一見すればすぐに誰にでも日本国の行事の公式ポスターと納得されるだろう。前回、一九六四年の東京オリンピックの、亀倉雄策の入選作にさえまさるに違いない。

それは、京都建仁寺蔵の国宝、俵屋宗達作の「風神雷神図屏風」の二神をそのまま、あるいは少しばかりトリミングして、左右二面のポスターに使わせてもらうというアイデアである。応募の手続き上、このような大古典の再活用が許されるのかどうか、私は知らない。しかし、二〇一五年十月からの京都国立博物館での「琳派――京を彩る」展（二〇一五年十月十日―十一月二十三日）で、天才宗達のこの代表作をひさしぶりに目のあたりにして、私の思いはいっそう募るばかりだった。

各縦一五四・五㎝、横一六九・八㎝という大画面（二曲一双）の金地の上に、それぞれに薄墨の軽快なたらしこみの雲に乗って、まさに天地を轟かせて馳せてゆく、右、緑の風神、左、白肌の雷神。――日本美術史上これほどの大らかさと痛快さとをもって肉体の躍動の緊張感と美しさを表現した絵は、他にあるだろうか。

二神ともに、筋骨隆々の四肢を空中に思い切り踏ん張って、大きな口をあけてその歯を見せ、互いになにか吼りながら、屛風の左右両端に触れ上縁を破るほどの高みを、ともに左方向に向かって躍りつつ馳せてゆく。とくに力の集中する手や足は、現実にはありえぬ向きに反り返ったり爪先立ったりして、まさに渾身の力動感を金地の上に放ちつづける。足もとの薄墨の雲を蹴散らしてしまって、二神は一体なにを足がかりに踏んばって、この宙を行く高さと速度とを得ているのだろう。宗達のこの二神はまるでジェット機の飛行の確かさとスピード感を誇示しており、これに比べれば、この先達に倣った尾形光琳の「風神雷神」は濃い煤を吐いて低空を行くプロペラ機にすぎない、とさえ見える。

宗達の二神はともに、風神は黒の下袴に赤い紐、雷神は緑のそれに金色の帯をまとうばかりで、上半身の力みの逞しさをあらわにしているのだが、彼らの両肩から背後の宙に長く高く飛ばせて表に裏にひらめかせる領巾（ひれ）の曲線の美しさは、この力動の画面にいっぺんに息を吞むような優雅さを加える。両神の頭上に二本の角（つの）をのぞかせながらみごとな金（風神）と茶（雷神）の線描であらわされた頭髪も、ともに右方向に打ちなびく。風神が両手に握る風の袋の丸い白いふくらみも、雷神の背後を薄雲に半ばかくれつつともに飛ぶ雷太鼓の円環も、みなこの屏風の二曲一双の大画面に、神々（かみがみ）としての気品の高さと軽やかな和（なご）みの感覚とを与えている。後継者尾形光琳の描いた二神の風袋や円太鼓でも、さらに光琳に倣った江戸の酒井抱一のそれらでも、円を描く輪郭線の幾何学図形的な固さが目立ちすぎて、宗達の二神の躍動の、意外なほどの柔らかさと、二神の間をへだてる空間の弾むような広さ、深さが十分にとらえられているとは言えない。

　地球上の東西を結ぶ藝術作品間の交流の線は、いつも思いがけぬ方向に走っていた。宗達の風神もさかのぼれば、ギリシアの神々の山オリュンポスから広大な時空をへて渡ってきた、と専門家たちは言う。北風の神ボレアスはアレクサンドロス大王の東征の後を追ってシルクロードをたどり、ガンダーラに至る間に、すでに本来身につけていたマントを風にふくらむ袋に変えて肩の上に担ぎ、両手に握っていた。その姿で六世紀前半の敦煌莫高窟（ばっこうくつ）の天井壁面に、雷神とペアとなって描かれて、まさにこれぞ宗達の源流というべき運動感とユーモアを示していた。十二世紀半ばとなれば、これが高野山金剛峰寺蔵の経典の見返しに伝えられ、やがて京都三十三間堂の観音群像のなかに寄木造の立像となって登場する（田辺勝美「ギリシャから日本へ」、『アレクサンドロス大王と東西文明の交流展図録』東京国立博物館、二〇〇三年）。もう一人のギリシアの風神、西風ゼピュロスは流転の末にイタリア・ルネサンスの艶麗の名品、ボッティチェルリの「ヴィーナスの誕生」（一四八二年頃）に浮上する。愛をもたらす西風ゼピュロスが口から強い息の風を吹いて、いま青海原の貝の上に生まれたばかりの豊艶なヴィーナスを、季節の女神ホーラが赤いマントをひろげて待つ浜辺にたどりつかせようとしている。これはあまりにも明るくなまめかしいテンペラ画であったが、風神雷神の画像・彫像の背景には、文明によってその意味づけが変わるにしても、ある普遍的な神話的想像力の働きがいつもあったことを示唆するだろう。

俵屋宗達の屛風絵も、その想像力をのびのびと生かして、ユーモアの味さえ加えた天下の名作だった。これが十七世紀前半、徳川体制になったばかりの日本で、その洛中で生まれたことも、いま振り返ってみればことさらに意味深く思われる。江戸琳派の作者酒井抱一の「夏秋草図屛風」は、光琳の「風神雷神図屛風」の裏側に描かれたもので、左側の風神の裏には野分になびき吹き飛ばされる秋草の草むら、右側の雷神の裏には驟雨に打たれて濡れそぼつ白百合や昼顔や萱（かや）などの草むらと潦（にわたずみ）が描かれる、といういかにも江戸育ちの風流人らしいエスプリを利かせた傑作だった。その伝（でん）で宗達作を深読みすれば、風神は長かった戦国の世の名ごりの塵を吹き払い、雷神の降らせる雨は戦火のくすぶりを鎮めてゆくものであった。そんな意味づけが考えられないわけでもないではないか。当時の京の町衆が、日本人が、待ち望んでいた平和の再来をよろこぶ気運が、この大らかで力満ちてしかも爽快な屛風絵のなかには、たしかに伝えられている。

（とすれば、宗達の「風神雷神図」は、平和の国際祭典でもあるはずのオリンピックのエンブレムにいよいよふさわしい名作といえる。世界に普遍の神話的表象の絵でありながら、さらによく見れば、この二神の姿態には現代スポーツのマラソンも徒競走も、砲丸投げも体操も、あのリボンをひらめかせる新体操までも、すでに描きこまれているではないか。）

京都国立博物館の「琳派――京を彩る」展では、この宗達屏風絵を一室の一番奥の正面に飾って、右側の壁面には尾形光琳の、左側には酒井抱一の、それぞれの「風神雷神図屏風」が展示されていた。七年前（二〇〇八年十月七日―十一月十六日）の東京国立博物館の「大琳派展――継承と変奏」でも、同じような配置の展示であったが、京博の方では部屋がやや狭かったのではなかろうか。そのために大いに損をしていたのはとくに光琳であった。二神の顔の表情や四肢の動きは、ほぼそっくりに宗達を写しているのだが、光琳では（実寸では宗達作より各隻縦一二cm、横一三cmほど大きいにもかかわらず）二神の間にひろがる金地だけの虚の空間のとりかたが十分でなくて狭苦しい。

宗達では、前にも触れたように、両神の所有物（風袋と太鼓の輪）がそれぞれ屏風の右端左端に寄って少し隠れるほどに描かれて、しかも両神とも屏風の上縁寄りに高めに位置していて、両者の間に交わされる阿吽（あうん）の対応の緊張関係もすぐに直接に伝わってくる。ところが光琳は先達の作のこの構図上の緊張の演出を読みとらなかったらしく、二神はともに広い濃い黒雲に包まれて、そのなかからただ顔を見合わせている。彼らの表情さえ、酒井抱一の風神雷神にも劣って、漫画っぽいものとなってしまった、と私は言いたい。

†潮騒の上を飛ぶ鶴の群れ――光悦と宗達の「鶴下絵三十六歌仙和歌巻」

俵屋宗達は、その生没年さえ含めて、生涯の伝記的事実が今日にいたるまでほとんどなにもわかっていない。日本文化史上の大きなミステリーと言えるのだろう。彼が屛風絵、襖絵、水墨掛幅、画巻下絵、扇面など、どの分野の制作に向かっても、その作品のほとんどすべてに、構想・構図においても、賦彩・線描においても、天馬空を行くがごとき独創性を発揮しているだけに、この天才の生涯の不思議は私たちにとっていよいよ大きくふくらみ、魅力を増す。

輪郭不明瞭なこの宗達の画業と生涯に、十七世紀の早いころからかかわりをもって、親密な交流のうちにこれをさらにも豊かな、光彩溢れるものに導いていったのが、同時代京都のもう一人の天才で年長の本阿弥光悦（永禄元年〔一五五八〕―寛永十四年〔一六三七〕）であったことは、ここにあらためて言うまでもない。両者の合作の初めには、月、蔦、躑躅、桔梗などの宗達（派）下絵に光悦が『新古今集』の秋・冬の和歌を書き、これに慶長十一年（一六〇六）十一月十一日と珍しく年記を入れた色紙が残されており、これと前後して同じく合作の「草花下絵新古今集和歌色紙」もすでにあった。いずれも、書と画の両天才がすでに互いの藝の機微をよく察して、競い合うというよりも親しく息を合わせて、ともに平安古典のあざやかな甦りをはかったともいうべき作品であった。

いまここには、両者協作の今日に残る最大の作品であり、最高の作品とも思われる「鶴下絵三十六歌仙和歌巻(わかかん)」の一点を少し詳しく、楽しみながら読み解いていってみることにしよう。

宗達下絵・光悦筆の古典詩歌の画巻は、他にも十点近くあるなかで、その多くは戦前戦後に断簡となって、所在も各地の蒐集家、美術館に散らばることとなった。そのなかで、この「鶴下絵」だけが長く秘められて伝わり、いまから五十余年前の一九六四年、高さ三四㎝、全長一三m五六㎝という驚くべき長巻のもとのままの姿で、宗達による金銀泥の光沢も料紙の上にほとんど錆びることなく、愛好家たちの前に再び出現したのだという。この奇蹟に直接に立ち会って、この名品の最初の所蔵者となった志野焼の陶芸家荒川豊蔵氏も、この作の最初の検証者となった琳派研究の第一人者山根有三氏も、『藝術新潮』一九六四年十二月号に、ともにそのときの驚嘆と歓喜を語っていて興味深い。

この長巻「鶴下絵」の制作年は不明である。だが山根氏は、光悦・宗達の両人の「芸術的な協力関係がもっとも密接であった慶長十五年(一六一〇)ころの制作と考える」としている(同前『藝術新潮』)。本阿弥光悦が大坂夏の陣から京都二条城に凱旋した将軍徳川家康に拝謁して、洛北鷹峯の地を拝領することになる慶長二十年＝元和元年(一六一五)の五年前の頃のこととなる。

宗達の群鶴飛翔の下絵は、この大長巻前後の色紙や謡本などにすでに同じく金銀泥や彩色で描かれ、あるいは木版摺りとなって登場している。だが「三十六歌仙和歌巻」では、その鶴が巻頭から巻末までの約一四メートルを、寄せてくる潮に追われるように大群をなして上り下りしながら飛んでゆき、やがて渚近くに舞い下りるのだ。ただ圧巻という以外にない。私は京都で買い求めてきたこの画巻の縮小版を畳の上にひろげて、描かれた鶴の数を数えてみた。数え違いもあるかもしれないが、全部でなんと一三三羽にのぼった。なかには画面の上縁から下向きに嘴（くちばし）の先だけを七羽分描きこんだりした部分もある。一三三羽がみな異なる個体であるよりは、むしろ二〇羽、三〇羽の群れが沖合いから渚へと向かって繰返し描かれているのであるかもしれない。

　あまりのみごとさ、面白さに、もう一度画巻右端の巻頭から見なおしてゆけば、十数羽の鶴の群れの脚もとに、右端から金泥が楕円をなして延びてきているのは、ひたひたと満ちはじめて潟を隠そうとする海の上げ潮なのだろう。鶴の七羽ほどはすでにこれに気づいて、同じ左方に頭（かしら）を向けて長い嘴をそろえて鳴いている。四、五羽はまだそれぞれに頭を垂れて、この遠浅の洲の餌をついばむのに夢中なようだ。

　やがてこの鶴の群れは、満ちてくる潮にうながされて飛び立つ。群れのほとんどは絵巻の進行方向の左手に頭を向けて、水面からやや高くやや低くあたふたと羽搏く。なかで一羽だけはなににあわてたのか、逆に沖合に向いて、嘴をあけて鳴いている。妻鳥の遅れに気づいて、呼んでいるのか。

　鶴の嘴と尾羽と、後に直線に伸ばした脚とは、金泥で描かれ、長い首と胴と大きく開いた両の翼は、みななんの輪郭線もなく、少しばかり金泥と胡粉の白を混じえた銀泥のむらむらで描かれている。だが飛び立った鶴の姿には、型紙で押したような一律性はなく、羽のひろげかたも首の曲線も、嘴の開け具合も、脚の伸ばしかたも、一羽一羽すべてについて少しずつ異なる。これを描いた俵屋宗達は、鶴の生態をふだんからよく眼にして、熟知していたのにちがいない。

と言って、宗達によるこの「鶴下絵」の画巻が、鶴の飛翔の写実表現などであるはずはない。長大な画巻のなかを、金銀泥の鶴の群れは、潮の面から離れて高く飛び上り、潮の波頭すれすれに舞い下りてきては、再び何十羽と群れをなして一斉に天へと昇る。その群れにも、一列に並んで滑空してゆくところと、何羽か何十羽かが重なりあってにわかに羽搏くところとがあって、画巻にゆるやかな運動感を与える。そして鶴の群れは、画巻の後半三分の二あたり、つまり巻頭から十メートルほども来たところで、にわかに右方へと向きを変えて、ようやく波頭の打ち寄せる渚に近い浅瀬へと舞い下りる。そして、安堵したかのように嘴を閉ざして立つ。それとともに鶴の姿の銀泥もそれに含まれた薄墨も、ともにやや淡くなる工夫がなされている。

繰り返して眺めなおせば、この鶴たちのひろげた両翼も、少しもたげた長い首も、細い脚も、銀泥と金泥でそれぞれに描きわけられて、その姿は、みななんと軽やかで優美であることか。そして画巻を右から左へとひろげてゆくときに展開する鶴の群れの上へ下への飛翔の、なんといきいきとして、美しい旋律を奏でることか。息をも呑むばかりだ。この画巻はもはや単にみごとな「装飾性」などという評語で片づけることはできない。音楽そのものである。そしてその群れの飛ぶ下、あるいは上方には、いよいよ満ちてくる潮のひろがりが金泥で濃く薄く示唆され、ところどころにその潮の立てる波頭が、大きくまた細かく銀泥で描きこまれる。鶴たちの羽音、鳴きかわす声とともに、寄せてくる潮の潮騒までが画中からは聞こえてくる。

鶴の群れと海の潮の昇降のこの旋律をさらにも高く美しく強調するのが、いうまでもない、これを下絵として書きつらねられてゆく本阿弥光悦の三十六歌仙の歌の筆蹟である。三藐院近衛信尹、松花堂昭乗とともに寛永の三筆とされたこの人の書の、これまたなんとのびやかで、力を秘めて流麗、自在なことか。墨の濃淡、漢字と仮名の文字の大小、それに一首の歌の行間のとりかたなど、宗達の鶴の群れの粗密に応じてまことに自由である。光悦ならではの筆遣いの息のたおやかさ、しなやかさを巻末までたゆむことなく伝えている。

冒頭第一首には柿本人麻呂の名を「柿本丸」と書いてしまって、横に小さく「人」と入れて恬然としている。これもかえって、大光悦の悠揚迫らざる風格を偲ばせるともいえようか。そしてその歌は――

ほのぼのと明石の浦の朝霧にしまがくれ行ふねをしぞ思ふ

（伝柿本人麻呂、古今集、羇旅）

に始まり、凡河内躬恒――

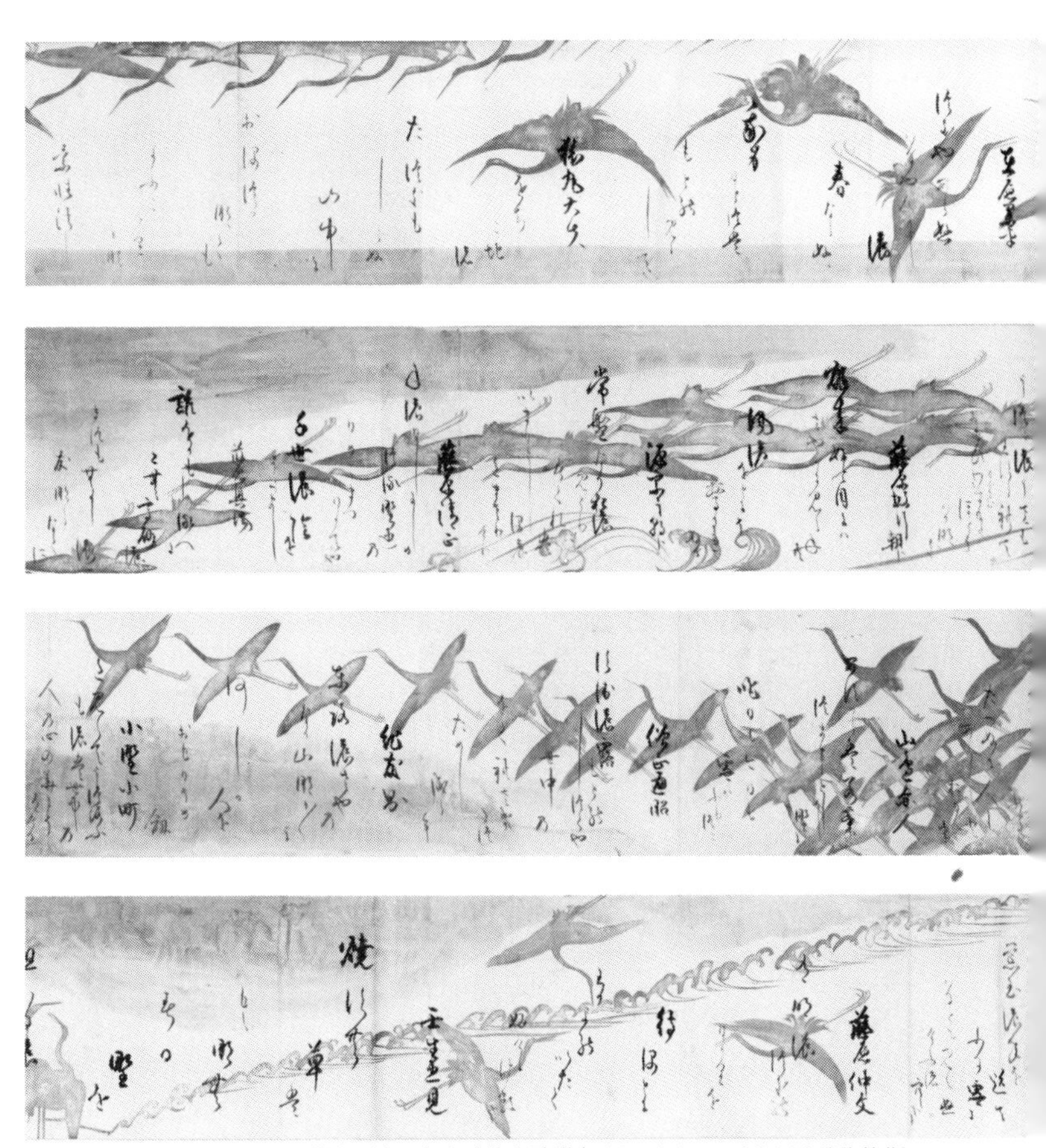

本阿弥光悦筆・俵屋宗達画「鶴下絵三十六歌仙和歌巻」（重要文化財　京都国立博物館蔵）

いづくとも春のひかりはわかなくにまたみよし野の山は雪ふる（後撰集、春）

中納言（大伴）家持——

かさゝぎのわたせるはしにをく霜のしろきを見れば夜ぞ更にける（新古今集、冬）

そして在原業平——

つきやあらぬはるやむかしの春ならぬ我身ひとつはもとのみにして（古今集、恋）

とつづく。つまり、この大長巻「鶴下絵三十六歌仙和歌巻」は、十一世紀初頭、一条天皇の御代に『枕草子』や『源氏物語』などと全く同時代の宮中に大秀才ぶりを発揮した藤原公任によって撰ばれた三十六歌仙の古典の名歌と、それから六百年後の徳川初期の光悦の書、宗達下絵の合奏によって、まさにみごとな詩・書・画の三重奏曲（トリオ）をなしていたのである。これを美術史の専門家たちは、しばしば書と画の「二重奏」（デュオ）と呼んでいるが、それはむしろ間違いと言わなければならない。

この和歌巻を読み進めてゆけば、私たちはここであらためて一六〇〇年代初頭、慶長―寛永の徳川初期における王朝古典の復興のゆたかさ、力強さに、圧倒される思いをせずにはいられない。当時、光悦・宗達の二人を中心に、鶴の他にも四季の草花や鹿や蓮や蝶を下絵に、『古今集』や『新古今集』、また『百人一首』や『和漢朗詠集』などの詩画合奏の画巻、あるいは色紙一式がつぎつぎに制作されていった。あわせて、彼らの盟友角倉(すみのくら)素庵によっていわゆる嵯峨本のまことに美しい摺絵入りの謡曲集や『伊勢物語』なども刊行されていたのである。

泰平の世の回復とともに、平安王朝以来の都の文化が、久しい唐(から)趣味の支配を脱して、ここにのびのびとよみがえりつつあったのだ。上に、やがて修学院の造営者ともなる後水尾天皇(慶長元年〔一五九六〕―延宝八年〔一六八〇〕)と公卿衆の和漢書から茶の湯、立花にいたる教養の蓄積があり、その宮廷勢力を抑制し利用しようとする徳川初代・二代・三代将軍らの妥協の策があり、その下に、海外貿易などによって富を蓄えた京の上層町衆の旺盛な知的・藝術的活動の解放があった。そのなかから、本阿弥光悦、俵屋宗達らの天才は一気に発現し、同じ町衆によってそれが支持され、賞讃されたのである。

ところで、この画巻を前にして、もう一つあらためて考えてみざるをえない問題がある。つまり画家宗達はどこからこの百数十羽の群鶴の飛翔という特異な画想を得てきたのか、という問題である。これを明らかにした史家はまだほとんどいないらしい。

身近な友人の教示によって、琳派研究のすぐれた専門家たる玉蟲敏子さんが、北宋画院の画家馬賁(まふん)の作と伝えられる長巻の墨画「百雁図」(ホノルル美術館)を宗達の発想源の一つとして示唆していることを知った。よろこんで玉蟲さんの本を探した。しかし同氏の書中(『日本の美術　琳派とデザイン・装飾・かざり』至文堂〔二〇〇五〕)の写真版で見る限り、鶴と雁ではもともとその姿態の優美さに差がありすぎる。その上に、「百雁図」には飛翔の表現にもあの鶴の流麗な、都雅なリズム感、旋律の工夫がない。これは要するに、「平沙落雁」の一つのヴァリエーションにすぎないではないかと私には見えた。

とすると、宗達は結局、「千羽鶴」などという語彙も千代紙遊びもまだなかったらしい当時、この群鶴飛翔の想を、いつしか習い覚えた日本の古い詩歌のうちにこそ得ていたのではなかろうか。光悦が宗達下絵の上に書写したこともあった『和漢朗詠集』(一〇一八頃)、これもまた藤原公任による編纂の、あの卓抜な平安期の詩歌アンソロジーを、まず開いてみる。するとこの詩歌集の雑の部立てのなかに、「猿」と並んでちゃんと「鶴」の項がある。ここに、白居易や劉禹錫(うしやく)らの唐詩、また都良香(みやこのよしか)、源　順(みなもとのしたごう)らの平安漢詩からの対句と並べて、まさに誰もが知る「万葉」の名歌、山部赤人の――

若の浦に潮満ち来れば潟(かた)をなみ(無)葦辺(あしべ)をさして鶴(たづ)鳴き渡る

(神亀元年〔七二四〕冬十月作、巻六、九一九)

が、同じ三十六歌仙の歌人伊勢や藤原清正らの鶴の歌とともに挙げられている。斎藤茂吉は名著『万葉秀歌』（上）で、この一首を「清潔な感じのする赤人一流のもの」と評し、「葦べをさして鶴鳴きわたる」を「写像鮮明で旨い」と呼び、「声調も流動的」とまで絶賛する。その上で「潟をなみ」（潟がなくなるといって）との言いかたに「微かな「理」が潜んでいて」十分に古風でない、新しすぎる、というようなケチをちょっとつけてもみせる。

茂吉は、それでもやはりこの一首は万葉集中の残るべき名歌の一つとするのだが、まさにこれこそが洛中の慶長・元和の絵師宗達の着想の遠い源にちがいない。同じ『万葉集』には高市連黒人の

桜田へ鶴鳴き渡る年魚市潟潮干にけらし鶴鳴き渡る

（巻三、二七一）

や、よみ人知らずの——

難波潟潮干に立ちて見渡せば淡路の嶋に鶴（多豆）渡る美ゆ

（巻七、一一六〇）

夕なぎにあさりする鶴潮満てば沖波高み己が妻呼ぶ　（巻七、一一六五）

など、潮の干満に応じて鶴の群れの舞う海辺の大景を詠んだ歌が多い。これらの「万葉」の鶴（多頭、多豆）こそが、九百年後の宗達の長巻のなかを、いっそうの艶をおびて高く低く渚へと群れて飛んでいたあの鶴の群れに他ならないだろう。熊倉功夫氏の名著『後水尾院』（朝日新聞社、一九八二）によれば、「後鳥羽院以来四百数十年、後水尾院ほど歌の道に執心した天皇はいなかった」とされ、その院の御製ほぼ二千首が『後水尾院御集』に収められているという。そしてその御製のなかには、山部赤人の詠った鶴に呼びかけて和歌の道をいにしえに返すすべを問うとの一首さえあった。

すむ（棲）つる（鶴）にとはゞやわかの浦波をむかしにかすへ道はしるやと　（熊倉、一九五頁）

ただしこの「万葉」の空を飛ぶ鶴の群れも、嵯峨天皇の漢風優先の後に「古今」や「新古今」の世に移ると、早くもすでに中国趣味に侵されて、白居易や劉禹錫の詩にもあった鶴千年亀万年の吉祥の祝意や、高貴の人の伴侶として松樹に棲む鳥との寓意を、もっぱら担わされることとなってしまう（片桐洋一『歌枕歌ことば辞典』角川書店、一九八六）。絵画の上でも、牧谿の観音・

鶴・猿の三幅対は別として、以後雪舟でも狩野山雪でも、尾形光琳や伊藤若冲や鈴木其一でも、鶴はみな頭に「丹頂」を頂いて、樹間や水辺に遊ぶにすぎないものとなる。

俵屋宗達はここでも姑息なシノワズリーを軽々と破って、山部赤人らの伝える日本詩歌の原景に立ち帰っていたのである。彼の描いた鶴の大群は、中国的寓意を離れることによってはるかに優雅にそしてめでたく、潮満ちてくる波の上を高く低く鳴き渡る。その群れの姿は、光悦の墨筆の力、そして墨色の濃淡と相俟って、ふたたびなにか楽曲の音符のつらなりのように見えてきて、やがて朗らかに鳴り始める。

それは、武満徹の弦と和楽器の曲か。ドビュッシーかデュパルクの歌曲なのか。いや、さらに耳を澄ますと、それはなんとモーツァルトの「フルートとハープのための協奏曲」K二九九の第一楽章アレグロの旋律であった。フルートはたしかに呼びかわす鶴の声と羽音に、ハープの低音はまさに満ちてくる海の潮騒ともなって、私の耳には遠く美しく聞こえてくる……。

†ジャポニザンの光琳理解――「装飾性」への熱狂とその限界

徳川初期の日本に、古都京都に暮して王朝文化の花やぎを思いきりゆたかによみがえらせたのが、刀剣扱いの名門の職人本阿弥光悦と市井の扇屋俵屋宗達という二人の天才藝術家であり、彼らの背後にはこれまた大らかな万能の文化人後水尾院（天皇）が、江戸の新政府と硬軟自在に対応しながら、一種の精神的権威そしてパトロンとして存在しつづけてくれた。海外貿易にもたずさわった豪商角倉了以の長男角倉素庵も、この京の新興町衆（ブルジョアジー）による古典復興運動の一員としてめざましい活躍をしたが、光悦にしても宗達、素庵にしても、まだ一グループとしての「琳派」というような名乗りはもたなかったし、与えられてもいなかった。

琳派と後年通称されるようになるのは、同じ京都に呉服商雁金屋の長男として生まれて大活躍する画家尾形光琳（万治元年〔一六五八〕—正徳六年〔一七一六〕）と、その弟の陶工尾形乾山（寛文三年〔一六六三〕—寛保三年〔一七四三〕）からであることは、ここにあらためて言うまでもないだろう。ただ、光琳の誕生が光悦の誕生のちょうど百年後であり（一五五八／一六五八）、光琳の死がまた十八世紀京都の藝術的チャンピオンの二人、市民（町衆）としての階層はやや低くなるかもしれぬが、伊藤若冲と與謝蕪村の誕生の年（一七一六）であることは、時代の変遷を思い浮かべるのに便利な年記である。

ところで、近世日本の画人のなかで、もっとも早くからその名を海外に、とくにヨーロッパに広く知られたのが、北斎、歌麿、広重らの浮世絵師とともに尾形光琳であったことは、確かであろう。一八五〇年代の日本の対外開国からまもないころに、一挙に大量の浮世絵作品がヨーロッパ各地に流出したが、そのなかに混じってかなりの量と思われる琳派系ないし琳派風の絵画作品や美術工藝の小品、それに画譜の類までが輸出されていたのである。

なかでも光琳の人気はきわ立っていた。世紀半ばからのジャポニスム（日本趣味、日本フィーヴァー、日本研究）がその頂点に達した十九世紀末のフランスともなると、もうすっかり光琳にイカれてしまった男さえいた。ルイ・ゴンス（Louis Gonse 一八四六―一九二一）の名で知られた美術批評家であり、斯界の名士である。ジャポニスムの重要な先駆けの一人で、一八八三年にはすでに『日本の美術』という多数の挿画入りの大冊二巻も出していた。

このゴンスが、パリで刊行された三カ国語（仏・英・独）版の国際的ジャポニスム専門雑誌『藝術の国日本』（*Le Japon artistique* 一八八八・五―一八九一・四）の、第二十三号（一八九〇年三月号）に寄稿したのが「光琳」と題するエッセイである。彼の琳派偏愛があけっぴろげに語られていて、実に面白い。光琳は「コーリン」という名前からしてすばらしい、と彼はまず冒頭に叫ぶのである。

ジャポニスムの専門雑誌『藝術の国日本』第23号の表紙絵とゴンス「光琳論」の冒頭

Kôrin! 私はこの名前が好きだ。この名前の言いまわしとリズムが好きだ。この名前にはなにかしらうねりがあり、ひきずるようなところとごつごつするところがあって、それだけですでに面影が浮かぶ。本当の日本びいき（ジャポニザン）、一粒の狂気を宿すこの日本美術心酔者の魂の中に、この名はくらくらするような官能を呼び起こし、あの奇異にして驚嘆すべき個性の主から発する格別なおののきのようなものを、こちらに伝えてくるのである。（中略）光琳という名は見事に彼の表わす藝術にかなっている。（芳賀徹訳、以下同）

これでは、ゴンス氏はすっかり光琳に「イカれて」いたと評しても当然ではないか。大正日本の『白樺』派の御大（おんたい）武者小路実篤が、街角で「ト」の字を見かけただけで、トルストイを連想して顔が火照ったというのと、同じような現象が十九世紀末のパリの「日本狂」たちの間にも生じていたのである。『藝術の国日本』の、フランス語版の愛読者で、この雑誌の編集主幹である画商サミュエル・ビングのパリの店に入り浸っていたゴッホが、一八八八年、南フランスに移住すると、空の色も水の流れの紋様も山の姿も、みな夢の国日本そのままに見えて狂喜したというのも、同様の現象であったろう。

だがゴンスはもちろん、ただ「イカれ」ていただけではない。彼は光琳が「形態の綜合と意匠の単純化という日本美学の二大根本原理を、ぎりぎりに行きつけるところまで推し進めた画家でもあった」と評し、「十七世紀の大画家」俵屋宗達の後を継ぎ、十九世紀江戸の酒井抱一に先駆けた画家、と、美術史上の位置づけもそれなりにきちんと行う。自分の手もとに光琳旧蔵という工藝小品を所蔵して愛玩し、パリの有名なジャポニザン仲間それぞれと、たがいに自慢する光琳作品を見せあっては楽しんだ。他に中村芳中編の『光琳画譜』（一八〇二）や、江戸琳派の中心人物である酒井抱一編の『光琳百図』（一八一五）などの貴重書もすでに入手していたらしい。それらの図譜のなかからたくさんの光琳素描を挿画に引用しながら、ゴンスは上記論文でさらに次のように述べた。

光琳は、自分の手法を完全に自分のものにしてしまうと、もはや他の誰にもない素描をなすにいたった。（それらの素描は）しなやかでねばり、丸みを帯び、大胆に省略され、不意に調子を変える。そして少々ぎこちない、何とはない無頓着さの影に、深い技（わざ）の確かさを宿している。（中略）この極限まで押しすすめられた単純さには、射すくめるような魅力、ゆるやかにしみ入るような、えもいわれぬ香り、官能的な音楽のように身にまとわりついてくる一種の諧調がある……

あらゆる美辞を尽くしてもなお足らぬほどの思いで絶賛するのである。十九世紀ヨーロッパの美術愛好家の世界に、すでにこれほど鋭い琳派理解、とくに熱っぽい光琳贔屓がひろまっていたことを知るのは興味深い。同時代の印象派から世紀末のアール・ヌーヴォーにいたる作品群に、日本の浮世絵のみならず琳派の意匠と造形の感覚が随所に学びとられていったこともよくうなずける。ただ、ここで一つ問題があるとすれば、それは彼らジャポニザンの琳派受容がその卓抜な装飾性という一面に偏しすぎていたのではないかという点である。

ルイ・ゴンス自身、『藝術の国日本』の第二号（一八八八年六月号）に早くも「装飾にみる日本人の天分」という論文を寄せ、「日本人は世界で第一級の装飾家」と礼讃していた。「装飾的感覚こそ日本人の美学の本質である」と書いたその延長線上に、当然のごとく彼の「光琳」論は出てきたのである。この見方は、尾形光琳・乾山から江戸琳派の酒井抱一や鈴木其一らの作品評価には十分に妥当するだろう。だが徳川琳派の大源流、本阿弥光悦や俵屋宗達という大天才にまで遡ってみればどうか。

もちろん二人の天才にも装飾性はたっぷりとあろう。だが宗達「風神雷神図屛風」のあの天地を轟かすような痛快なダイナミズム、「鶴下絵三十六歌仙和歌巻」のモーツァルトのごとき歌と書と絵の協奏の流麗、「槇檜図屛風」の金の砂子地の上に墨と銀泥のみで描かれた樹木と霞の神韻渺々たる静寂、さらに水墨小品の龍や水禽や牛や仔犬あるいはわらびや枝豆などに籠められた幽玄と「もののあはれ」の気息——それらは装飾性をはるかに超えた人間と自然の底の底での共鳴に発する偉大な神秘の表現ではないか。まして光悦手捻りの黒楽の「雨雲」や「村雲」、また赤楽の「毘沙門堂」や「加賀光悦」などの茶碗の、重くて深くて、ときに暗くて、いびつでざらざらともしながら、なおエロスを湛える形と肌と色合いの複雑きわまる深い法悦。

それらはジャポニスム時代のヨーロッパには、もちろんまだ作品としても知られてもいなかったし、この日本美の最深層の理解には、おそらく二十世紀後半にいたるまでのなお半世紀余りもの歳月が必要であったろう。東西ともに異文化の奥ゆきとその美の深さへの到達には、長い長い時間ともっと親密な手探りと研究とが不可欠であることを、ジャポニスムの歴史は一方で、私たちに教えているのである。

Ⅱ

4 すべての道は江戸へ――芭蕉の徳川礼賛

本書のプロローグに十八世紀後半の京の詩画人與謝蕪村（一七一六―八三）の平和への倦怠の句を引いたが、それよりもおよそ九十年前の芭蕉（一六四四―九四）には次のような作があった。

かびたんもつくばはせけり君が春
阿蘭陀も花に来にけり馬に鞍

前の句は芭蕉三十五歳の年、延宝六年（一六七八）の作、後の句はその翌年の作である。どちらも、芭蕉の句としてはとくに有名な作でもなく、秀句というものでもない。芭蕉が、俳諧宗匠として独立はしたが、まだいわゆる「蕉風」を確立するにはいたっていないころの作である。江戸深川の草庵にわび住まいを始める（延宝八〔一六八〇〕年）直前だった。

だが、比較文化史の観点から見なおせば、まことに興味深い句といえる。あのわびさびの「俳聖」芭蕉が「かびたん」つまり甲比丹（カピタン）、長崎出島のオランダ商館長とか、「阿蘭陀」つまりオランダ人とか、西洋人ないし西洋という異国趣味的な主題で発句をしていたという点だけではない。二句ともに、芭蕉による現体制下の「徳川の平和（パクス・トクガワーナ）」礼讃のことばとして興味深いのである。

「かびたんも」「阿蘭陀も」の「も」は、カピタンをさえ、オランダ人でさえの意味だろう。唐・天竺のさらに遠いかなた、どこにあるのかも見はるかせないような世界の果てのオランダとかいう国からさえ、この日本の、この江戸には、はるばると「かびたん」という使臣がやってきて、公方様（くぼうさま）（「君」）の御威光の前に這いつくばった。まことに、将軍様の御支配のもとに、いよいよ盛んな、この平和な新春のめでたさよ――というのが、第一句のおおよその意味だろう。

　第二句も同じようなことで、このお江戸の桜はいまや日本中、世界中に有名だ。なぜなら、オランダ人たちでさえ、遠い国から長崎をへて、さらに馬に鞍をつけてこの江戸まで、爛漫たる花の景色を賞で（め）に上ってきたのだから――というのである。もちろん、いくら芭蕉でも、オランダ商館長一行は将軍に拝謁して通商許可の御礼を言上するために、毎年春に江戸にやってくるのであって、ただの花見のためではないことぐらいは、知っていたろう。だが、はやくも慶長十四年（一六〇九）に始まり、寛永十年（一六三三）以来は原則として毎年の慣例となった商館長の江戸参府は、この芭蕉の句より二十年ほど前からは、毎年春二月、三月（陰暦）、江戸の桜がいちばんの花ざかりのころの一種の年中行事として定まり、そのたびに江戸の衆のにぎやかな話題ともなっていた。

それで芭蕉は、あの異国人たちは今年もまたはるばると江戸の花見にやってきたのだ、と言ってみせたのだろう。事実からはわざとはずれたその誇張に、俳諧としての面白みがあり、伊賀上野から江戸に出てきて六、七年目、ようやく江戸市民の一人となりかけた三十代の芭蕉の江戸自慢（エドイズム）さえ、そこに託されることとなった。

たしかに、いまの私たちにとって芭蕉のこの二つの句で興味深いのは、いかに俳諧的修辞によって誇張されているとはいえ、ここに映しだされている芭蕉の日本像ともいうべきものである。芭蕉にとって日本国というのは、輪郭こそさだかではないが世界というものの中心にあったらしい。そしてその日本の中心は、いうまでもなく春風駘蕩たるこの新興の大都市江戸であり、さらにこの江戸の中心は江戸城であり、そこにおわします徳川家の将軍様であった。右の二句は、少し広い文脈におきなおしてみれば、そのようにも読むことができるのではなかろうか。

芭蕉のごく若いころ（寛文六〔一六六六〕年、二十三歳）には——

京は九万九千くんじゅ（群集）の花見哉

と、京都の戸数九万八千戸といわれたのを踏まえて、その春の花見のにぎわいを讃えた句もあった。だが、江戸に下って住みついて間もないころから——

天秤や京江戸かけて千代の春　（延宝四〔一六七六〕年）
実や月間口千金の通り町　（延宝六年）
雨の日や世間の秋を堺町　（同）
秋十とせ却て江戸を指古郷　（貞享元〔一六八四〕年）
観音のいらかみやりつ花の雲　（貞享三年）
花の雲鐘は上野か浅草歟　（貞享四年）

と、詩人の心の天秤はしだいに彼の俳諧とともに、発展する大江戸の町に傾きはじめ、日本橋通り町の、月下に黄金いろに光るような商家の繁栄や、秋雨のわびしさとは隔絶した堺町の芝居小屋のにぎわいなど、京の「雅」よりは江戸の「俗」を面白がり、その隆盛を讃えるようにさえなってきていたのである。

それはたしかに、やがてはわびさびの詩人となるはずの芭蕉でさえ、そのような江戸ナルシシズム、そして一種の体制礼讃の心情になったとしても不思議ではないような時代であった。大坂冬の陣、夏の陣（一六一四、一五）の記憶はすでに遠く、日本列島における最後の内戦、九州の片隅におきた島原の乱が鎮圧されてからでも、「君が春」の句の延宝六年（一六七八）でいえばすでに四十年、一世代以上の年月がたっていた。あの乱以後、ところどころでお家騒動のようなものこそあったかもしれないが、列島の内にも外にももはや一度たりとも干戈の音のひびいたことはなかった。外への侵攻はもちろんのこと、外からの侵略もその脅威も、内戦も宗教上の抗争もいっさいなくなり、いわゆる「鎖国」の制度のもとに、日本列島はこれからなお少なくとも百八十年はこの完全平和を享受してゆこうとしていたのである。

いわゆる「鎖国」令は、三代将軍家光の時代、寛永十年（一六三三）の日本船の海外渡航と日本人海外渡航者の帰国とに関する規制にはじまって、回をかさねるたびにきびしくなり、寛永十六年（一六三九）、島原の原城陥落の翌年に出されたポルトガル船の来航禁止の令によって、完成されたとされている。それによって、ポルトガル船の種子島漂着（一五四三）以来の、日本における「キリシタンの世紀」は完全に終り、それとほぼ平行してさかんであった日本人の東アジア諸国、東南アジア諸地域への進出や侵略も、一挙に足どめを喰うこととなった。これらの禁令はたしかに日本列島を、「大航海時代」以後つづいてきた西洋世界のはげしい遠心的拡張運動のなかから孤立させることとなる。しかし同時にこの相対的孤立が日本人のなお不安定な文化的宗教的同一性を、カトリック教会勢力の巧みな布教と進出の戦略から保守し、ひいては、成立してまもない徳川幕藩制の整備と強化の過程を保障することとなったのも、たしかであった。

この日本の「鎖国」の過程と同時代の、他の世界を眺めてみれば、それはヨーロッパでも東アジアでも、政治・経済・文化をふくむ大きな文明史的転換といってもいいような時代であった。十六世紀後半から十七世紀初頭にかけて、西欧で最大の覇権をふるっていたのは、なんといっても、新大陸からの厖大な銀の流入を独占するスペイン帝国であり、このイベリア勢力が、ルター派の改革に対抗するカトリック宗教改革の運動においても、もっとも強力なイニシャティヴをとったことは、いうまでもない。その対抗改革（Counter Reformation）の一環としての熱烈な海外布教活動が、西のアメリカ大陸に向かったばかりでなく、東に向かってはるか極東の日本列島にまで伸びてきたのが、日本版『こんてむつすむん地』（キリストに倣いて）や『ぎやどぺかどる』（罪人のみちびき）などを生んだキリシタンの時代であった。

だが、日本では豊臣秀吉が何回かにわたってキリスト教布教に制限と迫害を加えはじめた、ちょうどそのころから、フェリーペ二世治下（一五五六―九八）のイベリアの本国では政治も経済も昔日の勢いを失いはじめていた。新大陸からの大量の銀の流入は国内に異常なインフレーションをまきおこすのみとなり、広大な植民地を市場とすべき新産業も、保守的な旧体制のもとではとうてい興りようがなかったのである。南欧のカトリック王国のこの停滞に代って、当時急速に成長してきたのが、いうまでもなく北方の新教諸国であった。一五八一年、長年にわたるスペインの支配からの独立を宣言したオランダ共和国は、旧宗主国の軍隊との戦闘を繰り返しながらも、造船・航海の技術にたけた新しい商業国家としてすみやかに発展してゆく。そのオランダの独立戦争を背後から支援するエリザベス女王（一世）治下（一五五八―一六〇三）のイギリスは、一五八八年、英本土を侵攻すべく北上したスペインの無敵艦隊（アルマダ）を、英仏海峡に迎え撃ってこれに大勝をおさめ、カトリック帝国の年来の覇権主義に強い歯どめをかけてこれを衰運に向かわせることとなるのである。

ヨーロッパ本土におけるこの新旧・南北二勢力の競合から交替への大転換の時期にも、フィリピンを根拠地とするスペイン船、マカオを寄港地とするポルトガル船は、なおしばしば日本に来航し、家康存命のうちは、布教は禁止されてもある程度の交易は許されていた。だが、一六〇〇年（慶長五）、イギリス人ウイリアム・アダムスを乗せた蘭船リーフデ号が豊後に漂着したのを一つのきっかけに、やがて蘭英両国も日本に交易を求めて接近し、ヨーロッパにおける新旧勢力の角逐が、小規模ながら日本列島でも演じられることとなった。この競争は一六〇九年（慶長十四）にオランダが、一六一三年（慶長十八）にイギリスが、それぞれ江戸に商館を開設することによって、明らかに新興勢力の側の勝ちとなるが、そのなかからイギリスがわずか十年後（一六二三年）には撤退してしまうことによって、結局オランダ東インド会社だけがその後の日欧貿易を独占し持続することとなる。

このようにして同時代世界を眺めなおしてみてくると、家康から三代家光にいたる時期の徳川幕府は、あたかもヨーロッパにおける宗教・経済上のこの新旧・南北の勢力の大転換の時代に、その交替の間隙を縫うかのようにして、「海禁」とキリシタン禁令の策を進めたといえるのではなかろうか。同じ十七世紀前半は、東アジアでも大変動が生じた時代で、明王朝がたびかさなる内乱のうちに衰微して満州族の清王朝にとってかわられることとなるが（一六四四年）、徳川幕府はその中国との関係をも長崎の貿易に限定して、相互に安全の距離を保つべくはかった。琉球王に対してこそ島津の兵力を用いてその所領の平定を試みた。だが、李朝朝鮮とは家康の当時にいちはやく国交を回復して、秀吉出兵の残した深刻な後遺症をいやすことにつとめたのである。

こうして、徳川幕府のいわゆる「鎖国」令とは、十七世紀前半のゆれ動く東西国際情勢のなかで、いくたびもの試行をへてしだいに手段を強化しながら、日本にとってもっとも安全な相手のみを外交・交易の対象に残して「完成」された一連の対外政策であった、といえるだろう。極東の島国という日本のもっとも基本的な地政学的条件と、ヨーロッパおよびアジアの諸国の政治的・経済的制約の数々と、列島住民の強い平和安定への志向とが、一つの稀有な均衡に達したときに選択され、そののちはヨーロッパの産業革命の進展によってそのバランスの一角が崩れるまで有効でありえた、巧みな地域安全保障の総合政策だったのである。

長い間この「鎖国」政策は、徳川日本にのみ固有の特殊な退嬰的な閉鎖主義であったかのごとくに論ぜられ、それが日本の「近代化」を遅らせ歪めた元兇であるかにも説かれてきた。だが、いま視野を広げてみれば、それは同時代の中国や朝鮮の「海禁」政策とそれほどへだたるものではないばかりか、二十世紀後半のつい最近、さらには現在にいたるまで、国際的相互依存関係が当時とはくらべものにならぬほど緊密化したなかで、なおソ連が、中国が、キューバが、またアルバニアや北朝鮮やビルマ（ミャンマー）がとりつづけた政治・経済、また文化や情報の上での閉鎖孤立の政策とくらべて、いったいどちらがよりきびしいものであったかとさえ疑われる。つまり、「鎖国」「海禁」は、現代にいたるまで世界史上にしばしば見られる普遍的現象の一つにすぎない。それればかりでなく、十七世紀の日本について見れば、むしろ歴史的好機をとらえた賢明にして大胆な人と物の出入国管理の外交政策であり、それによってこそ永い「徳川の平和(パクス・トクガワーナ)」の成立と維持と、そのもとでの文化の熟成とは可能になった、とさえ評しうるのである。

ここでふたたび冒頭の芭蕉の発句にもどるならば、「かびたんも」の句にしても「阿蘭陀も」の句にしても、いわゆる「鎖国の完成」(一六三九)から一世代余りをへて、ようやく日本列島のなかに何百年ぶりかで熟してきていた平和と安定と繁栄の感覚をとらえた作であった、といえるだろう。前にも触れたように、オランダ商館長一行の平戸から、長崎からの江戸参府が、毎年に定例化されてから(一六三三年以降)も、すでに五十年近い歳月がすぎ、それはあやうく江戸俳壇の春の季語とさえ化しかねないほどになっていた。エンゲルベルト・ケンペルが商館長バイテンヘムに随行して、一六九一年(元禄四)三月はじめて江戸の町に入ってきたときには、新橋から日本橋へと向かう大通りなどでは、他の町の場合とちがって住民たちはこの紅毛人の行列にもすっかり慣れてしまった上に、都市民としての意地を張って、「戸口の前に立って(一行を)見物しようとする者はほとんどいなかった」と、彼は記している(エンゲルベルト・ケンペル『江戸参府旅行日記』〔斎藤信訳〕東洋文庫303、平凡社)。

芭蕉の句の場合は、紅毛人一行に対する異国趣味(エキゾチシズム)をなお残しているにしても、むしろ、すべての道は日本に、そして江戸に通ずるという、新しい中央集中の秩序の感覚、そして上下の階層関係(ハイアラーキー)による思考法が、芭蕉のような人のなかにさえ生まれかけていたことを物語っていたともいえよう。これらの句の作られた延宝六、七年といえば、将軍家は四代家綱の治世の最後の年で、同八年（一六八〇）には五代綱吉に代替りするというときだった。三代家光以来着々と進められてきたいわゆる徳川幕藩制の整備と強化も、このころまでには大いに進み、綱吉の治世の初期には諸領の大名の改易、移封、減封などの異動もほぼ完了するといわれる。江戸を中心とするこの政治支配の制度は全列島を綿密な網の目のようにおおって、十七世紀末の元禄期には文字通りに「安堵」するのである。それが「鎖国」の政策と相まって、社会の安定をもたらし、国内の産業の活動と商業の繁栄をうながしてゆくこととなるのは、あらためて述べるまでもない。

内外の政治の制度にも社会生活の雰囲気にもなお多くの不安定要素と、戦国の世の荒々しさとを残していた徳川の初期から、この十七世紀末の「徳川の平和（パクス・トクガワーナ）」の完成にいたるまでの変転――それを、さして長くもない一章に物語ってもっともみごとなのは、意外にも新井白石（一六五七―一七二五）の自叙伝『折たく柴の記』といえるかもしれない。「父にておはせし人」新井正済（まさなり）（一六〇一―八二）のおもかげと言行を追懐した「上」の巻の冒頭の部分である。

「我父のわかくおはせしほどは戦国の時をさる事遠からず、世の人遊侠を事として、気節を尚（たふと）ぶならはし、今の時には異なる事ども多く聞えたりけり。我父にておはせし人も東走西奔、その蹤（しよう）跡（せき）さだまれる事もなくして年を経（へ）給ひしうちに……」と語りはじめて、白石は、父正済がまだ殺伐たる気風を残した時代に諸国を流浪し、ようやく上総久留里（くるり）二万石の土屋家に奉職する前後までの、そのさまざまな古武士風ともいうべき英雄的行為を、父の回想談を通じて描いてみせる。

父にておはせし人は、顔だちさえたけだけしく、「たちゐかろ〴〵しから」ざる、剛直で一刻な「むかし人」であった。

だが、その父も晩年になって「身静(しづか)なる時には、つねにおはします所を浄(きよ)く掃(はら)ひて、壁上に古画をかけて、花瓶には、春秋(はるあき)の花を、すこしくさしはさみて、それに対して、黙坐して日を消(せう)じ給ひ、又みづから絵かき給ふ事などもありき。」――父の「むかし人」としての性格も風貌も変りはしなかった。だが延宝三年（一六七五）七十五歳で土屋家を致仕するころには、いつのまにか周囲の環境は変って、父も謹直な日常の坐臥のうちに絵や花の風雅をたのしむ人となっていたのである。そして父が五十七歳のとき、明暦の大火の年（一六五七）に生まれた嫡嗣白石は、その父の薫陶を受けながら清貧のうちにひたすらな勉学をつづけ、やがて学者として出仕し、十八世紀初頭には、六代将軍家宣の「君子仁厚」の文治の施政を演出する最高位の文官となっていた。『折たく柴の記』は、このような読みかたをすれば、たしかに徳川創世の埃っぽい「むかし」から、芭蕉が「君が春」を讃えるような「今の時」までの推移――さらに芭蕉の発句にさぐるなら、

あらたうと青葉若葉の日の光　（日光、元禄二年（一六八九））
かぞへ来ぬ屋敷〳〵の梅やなぎ　（「緩歩」、元禄五年）
里ふりて柿の木もたぬ家もなし　（元禄七年）
名月の花かと見へて棉畠(わたばたけ)　（同）

ともいうような、「しら露もこぼさぬ萩のうねり」ほどの列島各地の「御静謐」と繁栄にいたるまでの変遷を、期せずしてよく描いていたといえるだろう。

もしタイム・マシーンつきの宇宙船に乗りこんで十七世紀末、家綱・綱吉の時代の日本列島の上空に飛んでゆくことができたならば、そこからは、芭蕉や甲府侯綱豊侍講の白石や、西鶴や近松や、貝原益軒や尾形光琳の住む徳川社会が、幕藩制という驚くべく濃密な支配秩序の傘のもとに、それをただ一本の軸として、内輪へ内輪へとゆるやかに「萩のうねり」のごとくめぐりはじめているのが眺められたろう。当時はこの「徳川の平和」を讃えて、「御静謐」や「天下泰平」とともに「四海波静か」という言葉が常套句としてよく使われたが、いま宇宙船から見おろしてみれば、この十七世紀末の「鎖国」下の列島は、まさに文字どおりの「四海波静か」でもあった。列島をとりかこむ海は、当時はもちろんまだ「東シナ海」とも「日本海」とも「太平洋」とも名づけられていない、ただの東西南北の海のひろがりであったが、それがまるで一面に青海波（せいがいは）の模様（これが流行したのも元禄のころからという）を敷きつめたかのようである。

その青い波に白い航跡をつけて、年に一回、夏の終りのころ、オランダの帆船が二艘、東南の海から長崎へとやってきては、秋のはじめにまた帰ってゆく。三十艘の中国商船が東シナ海を渡って長崎へと渡来しては、さまざまの商品をおろし、また積んでは帰ってゆく。よく見ると、日本の小さな帆掛船も見かけられるが、それは列島の沿岸にへばりつくようにして、少し走っては、すぐに港や島かげに入り、やがてようやく大坂へと向かってゆく。そして列島の太平洋側には、キリシタン時代に数隻の船がわずかに出入りしたことがあるだけで、以後どこの異国の船影も見かけられなかったのである。

高麗(こま)舟のよらで過(すぎ)ゆく霞かな　(明和六年)
稲づまや浪もてゆへる秋津しま　(明和五年)
いな妻や秋つしまねのかゝり舟(ぶね)　(明和五年)

後年、與謝蕪村がそう詠(よ)むような海浜風景が、すでに列島沿岸各地に始まっていた。

5　啓蒙の実学者——風土記と本草学の貝原益軒

益軒先生訪問

貝原益軒（一六三〇―一七一四）という人は、できることなら、元禄（一六八八―一七〇四）の昔にさかのぼって、ぜひ一度インターヴューしてみたかったと思う人物である。

同時代の芭蕉も近松も西鶴も、また尾形光琳も新井白石も、みなたしかに偉い。彼らはこの二十一世紀になってもなお、というより二十世紀以来いよいよ、近代の日本と日本文化を代表する文人、画家、学者として世界にその名を知られつつある。元禄日本というのはどう見ても文化的創造力の横溢した偉大な時代であった。だが、当時、江戸や大坂や京にあって日々に創作や研究に打ちこんでいた彼らでは、火花が散るほどに忙しすぎて、とても二〇一〇年代という場末からの一見の客などには会って貰えそうにもない。

ところが益軒先生だけは、この二十世紀・二十一世紀の田舎者をも一応は客間に引見してくれそうな気がする。大体、先生は九州の福岡藩に仕えて福岡に住んでいた。江戸や上方の学者、文人たちよりは生活にゆとりがあったろう。それに先生は、生前六十五歳のときの肖像を見ても、おだやかで寛容で、微笑をたやさぬ人であったように思われる。人間・自然にかかわる森羅万象への百科全書的好奇心という点では、二十七歳年下の白石にいささかも劣らず最後まで旺盛な人だったが、白石のように峻烈で、容赦もなく人に迫るというこわい先生ではなかった。

それでも益軒先生には、こちらがともかくも五十歳はこえていることを、あらかじめ申しあげておかなければなるまい。さもないと、会って貰えないかもしれない。先生は少なくとも晩年には、五十をこえなければ人はまだ人ではないと考えていたらしいのである。

人生五十にいたらざれば、血気いまだ定らず、知恵いまだ開けず。古今にうとくして、世変になれず。言あやまり多く、行(おこない)悔(くい)多し。人生の理(ことはり)も楽(たのしみ)もいまだしらず。五十にいたらずして死するを夭(わかじに)と云。

（『養生訓』）

元禄から見れば世も末の、平均寿命だけは八十代とかになった二〇一〇年代の日本にこれがなお通用するとしてのことだが、さすが益軒先生、五十すぎの男にとってまことに嬉しい言を吐いてくれたものではないか。先生が『養生訓(ようじようくん)』八巻を書いたのは正徳三年（一七一三）、数え八十五歳の長寿を終える前の年だった。それだけに右の言葉には体験に裏づけられた重みがある。

だが、こうしてはるばると元禄の福岡に貝原家を訪ねあててはいっても、あいにくと、その日、その月、益軒先生はまた例によってフィールド・ワークの旅行に出張中で、留守だったということになるかもしれない。その可能性が大きい。実は益軒先生こそ、「旅を栖(すみか)として旅に死す」などと悲壮がる後輩芭蕉にはるかにもまして、おそらく当代一の健脚の大旅行家だったからである。

『筑前国続風土記』

益軒は慶安元年（一六四八）、十九歳の年に父寛斎に従って江戸に行き、翌年帰藩するとすぐに藩主に供奉(ぐぶ)して長崎に往復したのをはじめとして、生涯にいったい何回旅に出、何千里を歩いたことだろうか。井上忠氏の引く益軒自身の言葉によると、藩主の参勤交代に随行したり藩命で調査に出張したりして、江戸へ十二回、京都へ二十四回、長崎へは五回往復したとのことである（人物叢書『貝原益軒』、吉川弘文館）。その往復の途中には、いまから考えれば意外なほど自由に、健脚にまかせて各所に相当長期間の巡歴をかさねている。そのほかに妻東軒夫人を同伴しての私的な旅も多かったし、黒田領内の巡見にもよく出かけた。

それらの旅上の日記や覚書きをもとにして、ことに五十代以降、相ついで旅行記や地誌が書かれ、刊行された。延宝七年（一六七九）五十歳のときの『杖植紀行』から始めて、元禄五年（一六九二）六十三歳の年の『大和巡覧記』をへて、死の前年、八十四歳の正徳三年（一七一三）にまとめた『諸州巡覧記』にいたるまで、数えあげれば二十点に近いのではなかろうか。

それらは芭蕉の『奥の細道』や『野ざらし紀行』などの詩的紀行とはまるでスタイルが違う。きわめて平明な和文（俗文）で、自分の旅の道順に従って、地名をあげ、前後の里数やその地の景観、戸数、主な生業、名所旧蹟の来歴や現状を叙し、その間に自分の経験や印象をも盛りこむという、むしろ旅案内に近い記述法である。芭蕉自身自覚していた『土佐日記』『東関紀行』『十六夜日記』など以来の抒情的・主観的な道の記の系譜とは異なる、新しい客観・観察型の旅行記が、芭蕉と同時代にここに生まれかけていたといえるだろう。

いわば人文地理学者、博物学者としての旅行記という色彩が濃く、実際、益軒の旅にはその種の学者としてのフィールド・ワークの意味が大きかったのだが、この分野での彼の最大の仕事は結局、旅行記というよりは地誌の『筑前国続風土記（ちくぜんのくにぞくふどき）』ということになるだろう。『続風土記』というのは古代に編まれた『風土記』に続く、その元禄版の意味である。元禄元年（一六八八）、益軒五十九歳の年に藩許を得て領内諸郡の実地調査を始め、同十六年（一七〇三）、七十四歳の年にようやく完成して藩主黒田綱政に献じた。全三十巻、国情概観から始めて、福岡・博多の町と領内全郡の自然と人事をカヴァーし、最後に古城古戦場と領内物産について詳論して終わるという、みごとな構成をもつ。『益軒全集』（一九一〇）で上下二段組み、全七一三頁という、文字どおりのライフ・ワークである。

巻之一、二の「提要」（概論）の部では、各郡の田畑石高を升、合、勺の単位まであげ、各町各郡の戸数、人口も、牛馬や船の数も、すべて一の位まであげるという精密さである。「徳川の平和」のただなかにあったとはいえ、日本列島が元禄期になると諸藩の領内管理においていかに周到なものとなっていたかの模範例のような記述といえるが、そこにはもちろん、著者益軒自身の博物学者的な情報蒐集への偏執癖も強く働いていたと思われる。益軒は福岡藩領の全村、全山、全社寺について、その過去・現在にわたっていまわかる限りのことを集め、ここに記録しようとした。その整理が巧みな上に、著者が現地に立って見聞きしたのでなければ得られぬような細部の実感が文中に瀰漫（びまん）している。実際、六十代の益軒は、江戸や京都への長旅の合間を縫って、甥貝原好古を助手としてしきりに領内調査をつづけたのであった。宝永六年（一七〇九）に同書につけた「自序」に、益軒は当時の労苦を回顧してこう書いている――

国の（福岡藩領）内を里ごとにあくがれありき、高き山に登り、ふかき谷に入り、けはしき道、あやうきほきち（歩危地）をしのぎ、雨にそぼち、露にぬれ、寒き風熱き日をいとはずして、めぐり見る事、凡そ八百邑にあまれり。ことに、邑ごとの土民等に、其所々を、おほなく（精一杯に）たづねとひて、見し事聞し事を、みづからふところ紙に書しるし侍る。……ちかき世の事をしるせし文をも、又多くかうがへて、彼是人にたづね、其あやまりをたゞし、たがへるをたすけ、あるはかつて見し時詳ならざる所々をも、うたがはしくて、ふたゝび其里々に行て、よく見聞し、其事実をきはめぬるも多かり。

これは益軒年譜や『続風土記』と照らし合わせてみると、ほとんどそのまま事実だったようである。まさに実証的博物学者の姿勢である。同じ世紀の約八十年後、北米ヴァージニア州知事として領内の博物と地誌を踏査して『ヴァージニア覚え書』（*Notes on the State of Virginia*, 1785）をあらわしたトマス・ジェファソンの仕事に、質量においてほぼ匹敵するといってよいだろう。

元禄実学の華

右の「自序」を書いたのと同じ宝永六年（一七〇九）、益軒八十歳の年の記念碑のように、もう一つのライフ・ワーク『大和本草』全十六巻、附録二巻、三百余点の『諸品図』上中下三巻が完成した。三十年、あるいは五十年にもおよぶ旅行家、フィールド・ワーカーとしての観察と蒐集の経歴の集大成であり、元禄日本の文化的力量を示す、日本博物誌の最初の独創的な大事業である。例によって巻之一、二には本草学概論、博物学方法論を説いているが、たとえばその一節は、まさに前引の『筑前国続風土記』の「自序」を要約したような、実証主義のマニフェストとなっていた——

凡ソ此学ヲ為ル人ハ博学該洽（あまねく行きわたる）、多ク聞キ多ク見テ、疑殆（疑わしいこと）ヲ闕キ、彼是ヲ参考シ、是非ヲ分弁スル事精詳ナラズンバ、的実ナルコトヲ得ベカラズ。偏ニ自己ノ聞見スル所ヲ以テ是ト為シ、人ノ己ニ異ナルヲ以テ非ト為シテ、固ク執リ錯リ認ムベカラズ。大凡、聞見寡陋ナルト、妄ニ聞見ヲ信ズルト、偏ニ己ガ説ヲ執ルト、軽率ニ決定スルト、此ノ四ノ者ハ必ズ誤アリ。

みごとな、実学派の方法叙説である。これは益軒が自分自身の長年の研究体験から引きだした方法論にちがいない。できる限り広く知識と経験を求めよ、しかしむやみに自分の見聞を盲信してはならない、諸説にも耳を傾けて参酌する度量の大きさをもて、我説に固執し軽々しく断定することこそ誤りのもとだ、という。いかにも老大家益軒らしい実感のこもった、博物学のみならず人文・社会の諸学にも今日なおそのまま通じうる智恵の言葉ではなかろうか。方法論ということを、若い学生、駆けだしの学者ほど小うるさく口にし、振りかざすものだが、本当に創造的な学問をする人には、この老益軒の実践から帰納された数語こそ、生きた教訓となるはずである。

益軒はみずから右の言のとおりに実践してきたのである。徳川の初め以来、この学問の範とされてきた明の李時珍（りじちん）の『本草綱目』はもちろんのこと、他の中国・日本の本草書、農書の類は、数こそそう多くはないが、十分に使いこなし、参照し、引用し、また随所に批判もした。京に長逗留の折には向井元升（むかいげんしょう）や稲生若水（いのうじゃくすい）など、当代第一流の医家、本草家と親交を重ね、知見を交換した上、彼らの業績を益軒は『大和本草』の「凡例」に明記して讃え、学恩を謝している。また種々の花や果樹や野菜を自分の庭園に栽培して実験したり、身辺の知人に問い合わせをしたりすることもしょっちゅうだった。そういう点でも彼はヴァージニア州モンティチェロの荘園の主、トマス・ジェファソンによく似た実践的博物家だったといえる。その上に益軒には、あの長年にわたる何十回かの諸国巡歴の経験の蓄積があったのである。

『大和本草』

こうして成った『大和本草』は、その名のとおり、日本産をもっぱらとして、薬用とはかかわりないものも多く含めて一三六〇余種の鉱物・植物・動物をとりあげ、その名称（和名、漢名、方言その他）、来歴、形状、効用などを記述する。分類は基本においては李時珍に従いながらも、自分の工夫を多々加えて細別し、巻末には前述のように約三百図の木版の附図を添えた。その図は一般にまだ稚拙で、少し後年の予楽院近衛家煕自写の優美な『花木真写』や、平賀源内『物類品隲』（一七六三）の宋紫石筆の木版挿図ほどに精緻ではない。しかし、あるいは益軒も見たかもしれないドドネウス『紅毛本草』（初版一五五四、蘭訳版一六一八）の木版挿図とくらべても、遜色あるものではなく、『和漢三才図会』にははるかにまさる。そして各項の叙述は、数十行に及ぶものからわずか一行のものまで、粗密さまざまだが、すべてきわめて平明で意を尽くし、この種の書物を不可欠とする人々を念頭にした益軒の、啓蒙家としての識見と人柄とがよくにじみ出ている。

たとえば、といって選ぶのに困るが、誰もが知っている蓮華草（「砕米薺」）についての記述、

> 京畿ノ小児コレヲレンゲバナト云。筑紫ニテポウザウハナト云。三月花サク、赤白色、高三四寸アリ。小児取アツメテ其茎ヲク、リ合セ玩弄トナス。山野ナキ地ニハ此草ヲ圃ニウヘテ其葉茎ヲ馬ニ飼フ。其葉ワカキ時食ス。食物本草、救荒野譜ニノセタリ。本草（李時珍『本草綱目』）ニ不レ載。又白花アリ、日久ケレバ色変シテ赤シ。其花愛スヘシ。

すこし可憐にすぎる例を引いてしまったかもしれない。だが、益軒にも何人か孫がいたことを思いおこさせるような一節だ。博物学がしばしば新しい散文や絵画の誕生をうながすことの一つの現場証拠ともいえよう。また「喚子鳥」について、「古今集三鳥ノ随一ナレバ何ノ鳥ナルヘシ

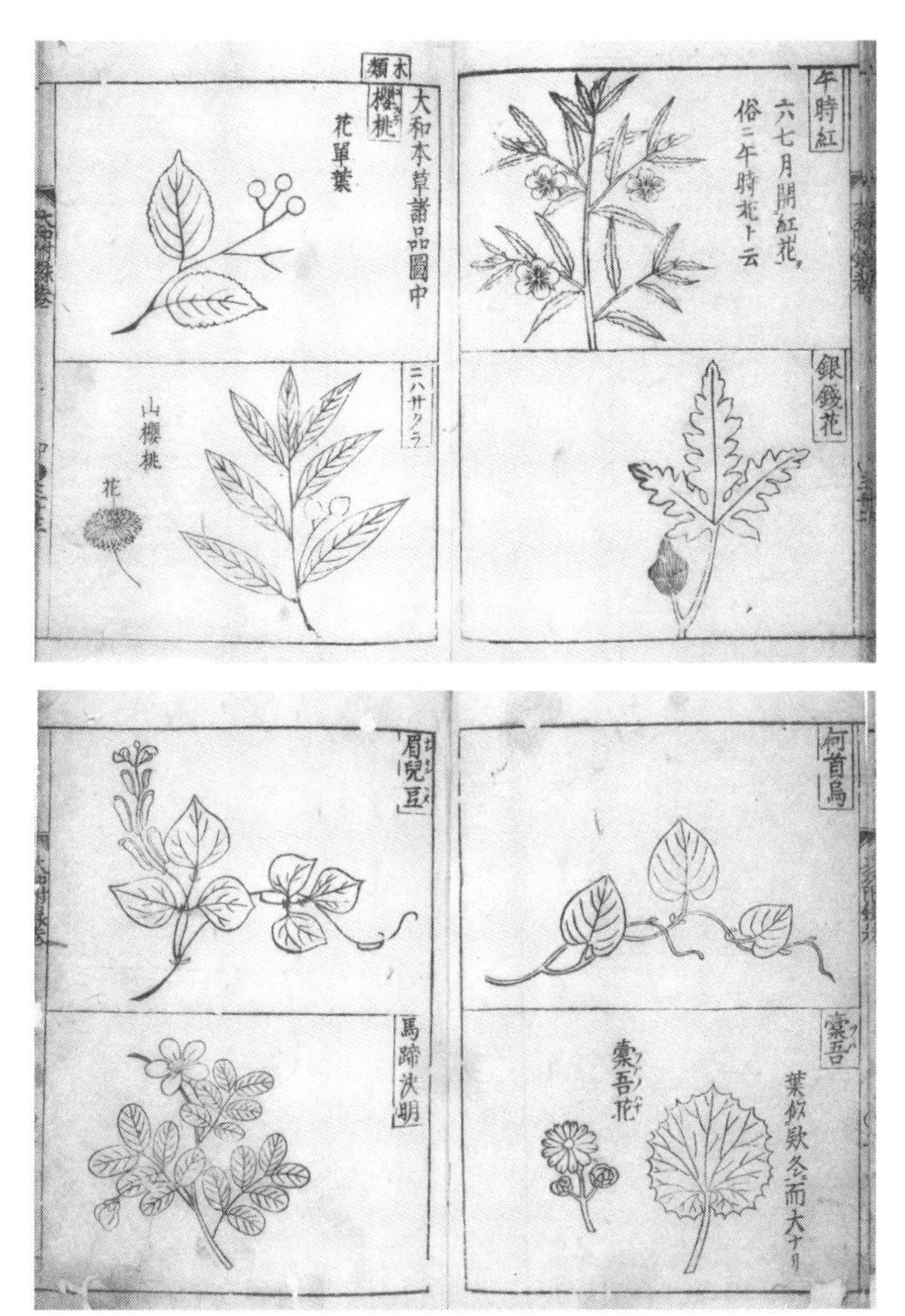

〔上図〕右上はゴジカ、右下はギンセンカ。また、左上の「桜桃」はユスラウメではなくシナミザクラ、左下の「ニハザクラ」はヒトエノニハザクラ、「山桜桃」はニハザクラ。／〔下図〕右上はツルドクダミ、右下はツワブキ、左上の「眉兒豆（ナンキンマメ）」はフジマメ。左下はエビスグサ。（貝原益軒『大和本草諸品図』より）

ト、妄ニ臆見ヲ以テ定メカタシ」とした上で、万葉の鏡王女や坂上郎女その他の歌を引いて、「此等ノ哥ヲ以テ見レハ〔俗説に言うような〕人トモ猿トモ鹿トモ見エス。林ニスム鳥ナルヘシ」と論じているのも楽しい。「河豚」について、「何ゾ有レ毒魚ヲ食フヤ」「身ヲ慎ム人食ス可カラズ」と、繰返し叱言をいうのも『養生訓』の老益軒らしくて愉快である。また「野猪」の項には、

国俗、猪ヲイノシ、トヨム。誤也。猪ハブタナリ。鴨ヲカモト誤テヨムカ如シ。猪油ハブタノ油ナリ。野猪ノ油ニアラス。野猪ハ妊ム事四月ヲヘテ、子ヲウム。夏四五月、子ヲウム。一産十一十二、或ハ三四ウム。野猪肉ヲ食スレハ能痔血ヲトヾム。又能小瘡ヲイヤス。本科ニモ炙食ヘハ腸風瀉血ヲ治ス、牝ナル者、肉更ニ美ナリトイヘリ。十月以後、味美シ。前足味美。凡野猪及雞肉ヲ煮ル法、前日ヨリ淡醤水ヲ以テ久ク煮ヲキ、明日将ニ食セントスルマヘニ又ヨク煮レハ、堅肉モ軟カナリ。野猪ノ性不レ悪、然ルニ食傷スル人多キハ、味美ニシテ多食スル故ナリ。

野猪のことなどは当時の日本人の誰もがよく知っていたはずだ。だから、博物書といっても、形態や生息地などをあらためて説くよりも、その肉の料理法の方を重くしている。益軒も自分の痔疾の薬と称して、前足の肉などをよく食べたらしい。

この種のいきいきとして即物的な文章を読むのは、福沢諭吉の達意明快の文章を読むのにも似

て、現代人の精神衛生にとってまさに薬草や猪肉以上の効力がある。なかに「熱湯」とか「饅頭」とか、「シホカラ」とか「肉糕」、あるいは「河童」「人魚」「人ノ爪」などという項目があるのは、「水蛭」の項に「女ノ髪ヲ水ニ久シクツケヲケハ変シテ赤キ小蛭トナル」とあったりするのと同様、むしろ人間の想像力の世界とまだいくらかは重なり合う部分をもっていた当時の博物学の世界の寛雅な豊かさを伝えるものとして、面白がり、羨むべきことでさえあるのではなかろうか。二十一世紀の私たち自身にしても、益軒先生から見れば、一種の珍獣として『大和本草』の「人」の項に扱われかねないのである。

6 「鎖国」への来訪者——ケンペルと元禄日本

前に引いて論じた芭蕉の紅毛ものの発句の一つが、

かびたんもつくばゝせけり君が春

であった。これを読んで、「つくばはせる」、つまり平身低頭させるという使役動詞は、いかにも強い表現で、それは芭蕉が将軍の威光を誇大に礼讃するために使ったレトリックだろう、と思うひとも多いかもしれない。

ところが、これはただの修辞でも比喩でもなかった。オランダ商館長一行が将軍の前に「つくばはせ」られたのは事実だった。芭蕉は江戸市井の一俳諧師ながら、そのことをどこからか聞き知っていて、さっそく句にとりいれたわけで、彼のジャーナリスティックな感覚のほうこそ、ここでは見ものだったのである。

オランダ商館長は商館の外科医、簿記役、書記などのオランダ人数名に、長崎奉行をはじめ日本人の大通詞、小通詞その他の長崎奉行所からの付添い人数十名を随えて、平均三十日かかって江戸に上ってきた。道中は参覲交代の大名なみの扱いで、なかなか鄭重なものだった。江戸に着くと、一行は日本橋本石町三丁目、時をつげる鐘楼のすぐ側にある定宿、長崎屋に入って、将軍拝礼の日まで一週間ないし十日の間、外出も許されずに待たされた。いよいよ拝礼の日がくると、一行は明六ツ（六時すぎ）には馬や駕籠で江戸城に入り、いくつもの関門で待たされたり挨拶をしたりしたあげく、本丸のなかの控えの間に案内される。そのあとの謁見式の模様については、右の芭蕉の句からわずか十三年後の実際の体験者の話を引くとしよう。呉秀三訳や今井正訳、それに斎藤信訳を参照しながらまとめてみると、以下のようになる。

ここ（控えの間）で一時間あまりも待ち、その間に皇帝（将軍）が謁見の間に出御し終えられると、摂津守（長崎奉行川口宗恒）と二人の奉行がやってきて、われわれをそこに残したまま公使（蘭館長）だけを皇帝の御前に導いていった。公使が謁見の間にいたるや否や、彼らが大声で「オランダ・カピタン」と叫ぶのが聞えた。それは公使に近くに寄ってお辞儀をせよという合図であった。そこで公使は、順序正しく並べられた献上品と皇帝の玉座のあいだの、あらかじめ指示された場所まで手と膝で這ってゆき、ひざまずいたまま額を床につくまで下げてお辞儀をした。そしてただの一語も発することなく、蟹のように這ったまま後ずさりしてきた。

いろいろ面倒な手数をかけて準備した拝謁の一切の儀式は、こういうあっけないものであった。カピタンは城中で、まったく文字どおり「つくばはせ」られたのである。そしてこれでようやく第一の将軍拝礼が終り、ほっとしていると、こんどは別な書院の間に案内され、オランダ人のための城内見学といいながらも、実は将軍と廷臣たち、大奥の侍女たちの「蘭人見物」の対象とならなければならなかった。

それはいくつかの大きな部屋に囲まれた、漆塗りの板の間で、オランダ人たちはその上を匍匐（ほふく）して御簾（みす）のむこうの将軍のほうに近付き、日本式にお辞儀をした上で、ここでも商館長が通商を許してくれた将軍の厚意に礼をいうという意味で、「和蘭陀甲比丹御礼申します」“**Hollanda Capitan Oreemoessimas**”と日本語で言上する。するとこんどは将軍がやはり御簾のかげから、側用人、通詞と二人を介して、さまざまな他愛もない質問を始める。バタヴィアは長崎からどれくらい遠いかとか、バタヴィア総督とオランダ王とではどちらがえらいかとか、不老長寿にいい最新の薬はなにかとかである。その薬の名前などはなるべく長くてもったいぶったのを答えると、御簾のむこうでは小姓か誰かが、それをなんべんも繰り返させながら書きつけていたという。

このやりとりが一しきりすむと、こんどはいよいよ一種の蘭人ショーが所望された。

将軍はわれわれの礼服であるカッパ（マント）をぬぐように命じ、つぎにわれわれの全身が見えるように直立せよと命じた。……つゞいてこんどは歩け、立ったままでいよ、互いに挨拶せよ、踊れ、跳ねよ、酔っぱらいのまねをせよ、かたことの日本語をしゃべれ、オランダ語を読め、絵をかけ、歌え、マントを着たりぬいだりせよ、と命じた。この間われわれは最善を尽して皇帝の命に従い、私は踊りながら高地ドイツ語の恋歌も歌った。このようにして、またこの他にも数え切れぬほどの猿芸をあえて演じて、われわれは将軍たちの気晴しに貢献せねばならなかったのである。

このオランダ人たちにとって屈辱的な猿芝居は二時間もつづいたという。その間中、板の間のまわりの何枚もの御簾には、あちこちのすきまに丸めた紙がはさんであって、なかから楽にのぞけるようにしてあり、たくさんの姫君や御女中たちの眼がそこからきらきら光り、さざめきが聞えてきた。

商館長一行が江戸城から解放されたのは午後三時ごろ、それから老中や若年寄など重臣たちの邸に贈物をもって御礼まわりをし、そこでもまたちょっと歌や踊りをさせられたりして、ようやく長崎屋にもどったときには、さしも長い春の一日ももう暮れていた。

これが「鎖国」のもとの徳川日本の、首都江戸の中心江戸城の、その本丸の一番奥の広間で、たくさんの眼がのぞく御簾の前でいとなまれた、日本人と西洋人の唯一の交流の情景であった。まさに芭蕉の句によまれたとおりの「君が春」の光景である。そして右には名前をあげずに引用

ケンペル自筆「将軍綱吉の御前で踊る図」（大英博物館蔵）

してきたが、この貴重な将軍拝礼の実況の記録、一六九一年三月二十九日（元禄四年二月二十六日）、五代将軍綱吉とその廷臣たちの前で恋歌（ロマンス）を歌ったことまで記録し、描いて私たちに残してくれたのが、あらためていうまでもなく、あの偉大なドイツ人博物学者エンゲルベルト・ケンペル（**Engelbert Kaempfer, 1651-1716**）であった。

ケンペルは「バロック時代のドイツ最大の学究旅行家」と呼ばれる。彼を「ほとばしり出るバロックの人間」と呼んだ人もいる。彼はたしかに、元禄の日本人には——将軍綱吉や側用人牧野備後守にはもちろん、当時琵琶湖のほとりで『猿蓑』の歌仙の興行などをしていたはずの芭蕉にも、あるいは長崎から付き添ってきた大通詞横山与左衛門などにさえも、とうてい想像もできないような広大・多様な世界を経めぐってきて、その旅と学問によって鍛えられた眼で彼らの生態と社会とを観察し、記録していたのである。

ケンペルは一六六八年、満十七歳の年に、北ドイツ、ハノーヴァーの近くの小さな故郷の町レムゴ（Lemgo）を出て、オランダや北ドイツの各地のギムナージウムや大学で古典・近代の諸学百般を修業しはじめて以来、一六八〇年にわずか数カ月帰郷したことがあるだけ、あとはそのまま波瀾の遍歴をつづけて、ついに日本までやってきたという学者であった。

彼が一六八三年、スウェーデンのウプサラ大学から、同国国王派遣のペルシアへの通商使節団に加わり、モスクワ、カスピ海をへてイスファハンまで行った経緯については、ここでは省略しよう。そのペルシアの首都から、長い戦乱に荒れた祖国に帰るよりはと、ホルムズ海峡の港町バンダル゠アッバスに下ってオランダ東インド会社のお雇い医師となり、そのまま待つこと二年。一六八七年、ようやく船に乗りこんで、インド各地に寄ってジャヴァのバタヴィアに着いたのは八九年の十月だった。そして翌九〇年五月バタヴィアを出帆して、シャムに立ち寄った後、ついに念願の日本の長崎港に入ったのが一六九〇年九月二十四日（元禄三年八月二十二日）のことである。

それから二年と一カ月の日本滞在の間に、二回の江戸参府（元禄四、五年）を経験して、ケンペルが長崎を出航したのは一六九二年十月三十一日（元禄五年九月二十三日）。バタヴィア経由でアムステルダムの港に帰り、スウェーデンを出て以来なんと十年ぶりにヨーロッパの土を踏んだのが、翌九三年の十月半ばだったという。ケンペルはすでに四十二歳になっていた。それから六十五歳でレムゴで死ぬまで、彼の後半の生涯はけっして恵まれたものではなかったが、その間に刊行された彼の博士論文が、日本では『廻国奇観』と呼ばれていたペルシア・アジアの博物誌、*Amoenitatum exoticarum...*（1694）である。また死後、ドイツ語の草稿のまま発見され、イギリス人に買いとられてまず英訳で刊行されたのが、あの世界史上に有名な大著『日本誌』（*The History of Japan*, 2 vols, 1727）であった。

この書物が英語からすぐにオランダ語（一七二九）やフランス語（一七二九）に訳されて、十八世紀の啓蒙思想家たち、とくにモンテスキューやヴォルテール、あるいはディドロの『百科全書』にまで積極・消極両面のさまざまな影響を与えたことは、今日では広く知られている。従来、もっぱらキリスト教宣教師（イエズス会士）の報告にもとづいて作られていた日本像を、宗教からも商業的関心からも自由な眼で見なおして、独立の高度な文明をもつ鎖国帝国としてこれを活写し、論述した、真に画期的な書物であった。

ケンペル自身がすでに体現していたのだともいえる相対主義的価値観が、ここに日本文明という確証を得て、後続の啓蒙思想家たちの、キリスト教会と既成社会秩序の超越性、自称の「普遍性」に対する懐疑、また批判のための有力な手がかりとなったのだといえよう。ケンペル『日本誌』は、その後百数十年、日本事情への最良のガイド・ブックとなり、ウプサラ大学出身の博物学者ツュンベリー（Carl Peter Thunberg, 1743–1822）やドイツのヴュルツブルク出身の日本学者シーボルト（Philipp Franz Balthasar von Siebold, 1796–1866）らの、日本研究の必須参考書となったのはもちろんのこと、あのペリー提督までが黒船の上でこれを読み、対日折衝の手法を工夫しながらインド洋をこえてきたのである。日本でも十八世紀末ごろから、洋学系知識人たちの間で注目されはじめ、享和元年（一八〇一）、長崎の在野学者志筑忠雄が、『日本誌』の付録の一章「鎖国論」を訳したころから、十九世紀思想史の上でそれなりの波紋を描いて幕末にまでいたる。

だが、ケンペル自身が日本に滞在したあの元禄初年、ようやく深くなった「鎖国」の春のなかにいた日本人の間には、彼を「ケンペル」として認識した人はもちろんついに一人もいなかった。日本と西洋世界との間の知的距離を西洋の側からいっきょに縮めようとする大学者・大旅行家であったこのドイツ人を、日本人は将軍の前で「つくばはせ」、踊らせ、御簾のすきまからのぞいただけで、みすみす帰らせてしまった。さきにそれを「日本人と西洋人との間の交流の情景」と呼んだが、「交流」というのはまちがいで、西洋の側からの一方通行であったといわなければならないかもしれない。しかもそのケンペルが鎖国肯定論を書いたのだから、事情はいよいよ複雑で面白い。

「鎖国」日本の、同時代世界における比較文化史的な位置というものが、こうしてケンペルの大著によってこそ少しずつ私たちの眼の前に浮かび上がってくるのではなかろうか。

> 月日は百代の過客にして、行かふ年も又旅人也。舟の上に生涯をうかべ馬の口とらえて老をむかふる物は、日々旅にして、旅を栖とす。古人も多く旅に死せるあり。

とは、いうまでもない、『おくのほそ道』の「冒頭」である。芭蕉がこのほとんど悲壮ともいうべきムードのうちに奥羽への求道者の旅に出立したのは、元禄二年の三月二十七日のことだった。それは西暦でいえば一六八九年の五月、大旅行家ケンペルが東インド会社の帆船でインド洋をセイロン、カルカッタからバタヴィアに向かおうとしていたころである。そしてまた彼がバタヴィアから日本へと出帆するちょうど一年前でもあった。ケンペルが長崎に着いた元禄三年八月には、芭蕉はもうとうに「細道」の俳諧行脚を終え、前年末から近江の湖南にあり、三カ月ほど滞在した大津の在の幻住庵を出て、なお粟津、膳所（ぜぜ）、堅田などの風光を探ろうとしていた。

このようなことを書くのは、芭蕉とケンペルという、相互になんのかかわりもない二人を、まったく同時代の日本と西洋の典型的な旅人として同時に眺めてみたらどう見えるか、というやや皮肉っぽい興味からである。

かたやケンペルは、彼自身の言葉によれば"**Morbo curiositatis imbutus**"――「好奇の病いにつき動かされて」、ストックホルムを出立して以来だけでもすでに七年、まさに数万里の寒熱きびしい野と山と海と島とに「不安な旅人の境涯」を日々に送って、西半球から東半球の果てへとはるかにも渡ってきた学究であった。それに対して、われらの俳聖芭蕉は、なんとまあ、なにもかにも小さな旅人だったのだろう。ケンペルの旅すがたを追った眼には、よほど眼を凝らさなければ見えてこないほどである。

ケンペルよりは七歳年上の、四十五歳の蕉翁が、元禄二年の晩春、「前途三千里のおもひ胸にふさがりて、幻のちまたに離別の泪をそゝぐ」と、ひどく心細げな感傷的な思いで千住を立ってゆく。だが、その旅先にはなんの疫病がはびこるわけでも、海上の大風雨が待つわけでもなく、追はぎ、泥棒さえめったに出はしない。街道はよく整備されて平坦、山野は美しく、少しゆけばすぐに宿場が紫の煙をあげて待っている。それは、古代・中世以来、何十世代の同種同胞の旅人が踏みかためてきた往還であり、その途上、彼ら先人によって詩歌によまれてきた名どころ、歌まくらに次々と立ちどまっては、古人に唱和する詩人の旅にほかならない。たしかに、ときには「ぬかり道」もあり、「蚤虱（のみしらみ）」もいた。しかし、「これまた風流」と旅をつづければ、次の町には、この江戸の師匠を待ちもうけて歓迎の一座を楽しむ文化人グループがいたのである。まさに「徳川の平和（パクス・トクガワーナ）」の陽光のもと、その「平和」ぶりを証言するかのようにして日本列島の一角をめぐったこの観光と抒情の旅は、わずか六カ月ほどで無事終了したのであった。

その旅の記『おくのほそ道』は、いうまでもなく、紀貫之や西行、宗祇以来の血脈をついだ日本的な観照的・詩的紀行の珠玉であり、小さいながら世界文学の一古典であるにちがいない。だが、その側に、同時代人ケンペルの文化探険・比較文明研究の大旅行と、その厖大な旅行記二巻をならべてみると、両者の旅行態度の根本的な違い、また内包する時空のスケールの差が、あまりにもはっきりとして、紀行文学としての『おくのほそ道』への評価がちょっと変ってくる。「俳聖」芭蕉の名品を冒瀆しようなどというのではない。ただ、こうして比較文化史の視野におくことによって、芭蕉の旅およびその紀行の特徴、つまりこれが「鎖国」下の小島国の、いちじるしくコンパクトな等質文化空間のなかでの観照と抒情の旅であって、同時代ヨーロッパ人たちの好奇の冒険と観察と記録、さらには異国見聞による自国批判のための旅行とはまるで種類を異にするものであったということが、いっそうよくわかってくる。

すこし芭蕉にこだわりすぎたかもしれないが、この芭蕉には滞日中のケンペルがたとえなにかのはずみで会ったとしても、お互いに精神の構造が違いすぎて、とんと話が通じなかったろう。だが、元禄期の日本でも、もしケンペルに邂逅していたなら、かならずや彼の博大な経験と知識とに瞠目し、その「綜合の精神」を讃嘆し、またケンペルのほうからも肝胆相照らす思いをしたにちがいないような精神の持主が、いないわけではなかった。いや、むしろ、そのような精神の持主が、まだ少数にせよ、登場しはじめたのが、この十七世紀末、十八世紀初めのころの日本の文化の新しい動きであったとさえいえる。

いろいろな人が考えられるだろう。たとえば、ケンペルにいちばん近かったはずのところでは、長崎在住の、当時随一の天文暦算家、人文地理学者西川如見（じょけん）（一六四八—一七二四）がいる。如見などは、つてを求めれば「ドイチラント」の人ケンペルが、長崎郊外に通訳の日本青年を伴って植物採集に出た折にでも会って、彼との問答から、その著『日本水土考』や世界地誌『増補華夷通商考』のための材料をたっぷりと仕入れることだってできたろう。だが、残念ながら両者の会見を語る記録はない。

九州にはまた、福岡の藩儒にして博物学者の貝原益軒も健在だった。ケンペルが益軒先生に会っていれば、日本の動植物や地理についていっぺんに大量の情報を入手することができたであろうし、日本人の合理的経験主義とか実践道徳とかについても目をひらかれる思いがしたにちがいない。だが、元禄四、五年のころといえば、益軒はとうに還暦をすぎたのになお日本中を東に西に健脚にまかせて歩きまわり、物産を調査し、薬草を採取し、『おくのほそ道』とはまるでスタイルのちがう旅行記を次々に書いていた。ケンペルとの会見の特別の許可が出たとしても、益軒先生、とても忙しくて会いにゆく暇がなかったろう。

そして江戸には、ほかならぬ新井白石がいた。実はこの白石こそ、一度はケンペルに会わせたかったと誰しも思う人物であろう。白石はのちに六代将軍家宣の幕政顧問となってからは、周知のように、みずから進んでイタリア人宣教師ジョヴァンニ・バッティスタ・シドッチ（Giovanni Battista Sidotti, 1668–1715）を審問し、江戸参府のオランダ人一行とは五年の間に四回も長崎屋に訪ねて問答したという、西洋世界に対しても旺盛な知的好奇心をたぎらせていた大学者である。

この日本のケンペル（白石）と西洋の白石（ケンペル）とが江戸の長崎屋ででも相まみえていたなら――お互いにお互いのどんな強烈な好奇心にも疑問にも答えあい、一日語りあっても足らず、二日、三日と丁々発止を繰り返すうちに、ついには文字どおり肝胆相照らす仲ともなっていたのではなかろうか。そしてその結果、白石の『西洋紀聞』や『采覧異言』は数倍に充実し、ケンペルの『日本誌』は日本の歴史や言語や儒教について、さらに讃嘆に満ちた周到精密な記述をすることともなっていたろう。

歴史を読みとるには空想が必要である。空想、といわずとも想像力の働きかけがなければ、歴史は生きてこず、私たちに語りかけてはこないだろう。だが、事実を動かすわけにはゆかない。白石の場合も、ケンペルとの出会いはついにありえなかった。ケンペルがはじめて江戸に来たころ（元禄四年〔一六九一〕）、三十五歳の白石は、それまで十年仕えた堀田家を辞して、ふたたび浪人となり、師木下順庵のもとから独立して、江戸の城東、本所に儒学の塾を開く計画に忙しくしていたはずである。それに、天和二年（一六八二）、堀田正俊に仕えるようになった年の九月、白石は江戸で朝鮮通信使の一行と会って漢詩を唱和し、漢詩人としての名声を朝鮮にまでひびかせる結果となったことはあったが、彼の関心も元禄のころはまだ西洋にまでは向かっていなかったかもしれない。

そのケンペルの来日から二十年後、ケンペルの代りに、白石が江戸で対面し、問答を交わすこととなった相手が、前にもふれたイタリア人のカトリック宣教師、イエズス会士シドッチである。白石が長年仕えてきた甲府侯徳川綱豊が綱吉のあとを襲って六代将軍家宣となって、白石の身分もそれに応じて昇格したばかりの宝永六年（一七〇九）の冬、十一月から十二月にかけてのことであった。

それは江戸小石川の切支丹屋敷でのこと。そのときの問答の内容と印象、シドッチから得た西洋地理の知識、そして白石のキリスト教批判をあわせて書きしるしたのが、いうまでもなく、あの日本ドキュメンタリー文学の傑作『西洋紀聞』だった。それは事件から六年後の正徳五年（一七一五）にまとめられ、のちさらに筆を加えたものだが、自伝『折たく柴の記』などと同じ和漢混淆文で、審問当日の現場をありありと描いてほとんど余すところないと思われる名品である。

白石がシドッチをとおして世界の地理やキリスト教教義について何を学んだかも大事には違いない。だがそれよりも、彼がこの異教徒にどう対応したかのほうが、ここではいっそう興味がある。それは「儒教的教養の人ながら、当時稀に見た進歩的識見の一大経世家〔白石〕と、身命を賭して布教の為に単身極東の島帝国に使した南欧の一英雄僧との交渉」（『続　日本思想史研究』）であったとは、村岡典嗣博士がかつてこの歴史的な東西対話について評した言葉である。

宝永六年の短い冬の日、ブラウの万国図を間においてなされた東西二人の対決――互いに打てばひびくような鋭い応酬と、それを通じて互いに相手の尊厳を認めあってゆく寛容な心のはたらきとを、次に『西洋紀聞』のいくつかの文章をとおしてうかがってみることとする。シドッチは「其たけ高き事、六尺にははるかに過ぬべし。普通の人は、其肩にも及ばず。頭かぶろにして、髪黒く、眼ふかく、鼻高し」と白石は描いている。そして白石自身は、肖像に自賛して「五尺の小身、渾べてこれ胆」と書いたとおりの、気力横溢の、当代日本第一の武士知識人であった。

7　宝永六年冬——切支丹屋敷の東西対話

ここに来りしのち、年すでに暮むとし、天また寒く、雪もほどなく来らむとす。

新井白石の文章には——『折たく柴の記』でも『藩翰譜』でもまた『西洋紀聞』でも——簡潔でしなやかで、読む者の想像力を誘いださずにはいない独特の強さ、美しさがある。右の『西洋紀聞』の短い一行でもそうではなかろうか。

これは宝永六年十一月二十二日（一七〇九年十二月二十二日）、白石のシドッチ審問第一回のことで、夕方になって「日すでに西に傾きしかば」、今日はこれまでと白石がまさに座を立とうとしたときになって、「彼人（かのひと）」が通詞にむかって言いだした言葉だという。このように寒くなったのに、この切支丹屋敷では私のために夜も不眠の番人をつけておられる。私は国命を負ってみずから進んでこの地に来ているのであるから、それを達するまではどこにも逃げもかくれもしませぬ、夜はどうか私に手枷（かせ）足枷なりとはめて獄におき、あの人たちの夜番を免除すべくはからい給え――とシドッチの言はつづくのだが、それにしても右の一行は詩的なほどに美しく、三百余年後の私たちをまっすぐに当日夕刻の現場に連れて行ってくれるような言葉ではなかろうか。

陰暦十一月二十何日といえば、ちょうどいまの冬至のころ、冬の日がいちばん短くなるころである。まさにシドッチのいうように、「年すでに暮むとし、天また寒く、雪もほどなく来らむとす」という冬空が、すでに夕づいていよいよ寒く茫漠と、私たちの脳裡にひろがってくる。場所は江戸の「城北小石川」、伝通院の前の通りを茗荷谷（その当時からそう呼ばれていた）の手前から左に折れて坂道（切支丹坂）を下った、その右手崖上の切支丹改屋敷であった。それは木立に囲まれた小さな台地にあったから「切支丹山屋敷」とも、なかには塀に囲まれて牢獄と番所があったから「切支丹牢屋敷」とも呼ばれていた。当時の絵図を見ても、いかにも狐などが徘徊していそうな、うら淋しい小日向台の一角である。

白石とシドッチが相対していたのは、牢を囲む塀の北側にある吟味所である。吟味所は南にむいてあけ放しになっていて、白石は奥の畳に坐り、切支丹改奉行横田備中守由松らはその前の縁側近くに坐り、板の縁側の白石から見て右手（西側）には、長崎からシドッチに同行してきた大通詞今村源右衛門英生、左側（東）には同じく稽古通詞二人がかしこまっている、という配置だった。シドッチはその縁側の外、約三尺はなれた庭におかれた椅子（榻）に、筵にひざまずいた与力一人と歩卒二人に左右と後を守られて、腰掛けていた（こういう細部をきちんと書いているのも白石自身である）。

シドッチは長崎から江戸まで、一月あまり（宝永六年九月二十五日―十一月一日）の長旅を外も見えぬ駕籠に押しこめられて過してきたため、足なえとなり、ここでも左右から二人の歩卒に支えられてようやく榻につくという有様だった。数えで五十三歳の白石は、いま生涯にはじめて見る西洋人を前にして、その一挙手一投足、その表情や音声にまで注意を集中していたという気配がある。シドッチは前の年、宝永五年（一七〇八）の八月末、屋久島に潜入して日本側に捕まって以来、月代（さかやき）を剃ったということはなかったろうから、黒い髪は伸び放題でいつのまにか「おかっぱ」（かぶろ）になっていたのだろう。そして身には、白木綿の肌着の上に紬（つむぎ）の着物を着、さらに茶褐色の綿いれを着ていた。

　身のたけ六尺あまりの、眼ふかく鼻高いこの異邦の男が、憔悴した表情で、日本語のかたこととラテン語、オランダ語まじりのイタリア語で、白石の問いに答える。そして室内の白石から見れば、その男の頭上と背後に、あの冬の夕空が茜（あかね）色か鈍（にび）色をおびて寒々とひろがって見え、男のすがたはしだいに黒いシルエットと化してゆきつつあった。そのようななかで男が「天また寒く、雪もほどなく来らむとす」と言った言葉が、白石にはことのほか印象的だったのだろう。

　それは通詞にむかっていわれ、通詞を介して白石に伝えられた言葉であり、白石が当夜帰宅後メモをとっておいたのかもしれぬにしても、それからさらに六年後になって、『西洋紀聞』に書きしるしたのである。だから、白石にはあのときの印象をもとにした思い入れもあるに違いなく、「年すでに」、「天また寒く」、「雪もほどなく」といった副詞や助詞は、白石のそのような主観的な感情移入をこめてふくらんだ措辞なのかもしれない。といって白石の勝手な修飾、あるいはドラマ化であったわけではないだろう。それは「年すでに暮むとし」という言葉でもわかる。この日は白石たちにとってはまだ十一月でも、西暦では十二月二十二日、シドッチにとってこそまさに「年すでに暮むと」するころで、彼はたしかにそう言ったのにちがいないからである。

たしかな事実にちがいないことを叙述しながら、そこに、使命を奉じて「万里の風波を凌ぎ来りし」異国僧に対する同情、讃嘆に近い理解と好奇心がひそかに働いているからこそ、『西洋紀聞』の文章は不思議に美しく、いまも私たちを魅して放さない。この情意そなえて息づく和漢混淆文にくらべれば、芭蕉の『おくのほそ道』などは、わずか十数年前の作品にすぎないはずなのに、まるで何世代も前の古めかしい文章、凝りすぎの「美文」としか思われなくなる。

さて、シドッチの右の陳述をつかまえて、白石は揚足とりに近いほどのすばやさでそれを偽善ときめつけ、冬の衣服を拒みつづけてきたシドッチのかたくなさを武装解除させ、同時に幕府代表白石の明敏のほどを彼に印象づけるのだが、それはさておいて、ここでは小石川対話の最後の日にいたるまでの白石・シドッチの丁々発止のやりとりを、やはり『紀聞』の数節によって少し詳しくたどり直してみることとしよう。

すなわち、第二回、十一月二十五日には切支丹奉行所所蔵のヨアン・ブラウ作の東西両半球図を前にして約三時間問答した上で、シドッチのいる獄舎を見学し、第三回、十一月三十日には切支丹奉行関係者は休ませておいて種々ヨーロッパの地歴にかかわる補充審問をした。そして最終回、十二月四日にはふたたび奉行所の役人一同を列席させた上で、シドッチの日本潜入の本来の目的、すなわちカトリック布教のためなのか、ローマの外交使命を奉じてきたのであったかの、肝心の問題点を衝いて、白石なりの最後の判断を下すこととなる。その間(かん)、日本の儒者政治家とローマからの英雄僧との問答は、ときに笑いをさえはらんで、『西洋紀聞』にしるされた限りでも、まことになかなかの見ものだったのである。

まず第一に白石がシドッチについて得た評価の一つは、「凡(およ)そ其人、博聞強記にして、彼方(かのほう)多学の人と聞えて、天文地理の事に至ては、企て及ぶべしとも覚えず」ということだった。その強烈な印象を与えた例の一つとして、白石はブラウの世界図を前にしてのシドッチのみごとなデモンストレーションをあげている。

又ヲ、ランド鏤板(ろうばん)の万国の図をひらきて、「ヱウロパ地方にとりても、ローマはいづこにや」とたづねしかど、番(蛮)字の極めて小(すこ)しきなるものなれば、通事等もとめ得る事あたはず。彼人(かのひと)「チルチヌスや候」といふ。通事等「なし」と答へたり。「何事にや」といへば、「ヲ、ランドの語に、パッスルと申すもの、、イタリヤ語にては、コンパスと申すもの、事に候」と申す。某(それがし)「その物はこ、にあり」といひて、ふところにせしものを、取出(とりいだ)してあたふるに、「此物は、その合ふところのゆるびて、用にあたりがたく候へども、なからむにはまさりぬ」といひて、其図のうちに、はかるべき所を、小(すこ)しく図したる所のあるを見て、筆をもとめて、其字をうつしとりて、かのコンパスをもちて、その分数をはかりとりて、彼図は坐上にあるを、其身は庭上の榻（たふ）にありながら、手をさしのばして、其小しく図したる所よりして、蜘蛛の網のごとくに、絵かきし線路（センロ）をたづねて、かなたこなたへかぞへもてゆくほどに、其手のおよびがたきほどの所に至りて、「こゝにや候。見給ふべし」といひて、コンパスをさしたつ。其圏のかたはらに、「ローマンといふ番字あり」と、通事等申す。此余、ヲ、ランドを始て、其地よりて見るに、小しきなる圏の、針の孔のごとくなる中に、コンパスのさきはとまりぬ。其圏方の国々のある所を問ふに、前の法のごとくにして、一所もさし損ぜし所あらず。又我国にして、「此所はいづこぞ」ととふに、又前の法のごとくにして、「此所にや」といふに、これも番字にてヱドとしるせし所也。これら定まれる法ありと見えしかど、其事に精（くわ）しからずしては、かくたやすかるべき事にもあらず。「すべてこれらの事、学び得（う）べしや」ととひしに、「いとたやすかるべき事也」といふ。「我もとより数に拙し。かなふまじき事也」といへば、「これらの事のごとき、あながちに数の精しきを待つまでも候はず。いかにもたやすく学得給ふべき事也」といひき。

これはおそらく、第二回、十一月二十五日の取調べのときの話であろう。シドッチと白石の間の縁の上に、大きなオランダ版のブラウの万国図がひろげられて、シドッチが「チルチヌス」（circinus, コンパス）でその上をたどってぴたりとローマやエドを指して見せて、白石の感嘆を奪ったのである。それにしても、この一節には謎が多い。白石はなぜちょうどこの日、コンパスをふところにしていたのか。白石所持のコンパスは西洋船来の鉄製のものだったようだが、これは在来の「ぶんまわし」とはちがって、当時オランダ商館経由で輸入されはじめていた貴重品であった。また、いくら大きな地図で地名などがオランダ語で記入されていたとはいえ、シドッチから見ればイタリア・ローマなどはすぐにその場所を指摘できたであろうに（距離を訊かれたのではなかった）、なぜ彼はわざわざ白石のコンパスを借り、しかもそれに「ねじが弛んでいるが、ないよりはまし」などとケチをつけた上で、もったいぶって測定してみせたのか。しかもシドッチは「これしきのこと、数学に強くなくても、すぐに学べますよ」ともつけ加えたという。

どうもシドッチは、日本人、とくに知識人相手には、この種の天文地理知識を誇示してみせると非常に効果があるということを、百年前のイエズス会士の日本通信などによって研究し、心得た上で来日し、この審問の場で白石相手にそれを演じて、みごとに功を奏したというのではなかったろうか。このとき四十一歳のシドッチはマニラでも八面六臂の布教の活躍をしてきた人だった。なかなかしたたかな「役者」でもあったのかもしれない。憶測をたくましくすれば、すでにシドッチに好感をもつ白石はなんらかの手段でこの審問前にシドッチとしめし合わせた上で、自分は偶然のようにしてコンパスを懐中に持参し、奉行所役人の居並ぶ前でわざと彼にこのデモンストレーションをさせ、その後の質問をもおこなったのではないか――とさえ考えられる。それほどに東西両者の息の合った小日向屋敷の一幕であった。それにしても、いま東京国立博物館に伝えられているブラウの世界地図の上で、このときシドッチがコンパスを「さした」ローマやエドの地点に、その針の穴のあとは残っていないかどうか。一度調べてみたくなるような話ではないか。

白石のシドッチ評価の第二点は、彼が「謹愨（きんかく）にして慎み深くて、よく小善にも服する所ありき」という点だった。これについても白石は取調べ中のいくつかの面白い例をあげて、シドッチの言動の特徴を活写している。

　其人、庭上の榻につくに、まづ手を拱して、一拝して、榻につき、右の大指を以て、額にあたりて、画する事ありてのちに、目を瞑して坐す。坐する事久しけれども、たゞ泥塑（でいそ）の像のごとくにして、動く事なく、奉行の人々、また某（それがし）〔白石〕の、坐をたつ事あれば、必ず起ちて拝して坐す。還り来りて坐につくを見ても、必ず起ちて拝して坐す。此儀日々にかはらず、ある時奉行の人のくさめせしを見て、其人にむかひて呪誦（じゆじゆ）して、通事にむかひ、「天寒し。衣をかさねらるべき歟（か）、我方の人は、くさめする事をばつゝしむ事也。むかし通国（つうこく）〔国中〕此病せし事ありしが故也」といひき。又通事等ラテンの語を通じて〔通訳して〕、訛れるをば、打返（うちかへ）し〳〵をしへいひて、習得（ならひう）れば、大きに賛美す、某がいひしをきゝて、「通事の人々はなまじゐにヲ、ランドの語に学び熟したれば、旧習の除きがたき所ありて、今仰（おおせ）候ごとくにはあらず。これ、もとより我方の語に習ひ給はぬが故によりぬ」などいひて、わらひたりき。又ヲ、ランドの戦船には、其傍に多くの窓をまうけし事、上中下の三層あり。「毎窓に大砲を出せし」といふ事を、いひ得ずして、かたどりいはむとする事も、たやすからず。某左手を側てゝ、その四指の間より、右手の指頭三つを出して見せぬれば、「さこそ候ひし」といひて、通事等にむかひて、「敏捷におはし候」などいふ事共ありき。又「ノーワヲ、ランデヤ〔オーストラリヤ〕の地、こゝをさる事いかほどにや」とたづねしに答へず。また問ひしに、通事にむかひて、「我法の大戒、人を殺すに過る事あらず。我いかでか人ををしへて、人の国をうかゞはせ候べき」といふ。某そのいふ所をきゝて、心得られず。「いかにかくいふにや」と、通事等に問はせしに、「存ずる所の候へば、これら地方の事は答申すべからず」といふ。猶又その所存を問しむるに、「此ほど此人〔白石〕を見まいらするに、此国にゐての事は存ぜず、我方におはしまさむには、大きにする事なくしておはすべき人にあらず。ヲ、ランデヤノーワ、こゝをさる事遠からず。此人その地とり得給はむとおもひ給はゞ、いとたやすかるべし。さらば其路のよる所を詳に申さむには、人の国うつ事を、をしへみちびくにこそあれ」といふ。某これをきゝて、奉行の人々聞給はむも、かたはらいたければ、「今きくがごときは、たとひ某そのこゝろざしありとも、我国に厳法ありて、私に一兵を動かす事はかなひがたし」といひて、わらひたりき。すべて其過慮、かくのごとくなるに至れる事どももありき。

なかなかみごとな人物と情景の描写ではなかろうか。過剰なほどに律儀な気くばりのさま〔白石のいう「過慮」）、また白石のラテン語の発音のよさやオランダ軍艦の砲門配置についてのさとりの早さを露骨にほめたり、白石の才幹を「我方〔ヨーロッパ〕におはしまさむには、大きにする事なくしておはすべき人にあらず」と見立てて、彼による侵略を恐れてオーストラリアへの距離を教えぬのだと弁明してみせたり、このイエズス会士の開き直りかとさえ見えるしたたかさが活写されている。それらのしぐさや発言には、白石を自分の運命の裁定者とみとめて、これを籠絡しようとする策略さえ秘められていたのかもしれぬのに、それを平気で、むしろ愉快にここに記録してはばからぬ白石の、「日本人ばなれ」した自信のほども見ものである。

　いずれにしても、奉行所関係者、通詞らを介し、さらに彼らをまきこんでの両雄のやりとりの活発さは、そのまま映画のシナリオでも読むかのように躍如としている。シドッチのほうも、白石のほうも、何回か笑ったりさえしていて、いまや両雄肝胆相照らすかの観さえあった。

　この四日、四回にわたる対話を通じて、白石は西洋事情およびキリスト教教義の概略について知識を得、知識をひろげただけではなかった。このイエズス会士の胆力と人間味と才識に十分の敬愛を寄せながらも、白石は、「〔シドッチが〕其教法を説くに至ては、一言の道にちかき所もあらず、智愚たちまちに地を易（か）へて、二人の言を聞くに似たり。こゝに知りぬ、彼方の学のごときは、たゞ其形と器とに精（くは）しき事を、所謂（いわゆる）形而下なるものゝみを知りて、形而上なるものは、いまだあづかり聞かず」という、西洋文明についての、徳川為政者としての重大な判断に達したのであった。この認識がその後、徳川日本人の対西洋態度にさまざまに影響してゆくことは、すでによく知られている事実であろう。

しかも、他方、シドッチ自身の処遇に関しては、白石は実によく情状酌量をして、「其志の堅きありさまをみるに、かれがために心を動かさゞる事あたはず。しかるを、我国法を守りてこれを誅せられん事は、其罪に非ざるに似て古先聖王の道に遠かるべし」と、もっとも寛大な措置を将軍に献議したのであった（「羅馬人処置献議」）。シドッチを単なる宣教師ではなく、ローマの使節として認めることも、そこには含意されていた。

結局は白石が上・中・下と三策あげたなかの中策、つまりシドッチを本国に帰すこと（上）も、直ちに処刑すること（下）もせぬ代り、切支丹屋敷内に囚人として生かしておくという処置がとられたのだが、その獄中にあるうちにシドッチは白石の寛容と信頼を裏切るような行為に出た。キリシタンの子というので同じ屋敷内に幽閉され、奴婢として使われていた長助・はる夫婦に彼が戒をさずけていたことが、正徳四年（一七一四）の二月、夫婦の自首によって発覚したのである。三人はそのためあらためて罰せられ、同年冬十月七日、長助が死ぬと、すぐあとを追うようにしてシドッチも同二十一日の夜半に死んだ。シドッチの遺体は屋敷の西北隅に埋められ、その墓のそばには榎が一本植えられて、これがのちのちまで「ジョアン榎」と呼ばれていたという。

白石が『西洋紀聞』の執筆にとりかかったのは、右の衝撃的な事件の翌年、彼五十九歳の正徳五年（一七一五）で、享保元年（一七一六）、八代将軍吉宗の登場によって彼が「本丸寄合」の要職を解かれる前の年だった。

Ⅲ

8　博物学の世紀——十八世紀の日本と西洋

江戸小石川の切支丹牢屋敷でシチリア生まれの「英雄僧」シドッチが、ついに牢死をとげたのと同じ年の秋、シドッチより二月前の正徳四年（一七一四）八月二十七日、九州福岡城下の荒津東浜の邸宅で、家族・門弟たちに囲まれて、江戸の新井白石、京の伊藤仁斎などと並ぶ元禄期日本のもう一人の大学者が八十五歳で大往生をとげた。福岡藩黒田家に仕えた博物学者、貝原益軒である。

私は「6　「鎖国」への来訪者」で、ドイツ人ケンペルの波瀾に富んだ大旅行と大旅行記にくらべるというかたちで芭蕉の『おくのほそ道』の詩的観照旅行のことに触れたとき、すでにこの貝原益軒の名をあげた。益軒は、芭蕉の旅とまったく同時代に、芭蕉よりは十四歳も年長なのに芭蕉にもまさる矍鑠（かくしゃく）たる健脚で諸国の山野を跋渉し、芭蕉とはまるでスタイルの異なる新時代の旅行記を書いていた地誌学者・旅行家である。益軒ももちろん「鎖国」下の列島の住人、その足跡が海をこえて残されることはありえず、すべて国内にとどまったのはやむをえない。だが、その旅行態度はすでに日本型縮約版のケンペルといってもさしつかえないような、剛毅で細心な科学的観察と記録の精神につらぬかれていた。

国の内を里ごとにあくがれありき、高き山に登り、ふかき谷に入り、けはしき道、あやうきほきち〔歩危地〕をしのぎ、雨にそぼち、露にぬれ、寒き風熱き日をいとはずして、めぐり見る事、凡そ八百邑（やほさと）にあまれり。ことに、邑（さと）ごとの土民等に、其所々を、おほなくたづねとひて、見し事聞し事を、みづからふところ紙に書しるし侍る。……

……かつて見し時詳（つまびらか）ならざる所々をも、うたがはしくて、ふたゝび其里々に行て、よく見聞し、其事実をきはめぬるも多かり。

これは旅行記というよりは、博多藩領の博物地誌ともいうべき『筑前国続風土記』（元禄十六年〔一七〇三〕）に、少し後年になって寄せた自序の一節（本書「5　啓蒙の実学者」にすでに引用した。一〇三頁）だが、よく益軒の旺盛でまめなフィールド・ワーク（現地踏査）ぶりを語っていよう。このような態度で生涯に何十回と重ねられた研究旅行の調査と蒐集の上に、益軒八十歳の年（宝永六年〔一七〇九〕）、その博物学上の畢生の大作というべき『大和本草』全十六巻、附録二巻、それに三百余図の『諸品図』は完成された。

この益軒の日本博物誌も、その構想の枠組みや、分類の大綱、また項目の立てかたにおいて、明の李時珍の名著『本草綱目』（明の万暦六年〔一五七八〕、成稿。慶長十二年〔一六〇七〕、林羅山によって長崎から輸入され、以後長く日本の学者の間でもっとも尊重された）を最大の先蹤として多くを学んでいたのは、いうまでもない。しかし、益軒の仕事はけっして書物の上だけでの穿鑿や考証ではなかった。「大和本草」の題名のとおり、一三六六種の日本列島の動植鉱物の具体相にときには驚くほど着実に即しての検証と、平明な記述であって、その過程で李時珍を利用しながらもつねにそれへの批判を忘れぬという態度で一貫していたのである。すでに十分に円熟した実証の精神がここにはゆたかにみなぎっていて、それはたとえば、同じく「5　啓蒙の実学者」ですでに引用した『大和本草』の序の一節にみごとに定式化されていた――

　凡ソ此ノ学ヲ為ル人ハ博学該洽（あまねく行きわたる）、多ク聞キ多ク見テ、疑殆（疑わしいこと、あやふやなこと）ヲ闕キ、彼是ヲ参考シ、是非ヲ分弁スル事精詳ナラズンバ、的実ナルコトヲ得ベカラズ。……

まるでデカルトかフランシス・ベーコンの「方法論」を聞くような気もする。この寛容で強靭な実証精神の働きによって、日本にも「博物学の世紀」が開かれたことは疑いなく、その点について『日本博物学史』の上野益三博士は次のように明確に述べている。――「『大和本草』は表題こそ本草と称しているけれども、「大和」を冠した書名通り、日本の本草にふさわしく、その内容の大部分は見事な博物誌をなす。博物学としての性格をはっきり打ち出している点で、わたくしは、『大和本草』をもって、日本の博物学はその第一歩を踏み出したと見るのである。『大和本草』の出現からのち、約一世紀あまりの期間（後大和本草時代）は、わが博物学の成長時代といえよう。」

　たしかに、この益軒および『大和本草』の前後から、京阪また江戸には次々にすぐれた本草学者、博物学者が登場してきて学統をいよいよ幅広く分厚くしていった。稲生若水、松岡恕庵など京都系の学者はどちらかといえばまだ書物の上での博学という傾向が強かったといわれるが、江戸では八代将軍吉宗が登場してしきりに殖産興業策を推進するようになって、急速にきわめて実学的性格の強い本草学・物産学がさかんになってきた。野呂元丈、丹羽正伯、青木昆陽、植村左平次、阿部将翁らは、むしろ幕府御用の物産技師といっていいほどに実地と実利とを追求した学者たちだった。その将翁に本草を学び、やがて将翁のあとをついで幕府医官となって人参の栽培と製造の元締めとなるのが、平賀源内の師、人参博士田村元雄である。

　吉宗から田沼意次へと展開する物産開発の政策が、このような実践的性格をうながしたといえるが、これがあまり強くなると、かえって益軒流の博物学の寛容さ――人の役には立たぬ物をもとりあげて論ずるばかりでなく、動植物をめぐる伝承や想像力の所産をもあえて包摂する寛容さが乏しくなる。だから、そこにドドネウスの『紅毛本草』やヨンストンの『紅毛禽獣魚介虫譜』（動物図譜）など、少し古いけれども十六・十七世紀のヨーロッパ博物学の刺戟が加わったことは、大いに視野をひろげ、自然への接近法を緩和するのによいことだったにちがいなく、内と外からのこの二つの動きの交叉するところに平賀源内（一七二八―七九）の実証的博物学、少なくともその日本自然誌の構想は成り立ったといえるかもしれない。源内が盟友杉田玄白などとともにいつも口にしていたという「国益」論は、一つの時代思想だったといってもいいのだが、それは彼の物産学研究をうながし、尖鋭にする動力源とはなっても、それを狭い功利性で束縛するものではなかったと思われる。江戸の源内と同じころ京都河原町の私塾衆芳軒では、松岡恕庵門の小野蘭山（一七二九―一八一〇）が、民間の学者、博物愛好家からなる門弟たちを相手に、悠々として、やがて『本草綱目啓蒙』にまとめられるべき大河講義をつづけていた。

しかし、この日本の十八世紀に、いかにも「徳川の平和」のただなかの「博物学の世紀」と呼ぶにふさわしい、豊かなふくらみを与えているのは、実は、右にあげたような専門的職業的博物学者の影響と刺戟を受けながらも、その周辺にあって自由に博物を楽しんだ愛好家たちの分厚い層の存在である。

江戸の田村元雄、平賀源内の物産会に出品したり、地方でその世話役となった無名の、あるいは半無名の在野愛好家がかなりいたことは、源内の博物誌『物類品隲（ひんしつ）』（一七六三）の記述からもうかがえるが、その他にもこの時代（十八世紀）の初期、元禄のころから、都市生活の繁栄と相まって園藝が流行し、つつじや朝顔その他さまざまの花木の栽培が工夫されて、そのための図譜や手引きも相ついで出版された。その園藝趣味は十八世紀末から十九世紀前半にかけては、さらに広い庶民層にまでひろがってブームとなり、江戸の町の緑をふやし、路地裏までを美しく飾ることとなった。なかには朝顔でもつつじでも菊でも椿や万年青(おもと)でも、斑入(ふい)りやしだれその他の変異体を作るのに夢中になる好事家(マニア)も出てきて、奇品を競いあい、美しい木版の絵図を出しあうようにさえなった。それは金魚、小鳥、廿日鼠(はつか)などの小動物の飼育についても同様だった。

朝がほや一輪深き淵のいろ　蕪村
硝子(びいどろ)の魚(いを)おどろきぬ今朝の秋　同
花さくや目を縫(ぬは)れたる鳥の鳴(なく)　一茶
青嵐吹(ふく)やずらりと植木売　同
さぼてんにどうだと下(さが)る糸瓜(へちま)哉　同

このような変種偏愛の流行についても、上野博士はちゃんと次のような高い評価を与えてくれている。――「草木の奇品を娯(よろこ)ぶことは、もと泰平の世の好事に出たのであるが、結果的には広汎な変異体の蒐集により、畸態の実例を示した重要な博物学的業績だといわねばならない。」

そしてもう一つ、この「博物学の世紀」について注目しなければならないのは、右の専門学者や民間好事家とならんで、ときには彼らと一緒になって博物学に熱中し、みずからもみごとな博物図譜などを制作した大名や旗本など学藝愛好の上層階級の存在である。たとえば一番古いほうでは、身分も摂政関白太政大臣と高い、予楽院近衛家熙（一六六七―一七三六）作の『花木真写』（享保年間）などは、京の自邸に集めた花卉を琳派系の画法でみずから写したものだが、まことに精緻で高雅な博物絵画の傑作である。だが、それはむしろ美術品といっていいような「真写」だとするなら、ここではもっと博物学＝自然誌研究そのものの記録と呼ぶべき図譜の一例について、少々立ち入って眺めてみることとしよう。「徳川の平和」の長さ、濃密さを今日の私たちにまで実感させてくれる、もっとも雄弁な資料の一つは、（本論では触れないが、豊富華麗を極めた性愛の表象、春画の系譜とともに）これらの博物図譜にほかならないからである。

　ここにとりあげるのは、熊本藩五十四万石の藩主細川重賢（一七一八―一七八五）が編んだ昆虫・動物図譜――永青文庫所蔵、現在熊本大学図書館寄託の『昆虫胥化図』、『虫類生写』、『毛介綺煥』という三冊の写生図集である（『昆虫胥化図』と『虫類生写』は26・9×20・0㎝、『毛介綺煥』は33・5×29・1㎝）。これらは熊本藩中興の名君と称された重賢が、おそらくみずから採集し、飼育し、観察した昆虫・動物類を、多分お抱えの絵師か、絵巧者の家臣に命じて写生させ、記録させたものであろう。この三冊がたぐい稀な価値の高い資料であることはたしかである。

　残念ながら『昆虫胥化図』と『虫類生写』の図の作成者が誰かはわからない。その名はどこにもあげられていない。『毛介綺煥』はさまざまの時期にさまざまの場所で描かれた動物図を貼りまぜにした画帖だが、それを繰ってゆくと、なかにはたとえば「修善寺桂川ノカジカ」の図に

「天明四年甲辰六月、下川貞平写」と名を記入した例もある。また「鏡鯛　俚人呼テカヾミヱトモ」の図には、「天明四年甲辰六月廿二日武州生麦村ニテ引網ニテ取候ヲ佐田右十指上、三井弥作生写」と、標本の提供者と作図者の名前が、採集の時・場所とともにあげられている。だが、これらもたまたま重賢の身近にいた絵好きの家臣たちというにすぎなかったのかもしれない。

要するに、藩主重賢の監修ならびに編集の図譜と考えてよいのだろう。制作の年代は、私の気づいた限りでは、『毛介綺煥』の「トビウオ」に「宝暦七年丁丑八月九日前夜ノ乗リコミニ来ル、東都魚店」とあり、「モグラ、肥陽」に「宝暦八年戊寅八月」とあるあたりが一番古く、一番新しいのは、さきの「修善寺桂川ノカジカ」と並んで「天明五乙巳七月、石小田ニ而取之」とある「白鮒」である（他に「鯨歯、狩野朴仙写、寛政六甲寅年十月」というのもあるが、これは明らかに後人による追加であろう）。

宝暦七年（一七五七）といえば、重賢が延享四年（一七四七）、兄宗孝のあとをついで襲封してから十年、世に「宝暦の改革」と讃えられる藩政刷新に力を傾けていたただなかの、三十七歳の年である。そして「白鮒」の天明五年（一七八五）七月は、領内の殖産興業を大いに進め、藩校時習館や医学館再春館、薬園蕃滋館などを創設して学問を振興したこの好学の大名が、六十八歳でなくなるわずか三カ月前のことだった。つまり、重賢は当時としては長いその生涯の半分近くを、たえずなんらかのかたちで博物研究にかかわりつづけて過した、十八世紀日本の代表的な「博物大名」の一人であったと見てよい。

『昆虫胥化図』も『虫類生写』も、『毛介綺煥』と並行して、右の最初と最後の二つの年代の間に制作されたものらしい。図中ところどころに記入された年代は宝暦八年七月に始まって、明和、安永年間にまでおよんでいる。どちらも、大体は一人の画工が描いたのではなかろうか。図の筆法も説明書きの筆跡もほぼ一貫している。

これらの昆虫の図は、『毛介綺煥』の獣類・魚類の図とくらべて、上手ではなく、むしろ素人っぽい。だが、昆虫図の方は観察対象の種類の多さや珍しさを追うよりも、一種一種についてその幼虫から蛹になり、さらに羽化して成虫になるまでの「胥化」（変態）の過程を、大概の場合、その日付けと食草まで記入して描き、記録しているところに、すぐれた特徴がある。日本で、昆虫の変態をこれほど一貫した明確な意識をもって観察し、精密に記録したという例は、この細川重賢の仕事よりも以前にあっただろうか。寡聞にして私は知らない。昆虫の、一定の法則性の発見による体系的な分類という点では、まだまだ見劣りがするだろう。だが、その種の分類学は同時代のヨーロッパでもまだようやく成立しかけていたころである。むしろ、ここに見られる鋭敏な、アマチュアなりに旺盛で持続的な科学的精神の発動と、それがまさに手さぐりで、しかし確かに、自然界の一領域をとらえていっている働きにこそ、私たちは注目すべきであろう。

たとえば、『虫類生写』のある箇所では、二ページにわたってクロアゲハ（あるいはカラスアゲハ）の変態を追っている。前後から推して明和二年（一七六五）のことのようだが、「一、七月八日生写、ハダカムシ、キンカンノ葉ヲ食ス」として、まず孵化してまもない、まだ殻をつけているような小さな幼虫が二匹描かれる（図1右）。ついで「二、同十三日、ヌケテ青〔ク〕ナル」と、成長したイモムシが二匹、胡粉を使ってころりとした立体感も巧みに描かれる（図1左）。そして「三」（図2）には――

同廿日、キンカンノ虫青〔ク〕ナリ七日程ニ如此ナル。如此ツキ、白キ糸ヲ一スジカケ居ル。

とあって、蛹が細い枝に吐いた糸一本で吊りさがっている（帯蛹）図が描かれている。その蛹の図の上方に描かれているのが、羽化したクロアゲハの側面図であって、前翅の裏の翅脈の本数などはおそらく一本一本数えた上で「生写」したものにちがいない。現在の蝶類図鑑の写真版で見るのと同じほどに正確である。後翅の裏の赤い斑点にしてもそうで、顔料に特殊な工夫をほどこしたと思われるビロードのように艶と厚みのある黒の上に描きこまれた、その臙脂の半円の紋はまことに美しい。前翅の白っぽい艶をおびた色合いも同様にみごとで、いまなお触れれば指に鱗粉がつきそうな気さえする。

この絵に限ったことではなく、図譜中のすべての図についていえることだが、画家は個々の生体を眼の前において、その対象にふさわしい顔料を工夫した上で、肉眼で、あるいは虫眼鏡を併用して、あらゆる細部を観察しつつ描き、描きつつまた発見をかさねていったのに相違ない。いわば、細川重賢とその絵師による、素朴ながらもっとも原初的な自然再発見の現場が、これらの

図一点一点には残されているのである。
右のクロアゲハの成虫の図にももちろん註記があって――

四、下ノ虫〔「三」の蛹のこと〕ヨリ如此ナル。八月七日カイワレル。十七日ブリ也。背中ヨリヌケル。

とある。「カイワレル」とは穎割（かいわり）（貝割）菜などというように植物の発芽したばかりのすがたを指すのだが、それを重賢らは昆虫の羽化に転用したのである。おそらく重賢以前にはそのような用法はなかったと思われるが、まことに言いえて妙というべき大和ことばではないか。「十七日ブリ也」とは幼虫が蛹になったのが七月二十日だったから、その日から数えてのことである。いかにも羽化を待ちのぞんでいたという語感があるし、「背中ヨリヌケル」というのも明らかな現場証言の一つにちがいない。

七月八日から始まって、この八月七日のカイワレまで、ちょうど一カ月間の観察である。しかもそれがこのクロアゲハに限らず、他の蝶や蛾についても何種類かずつ同時並行でおこなわれていたはずだから、細川重賢博物研究室は常時相当に多忙であったろう。図譜に書きこまれた地名からいっても、江戸（「東」とあるのが東都、つまり江戸か）や熊本の他に、参観交代の往路復路を大いに利用して観察や採集をしたらしい（深川洲崎、豊州久住〔九重山〕、山城淀、武州深谷、上州碓氷、信州望月、肥州笹倉など）。寛永十二年（一六三五）、三代将軍家光による武家諸法度改正以来制度化されていた、全国大名の参観交代には、経済・文化の全国的活性化と交流という機能のほかに、このような学術的ともいうべき活用のしかたもあったことになる。

その場で成虫だけを捕えて「生写」したものももちろん多かろうが、たとえば「京、六月」の「雀ノセウベンタゴ」にしても、「武州深谷五月廿三日」の日付けのスズメガの類にしても、蛹を食草とともどもに写生した上に、「二」としてそのカイワレ後の成虫をも描いている（図3）。ということは、旅の途上で幼虫や蛹を採集しては、虫籠に入れて飼育し観察しながら江戸か熊本にもち帰ったものと思われる。虫籠の一部が図中に描きこまれている場合もある。さきのクロアゲハの場合でも、江戸下屋敷の庭園などで自然のままを観察したというよりは、籠のなかでキンカン

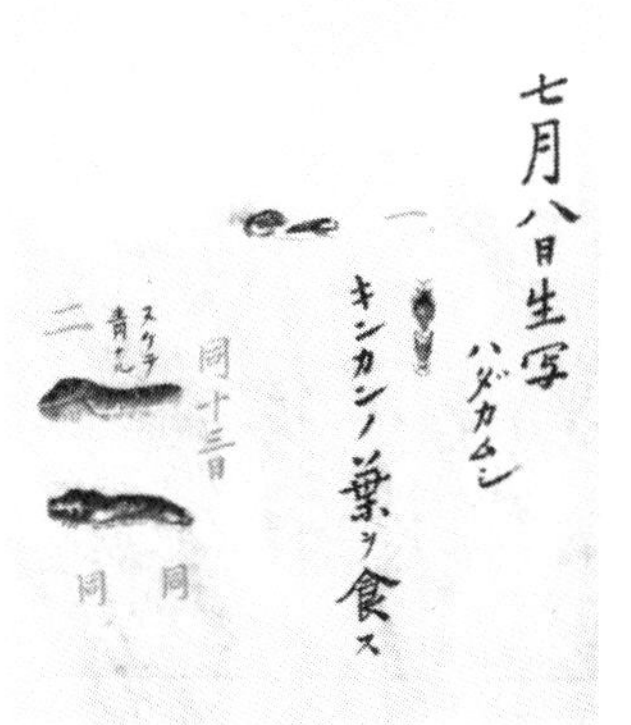

図1　細川重賢『虫類生写』7月8、13日の記録

図2　『虫類生写』7月20日の記録

の葉を与えて飼育しながら変態を追いかけ、画帖の同頁の上に次々に写生していったのではなかろうか。

なお、クロアゲハでは「キンカンノ虫此通リニモナル。是ハユヅノ虫ト同色ナリ」として、キンカンらしい枝に青緑色の蛹が吊りさがっている図も描いてある（図2）。枝の状態によって蛹が保護色をとることを示したものと思われるが、「ユヅノ虫」とはナミアゲハのことで、これも幼虫が七月二十日に蛹となり同二十九日にカイワレしたさまが美しく記録されている（図4）。

ここでもう一つ面白いのは、この「ユヅノ虫」だけは「アゲハノテウ」とも呼ばれているが、他は蝶でも蛾でもみなその幼虫時の食草の名によって「桃ノ虫」とか「菜大根ノ虫」とか「覆盆子ノ虫」と呼ばれていることだ。これは飼育の経験から発想された一種の分類法にちがいない。当時はごく大まかに蝶、蟬、とんぼ、それに黄金虫といった程度の区別しかなかった日本人一般の昆虫認識の世界に、昆虫の食草と変態の観察にもとづいて、それなりに筋（体系とまではいわなくとも）のとおった新しい視点が導入されたのであり、それが博物学のなかでは伝統的にもっとも進んでいた本草学（植物学）の知識をまず手がかりとしていた、つまり本草学の昆虫学への応用といったかたちで端緒した、という点がとくに興味深いのである。

ところで、細川重賢の仕事より五十年ほど前、正徳年間（一七一〇年代）の寺島良安の『和漢三才図会』にも、昆虫についての図説百科風の記述はおびただしく盛りこまれていた。だが、その大半は虫にかかわる伝承やその薬用性についての記述ばかりだった。それに対して、「背中ヨリヌケル」とか「イジレバ鳴クナリ」（メンガタスズメ）とか「地ニトマルナリ」（ゴマダラチョウ）といった式の記述をする重賢の『虫類生写』や『昆虫胥化図』は、それでは結局なにを意味するのだろうか。かつて東京大学大学院における私の比較文学比較文化史演習で「写生帖の思考――江戸中期の昆虫図譜について」を発表した内藤高氏は、それを十八世紀後半以後の日本の博物学書や博物画に共通する「知覚主義」と呼んで、次のように説明している。

図3 『虫類生写』5月13、23日の記録

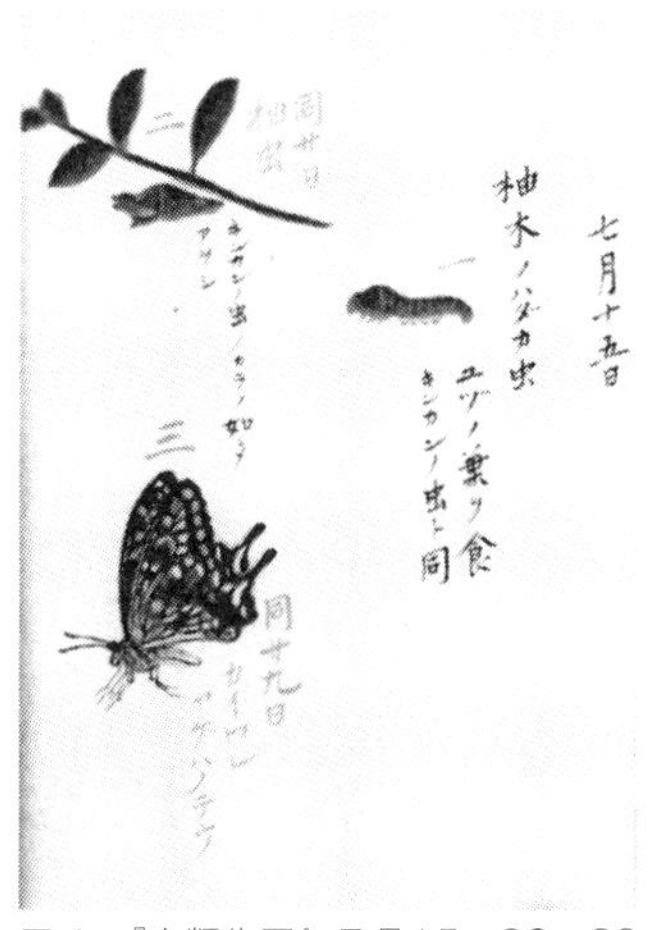

図4 『虫類生写』7月15、20、29日の記録

ここで語られているのは、視覚を中心に、重賢自身の感覚によって、直接知覚された事柄ばかりである。ここでは虫のもつ意味は変化しつつある。虫について語ることが、色、大きさ、音など対象を前にして知覚できるもののみについて語ることと等価になりつつある。今日、虫についての中心的な言説とは殆んどなりえない、民間伝承における象徴的意味（例えば、死、魂の復活のシンボルとしての蝶）や漢方的効用などの世界から虫が次第に離れていく出発点を、重賢の註の素朴さは示しているといえよう。

（『比較思想雑誌』第四号、東大比較思想研究会、一九八一年一月）

昆虫図譜一つでも、たしかに近代日本の精神史・思想史上の変化の重要な一表徴となりえたのである。細川重賢のやや後輩の同時代人、秋田二十万石の藩主、曙山佐竹義敦（よしあつ）（一七四八―一七八五）は、角館の家臣小田野直武とともに、新知識人平賀源内の刺激と指導のもとに洋風画の魅力にとりつかれ、みずからいわゆる秋田蘭画の傑作のかずかずを残したことでよく知られているが、彼もまた当時の博物好きの大名の一人であった。『曙山写生帖』三冊には、「画法綱領」などの颯爽たる洋画派前衛のマニフェストが書きこまれるとともに、鳥類や両棲類や昆虫や草花の写生が彩色もあざやかに盛りこまれている。ところが、その昆虫約三百種の図のうち半数ほどは、細川重賢の『昆虫胥化図』と『虫類生写』の中からの模写であることが、右の内藤高君の対比調査で明らかになってしまった。

重賢の写生帖では昆虫個々のほとんどすべてについて、前述のように、採集・変態観察の月日や場所、さらにその食草が記入されていたのに、曙山はそれらの博物学的記述をとりはらって虫の図だけを克明に写したのである。なかには重賢の註記をそのまま書き写した箇所もあるが、それはかえって一層重賢→曙山の先後関係を明瞭にしさえする。

あえていえば、重賢が昆虫をその生態系と博物学的文脈のうちにあらたにとらえ直そうとしていたのに、曙山はさっそくにそれを自分のもっとも得意とする絵画の分野にひきつけ、とり入れてしまったともいえようか。蝶や毛虫やとんぼを重賢の写生帖から模写しながら、曙山はその博物学的性格を稀釈ないし捨象したのみならず、そうすることによって、昆虫を凝視したときに与えられるファンタスティックな美的感覚を強調する結果となったのである。この重賢と曙山、熊本と秋田の、江戸城中の両者共通の詰所（大広間）を中心とする関係は、徳川文化史上のさまざまの興味深い事実を物語るのだが、その重要な一つは、右のように博物学上の新しい「知覚」がたちまち同時代の美術上の新しい視野および視覚の発見と共鳴し、相重なり、相互触発の関係を結んでいったということだろう。

それはすでに、前に触れた享保年間の予楽院近衛家熙の『花木真写』にみごとな成果を生んでいたといえるが、以後、沈南蘋系の花鳥画の流入と博物学の盛行を介して、右の佐竹曙山や小田野直武の秋田蘭画を呼びおこし、さらに京都の円山応挙（一七三三―九五）の同じ明和、安永年間の作、文字どおり生彩に富む『昆虫写生帖』や『花卉草木禽獣写生帖』を生んでいった。そしてその応挙のすぐ側には、昆虫や貝や魚、鶏や牡丹や紫陽花の個々の形態を凝視することがそのまま強烈華麗な幻想美の世界を紡ぎだすこととなった伊藤若冲（一七一六―一八〇〇）の『動植綵絵』の群作があったし、この博物学的絵画ともいわばいうべき系譜の上には、歌麿の『画本虫撰』（一七八八）も加わり、さらに十九世紀に入って北斎の『漫画』があり、渡辺崋山（一七九三―一八四一）の晩年の『翎毛虫魚（写生）画冊』や『虫魚帖』にいたってそのピークに達したと私は見る。

右が画家の側から同時代の博物趣味に呼応し、それを摂取していった系列とするなら、反対に博物学の側から、その仕事がおのずから新しい写実の美を獲得していったという面もあった。繰り返すまでもなく、重賢の画帖三冊も、個々の小動物の描写について見れば、精密なるゆえに美しい。だが、この面でもっともあざやかに美的領域に入りこんでいったものの一つは、伊勢長島藩主増山雪斎（一七五四―一八一九）が、みずから虫眼鏡を使ってとんぼや蝶を細密写生した『虫豸帖』四冊であろうか。あるいは、時代は少し下るが、江戸の旗本武蔵石寿（一七六八―一八六〇）のライフワークともいうべき貝類研究、とくにそのなかでもまるでオディロン・ルドンのパステル画を思わせるような傑作『目八譜』（貝類図譜）をあげてもよい。

だが、この美的自然誌の領分でおそらく質量ともに群を抜くのは、讃岐高松藩十二万石の第五代藩主松平頼恭（一七一一―七一）が一七六〇年代（宝暦―明和）に編んだ動植物の図譜十三冊であろう。「衆芳画譜」、「衆禽画帖」、「衆鱗図」というような題で、縦一尺・横一尺半ほどの大判の緞子装の画帖に計約二千種の花、木、薬草、野菜、魚類、鳥類が極彩色で描きこまれている。いや貼りこまれている。つまり、それらの動植物の大半を一点一点、ほとんど実物大のこの上ない精密さで薄紙に写生した上で、それを薬草のひげ根一本、くらげの足一本落とすことなく切り抜いて、画帖に貼りつけたのである。まさに「徳川の平和」のもとの日本の大名でなければなしえないような綿密でしかも壮麗な仕事を、松平頼恭はいわば高松藩総合博物学研究機構の総長としてなしとげたのであった（なお、これに、近年ロシアのサンクトペテルブルクで再発見されたシーボルト・コレクション中の、長崎絵師川原慶賀を中心とする日本植物写生図一千余枚を加えることもできよう。これらも、科学的精緻さに一種の優雅さをただよわせた、息を呑むばかりの名品である）。

松平頼恭の研究機構の輝かしいブレインとして、当代一の物産・博物学者平賀源内が脱藩後もなお控えていたように、細川重賢は源内の師、人参博士田村元雄を高く買っていたようで、明和七年（一七七〇）には元雄をもう一人の博物愛好の青年大名、薩摩藩主島津重豪（一七四五―一八三三）に引きあわせたりもしている。大名たちの博物学への傾倒の契機には、もちろん徳川吉宗以来の殖産興業政策という功利思想があったにちがいないが、彼らの多くにとってそれはやがて口実ないし建てまえにすぎなくなり、彼らは容易に、より純粋な、美しい学問としての博物学に熱中していった。それが徳川の自然誌の、ひいては徳川の文化の、贅沢とも豪華ともいえるほどの豊かさを醸していったことを、私たちは見落としてはならない。

江戸城内で、あるいはその周辺で、博物好きの大名たちがそれぞれの領内の珍品を見せあい、情報や標本を交換し、それぞれ自慢の博物図譜を競いあい、貸したり借りたりしているさまは、やはり文化国家の一情景というものにほかならないだろう。曙山が重賢の写生帖から百種余りもの昆虫をあれだけ凝って模写するには、その写生帖を少なくとも半年は借りていなければならなかったろう。平賀源内は旧主松平頼恭が仙台侯伊達氏から借りていた一千種近くの草木の図譜を見せて貰って、その「写生ノ妙、真ニ逼ル(せま)」のに感嘆するとともに、その書ではじめて蝦夷産のイケマというものの正体を知った、と自著『物類品隲』に書いている。

この好学の大名たちのまわりに専門の学者の群れがあり、さらにその外縁に無数の民衆がいて、蝶の変態過程や貝の渦巻きや領内物産の研究から、朝顔や万年青(おもと)や金魚の珍種奇品の工夫にいたるまでに打ちこみ、「徳川の平和」のなかに限りもない時間と労力を費していた。十八世紀半ば以降、やや誇張していえば日本国中が博物学フィーヴァーにとりつかれていたのである。それがリンネ以後の、同時代の近代西欧の動植物学の体系化とやがてどうつながっていったかは、たしかに一つの大事な問題にちがいない。それはそれで宇田川榕庵や伊藤圭介を介して接合が試みられていった。だが、たとえ明治以後の分類学にうまく接続しない面があったからといって、この徳川の博物学にも溢れ、これをつらぬく「遊戯の躍動(エラン)、いかなる疑惑の思いによっても弱められることのない献身」(ヨハン・ホイジンガ〔高橋英夫訳〕『ホモ・ルーデンス』中公文庫、一九七三)の濃密な豊かさ、遊びのこころののびやかさ、藝術と科学の未分の園のみずみずしさを評価しないとすれば、それは現代人の思い上りと狭量とさかしらにすぎまい。

9　あて名のない手紙――九幸老人杉田玄白

肖像はその人物についての理解を助けてくれる。「五尺の小身渾べて是れ胆」と自賛する新井白石の画像にしても、福沢諭吉の頭脳の構造までが眉目秀麗であることを思わせるさまざまの写真にしても、みなそうだ。肖像がないと、その人物の事蹟や書いた物をいくら調べても、どこか焦点がぴたりと結ばない思いがする。そしてその人間の顔、そのときどきの表情が眼に浮かんでくるほどにならなければ、なかなか生気ある歴史は書けるものではない。

さいわいなことに、われらの杉田玄白についてはすばらしい肖像画がある。近代日本の数多い肖像画のなかでも傑作のひとつにあげられるべき逸品だ。それは、いうまでもない、玄白の年下の学友で洋風画家の石川大浪がえがいた、有名な寿像の一幅である。この画家は、蘭名をケープタウンのテーブル・マウンテンにちなんで Tafel Berg というが、身分は蘭学者仲間では比較的めずらしい直参の幕臣で、大番（江戸城下警備隊）の与力を勤め、かたわら伝統的画法に新工夫をもたらそうと前野良沢や玄白や大槻玄沢と交わった、なかなかの文雅の士である。徳川吉宗の希望でオランダからとりよせられた油絵（一七二五年作）を、弟孟高と一しょに模写した「瓶花図」（寛政八年〔一七九六〕）がよく知られているが、大槻玄沢はそれを見て、「さながら名園の中に坐して馥郁たる芳香に打たれるかのようだ」と絶讃したものであった。

たしかに石川は、蘭学の大パイオニアの寿像をえがくのにふさわしい経験と力量と、また画法をそなえた画家であった。画像の左上方にしるされた玄白自筆の賛に「文化九壬申正月元日」（一八一二）との日付けがあり、絵はそのすこし前に制作されたものと思われるが、享保十八年（一七三三）生まれの玄白はこのとき実に七十九歳。この日まで、生涯をひたすら「医家真術」の探究と「生民救済の洪益」（『蘭学事始』）に捧げてきた大学者の、いまは静かな情熱と深い老年の叡智が、この画中におのずから溢れでているように思われるのである。

いま早稲田大学図書館に収められているこの画像を、もうすこし仔細に眺めてみよう。

縦七五センチ、横三〇センチほどの絹地の画面の、ちょうどまん真中に頭部がくる構図をとって、老玄白は安坐している。濃紺の地に緑と青の組合わせの花模様を点々と散らした、ごくゆったりとした被布を着ている。むかって右むきに三分の二半身を見せ、おそらく玄白が日常よくしていた姿勢なのだろう、やや前かがみになって左膝をちょっと立て、軽く左手をのせている。玄白の左側には青い帙に入った和書数冊。右手前には赤い背皮の美しい大判の蘭書の上に、扉絵を開いたままの中判の蘭書が一冊のっている。そして背後には、蒔絵の台に入れた白磁の壺に寿像にふさわしい白椿と白梅がそれぞれ一枝。梅の枝は玄白の被布の背の線とほぼ平行に伸びて、後方の空間に香気をただよわせている。あとは無地のままの空間なのだが、日本画顔料で濃く彩色したそれら数点の小道具の配置と配色がよく利いていて、この坐像はくつろいだ落着きを見せながら、なお生き生きとした精神的雰囲気をあたりに放っている。

玄白はなにか思索を追っているのか。はるかな過去を見霽かすように回想しているのか。あるいはまた誰かの話を興深く聴きながらすでにそれへの返答を考えているのか。

開かれたままの蘭書、身を乗りだしたような姿勢、そしてなによりも深い皺に刻まれた顔の表情、そのやや上目づかいに遠くを見つめている眼と、微笑が漂うような口もと、またまるでピアノでも撫でるように曲げた右手の繊細な指の表情、それらすべてがこの八十翁の、老いてなおみ

杉田玄白像（早稲田大学図書館蔵）

ずみずしさを失わない精神の活動と、その内面生活の充溢(じゅういつ)を示唆しているのである。

九幸老人

この寿像制作の前の年(文化七年〔一八一〇〕)に出た玄白の『形影夜話』に木版で掲げた著者影像でもそうだったが、石川大浪は洋風の明暗画法ばかりか、『解体新書』による解剖学の知識までである程度使って、この『解体新書』の翻訳者の骨相を表現しようとしたようである。玄白の後頭部がとがっていて耳が聴音機のように大きいことは、玄白みずからも認めて戯画風の自画像のなかにはちゃんととえがきだしてもいるが、画人大浪はさらに額や頬の皺はもちろん、目尻や口もとの深い複雑な皺、長い首の筋、曲げた右手の骨節や血管にいたるまでを、克明に観察し、写実している。これらの描写が実際いかに迫真的なものでありえたかについては、こんどは玄白の言葉による自画像が傍証となるだろう。『形影夜話』の序に出てくる、ある冬の宿直(とのい)の夜の自分の影との出会いの場である。

(無聊のあまりひげ抜きでもしようと、外の廊下を通りかかった女房から鏡を借り、それを)はしらによせおき、燈火かゝげ打向へば、顔のさましわみ多く、老のなみだ目をうるほし、歯も所々残りて、さもみにくげに神さびたる翁のたち居たるあり。こは如何に、いかなる人にておはすぞと問へば、我はかげ法師といへる法師にて、おこと(そなた)ゝ我は二り子なり。兄ともいへ弟ともいへ、心隔ぬなからゐ（間柄）なり、と申たりけるに、されば能く我おもかげに似給ひけりと打驚く。……

玄白にはドイツ・ロマン派のホフマンやハイネと相似ていないこともない、このような「ドッペルゲンガー」への趣味があったようで、彼の『鷧斎日録』にも、よく「偶把明鏡照　如対新知翁」（寛政三年正月二十五日）とか、「勿驚明鏡裏　相対白頭人」（享和三年七月二十一日）とかの表現が出てくるし、自分の影法師との問答の体は『野叟独語』（文化四年〔一八〇七〕）でもとられている。これは知識人玄白の屈折した内面生活と、独特のするどい自意識を示唆するものであり、ことに晩年「生来二万七千二百十六日之翁」（文化六年〔一八〇九〕）と自称したりして、一日一日の生命を切実に、余すところなく享受して生きようとした態度とも、無縁なものではなかったろう。そのことはさておいても、たしかに画像作者石川大浪は、この老医が「しわみ多い顔、しょぼしょぼ目、歯のぬけたすぼみ口」と自卑した、その同じ老いの徴のうちに、むしろ二万何千日の貴重な濃い年輪を読みとり、そこに人間としての熟成の美しささえ感じとったのである。またそうさせるなにものかが八十歳の玄白のうちにはあったのである。着衣のひだなどを大まかに略筆したのと対照的に、それらの老いの特徴を克明に描きこんだことが、かえって画中の玄白の存在感を強め、その生のはるかな歴史と、現在の晴れやかな充溢感を表現することに成功させたのであった。

この画像に玄白はみずから賛を加えて言っている。

荏苒太平世　　荏苒たり太平の世
無事保天真　　無事天真を保つ
復是烟霞改　　復是こに烟霞改まり
閑迎八十春　　閑として迎うる八十の春
　文化九壬申正月元日　　九幸老人書

訳してみれば

太平の世がひさしくつづき
わたしは無事初心をつらぬいてくることができた
ここにまた新しい年がめぐってきて
わたしは心しずかに八十の春を迎える

というような意味であろうか。「天真」という美しい言葉は、「楼」の字をつければ玄白の別号でもあった。石川丈山を憧憬して「小詩遷堂」とも称した老学者晩年の、うらやむべき心境を右の賛は洩らしているだろう。海のかなたの同時代人ゲーテなら、老年の「晴朗さ」Heiterkeit と呼んだ境涯にも近いものではなかろうか。

右の署名の「九幸老人」――「九つの幸いに恵まれた老人」というのは玄白が古稀の年以来使っていた号である。彼によればその九幸とは、太平の世に生きていること、首都で育ったこと、上下によき友をえたこと、長寿に恵まれ俸禄を得ていること、貧乏にすぎはしないこと、名声を得たこと、子孫にも恵まれたこと、そして老齢にあってなお元気であること、であった。これは十八世紀後半、十九世紀初頭の日本のもっともすぐれた知識人がいだいていた幸福観、「封建社会」の枠組とはもはやかならずしもかかわりのない個人主義的、現世的、市民的な人生観を示すものとしてきわめて興味深いが、実際この寿像をえがかせたころの玄白の身辺は、右にいうようなさまざまの幸福に恵まれていたということができる。

内的風景派

文化元年（一八〇四）、玄白七十二歳の年には、そのただ一人の男の実子立卿（りつけい）も十九歳になり、蘭方眼科医として独立して一家を立て、父の眼病を治療してくれることもできるほどになった。立卿の妹二人は、この年十六歳と十四歳である。先妻登恵（とえ）との間に生まれた長女扇（せん）と、その婿養子伯元も夫婦仲がむつまじいらしく、文化二年（一八〇五）には、すでに十二歳と四歳の男の子（恭卿、白玄）がいた上に、二番目の女の子が生まれて、玄白はいよいよにぎやかな家族に囲まれることとなった。同じ年の六月には、将軍家斉にお目見えという、思いがけない光栄にも浴した。一藩の藩医としてはめったにない名誉であり、蘭医としてははじめてのことである。親の代から仕えてきた若狭小浜(おばま)藩酒井侯(十万三千石)の下での禄高は二百五十石であったが、医者としての名声がひろまるとともに江戸市中を馳せめぐっての診察施薬の仕事は忙しすぎるほどで、『鷧斎日録』の年々の大晦日の記入によると、すでに寛政年間から年収総計は五百両を上下するほどになっていた。裕福とまではゆかなくとも、窮屈ではなく、安定した生活である。文化四年(一八〇七)には、二十歳の年から五十五年もつづけてきた公務を辞し、家督を伯元に譲って、隠居の身となった。だがこのころ——

風をいたみ残りて鳴くや友千鳥
ふけど〳〵埋火(うもれび)を消す涙かな

あるいはまた

空ごとと誰も聞(きく)らん思ひ出て語る昔を知る人ぞなき

と、昔からの知友親友がつぎつぎに死んでゆき、玄白は老いて独り残された者の淋しさをかこつことしきりであった。前野良沢が八十一歳で亡くなったのは享和三年（一八〇三）だったが、もう一人『解体新書』訳業のころからの盟友・桂川甫周も、玄白に「草葉の蔭」などとあだ名をつけたのは彼だったのに、文化六年（一八〇九）には五十六歳で先立って逝ってしまった。その翌年には甫周の弟、森島中良（甫粲）も死んだ。『ハルマ和解』の稲村三伯も死んだ。

だがそのかわり、よろこばしい知らせもつぎつぎに到来して、玄白の心を晴れさせたのである。安岡玄真は大槻玄沢に入門して以来、ブリリヤントな学才を発揮し、一たびは玄白に見こまれて次女八曽の婿養子にまでなったが、放蕩のため間もなく離縁されてしまった。その後彼は蘭学社中の表から姿を消し、玄白も「惜しむべきの才子」と気がかりになっていたが、宇田川玄随の死後その家を継ぐことになってからは見ちがえるように精進し、文化二年（一八〇五）には『医範提綱』というすぐれた解剖書を刊行、やがて伯元、玄沢の仲立ちで玄白とも再び父子のような親愛の関係を結ぶこととなった。ひたすら蘭学研究の発展を願う玄白にとっては、まことに心嬉しい事柄の成りゆきであった。そして文化八年、あの寿像が実際に制作された年には、さらに大きな朗報があった。幕府の天文方に蛮書和解御用局が開設され、その初代局員に、長崎からきた馬場貞由とともに、玄白の一番弟子でいまは押しも押されもせぬ社中の柱・大槻玄沢が任命されたのである。

玄白にはもちろん、近年の「進歩派」学者たちが言うような、これで蘭学が幕藩制補強の道具と化した、などという考えはまったくなかった。その反対だった。『解体新書』以後四十年にして、はじめて蘭学は国家にかかわる学問として公認され、政府制度内にその地位を保証されたのである。『蘭学事始』にしるされた言葉によれば、「翁が宿世の願ひ満足せりといふべし」であった。「なにとぞ生民広済のためにと思ひ立ちて、とりつきがたきこのことに刻苦せし創業の功、終に空しからず」と歓喜したのである。――これが、寿像のころの玄白の身辺であった。

私たちはいまあらためて思う。あの石川大浪筆の画像に感じられた玄白の、老いてなお失せぬ精神のかがやき、聡明、そして静かな生の充溢は、その寿像の三年後、『蘭学事始』（文化十二年〔一八一五〕）の有名な末尾の一節に、玄白自身の言葉で語られたものと深く呼応している、と。その語る内容においても、その文章のリズムそのものにおいても、この一節は画像へのもっともよい賛文となるものにちがいない、と。――

かへすがへすも翁は殊に喜ぶ。この道開けなば千百年の後々の医家真術を得て、生民救済の洪益あるべしと、手足舞踏雀躍に堪へざるところなり。翁、幸ひに天寿を長うしてこの学の開けかゝりし初めより自ら知りて今の如くかく隆盛に至りしを見るは、これわが身に備はりし幸ひなりとのみいふべからず。伏して考ふるに、その実は恭く太平の余化より出でしところなり。世に篤好厚志の人ありとも、いづくんぞ戦乱干戈の間にしてこれを創建し、この盛挙に及ぶの暇あらんや。

もちろんこの一節にかぎらず、『事始』全体について言えることだが——深くつよい回顧的感動につらぬかれ、それによって躍動しながら、しかも論理的な明快さを見失わない文章。漢詩漢文の固苦しい修辞学から抜けでて自由に息づきながら、なお国学者的和文の冗長とも無縁な、誰のに似ているといえばまず福沢を思いうかべるような近代的な雄弁。しかも福沢には乏しい詩的なイメージや色どりも点綴（てんてい）され、人事へのつよい執着と、それだけにするどい人間観察と、自分の事業への自信と誇りと、同時に大きな歴史の動きに対する鋭敏な自覚とそれを前にしての謙虚さ、それらが縦糸横糸となって織りなしている回想記述。

それが私たちにとっての『蘭学事始』なのである。先日、ある蘭学史の研究会で、緒方富雄博士とこの玄白の文は名文か否かについて語りあったとき、この敬愛すべき現代語訳の経験者はむしろ否定的な意見を述べられたが、私はやはり右のような意味で玩味すべき名文であると考える。白石『折たく柴の記』と諭吉『福翁自伝』の間にはさまって、文庫本でも星が三つほど少ない小冊子でありながら、それらと並びそれらをつなぐ近代日本の自叙伝文学の傑作であると考える。そしてこの『蘭学事始』の玄白は、私の脳裡で、いつのまにか、あの石川大浪えがく玄白と一つにかさなり、溶けあってしまうのである。

あの画中の九幸老人が、身を少し乗りだし、上目づかいに過ぎ去った歳月を追いもとめ、いまこの『事始』の回想を語りはじめるかのように思われるのである。「その初めを顧み思ふに、昔、翁が輩（ともがら）二三人、ふとこの業（わざ）に志を興せしことなるが、はや五十年に近し。今頃かくまでに至るべしとはつゆ思はざりしに……」と、あの右手の指でこまかな記憶をつぎつぎに紡ぎだすかのようにしながら、彼は語りはじめる。そしてやがて追憶はおのずからつらなって湧いてきて彼の胸に溢れたろう。それらの過去の情景の数々は、いまこの晴れやかな老境の高みからふりかえるとき、まるで昨日のことのように鮮やかに眼に浮かび、そのひとつひとつの意味合いをかえってはっきりと読みとることもできる。しかしもちろん老玄白は、自分が同志たちと若さにまかせ客気にまかせ夢中になって新しい学問を求めつづけたあの日々に、模索と戦いと冒険のあの数々の熱っぽいドラマのなかに、もう二度と立ちかえってゆくことはできない。それはわかりきったことである。だがそれでも彼はそのことに、痛恨にも似た気持を感ぜずにはいられなかったらしい。失われた時をとりかえす――いわばそのような切実な欲求が、『蘭学事始』の記述の底にあり、ところどころに溢れでて、この作に単純な来歴談や同時代史とは異なる、文学的なもう一次元の深まりを与えているといえるのではなかろうか。晩年の『鷧斎日録』でもその感情はあちこちに噴出している。老杉田玄白には、たしかに「内的風景派」的な一側面があったのである。

たとえば玄白七十一歳の享和三年(一八〇三)九月十四日の『日録』にはこんな記事がある。――その日玄白は日本橋浜町の自宅から牛込矢来の小浜藩邸に藩侯の御機嫌伺いにおもむいた。その路上、あるところにさしかかったとき、玄白は不意に四十年ほども前の青年の自分のすがたが、そこによみがえるのを感じたのである。――あのころも私はここを通って、よく老父を見舞いにかよった。そのときいつも目当てにしたのが、ここに映るこの木の影だった。この木影が壁に高く映っているときは、今日は早かったなと父上は喜び、低くなっているときは、どうして来るのが遅かったのかと不機嫌になられた。この影を見て私は足をはやめたり、ほっとしたりしたものだった。――私は三十ちょっとであったろうか。若かった。父上もあれからまだ数年は元気でおられた。あれはもう四十年近くも昔のことなのだ。

影法師はやくも延(のび)し冬日かな

老玄白はときおりこのような過去のまぼろしの不意打ちに遭い、それの現実のなかへの侵入を経験することがあったのだ。私たちも右の日記の記事をよいきっかけに、ここで、九幸老人が背後にしてきた深く遠い過去にさかのぼっていってみることにしよう。

玄白が三十歳とちょっとのころといえば、時代は宝暦明和の交(一七六〇年代前半)、藩邸を出て日本橋に独立開業してから五年あまりたってはいたが、医学研究の上ではまだ一定の方向が立たないままに、種々の活発な知的刺戟を受けながらさかんに勉強していた時期である。京都の山脇東洋による日本最初の屍体解剖(宝暦四年、一七五四)のニュースはとうに玄白の耳にも達し、その観察記録である『蔵志』もすでに出版されていた。吉益東洞の名も高かった。これまで尊奉されてきた唐代以後の中国の観念論医学を排し、治療について病理について「親試実験」を唱える古医方の説は、当時いよいよさかんになる勢いを見せていた。ことに、唐以前の古医書に対してさえ疑いをいだき、人体内部の構造の正しい把握の上にこそ真の治療はありうる、とする東洋の実験と思想は、若い玄白につよい衝撃(インパクト)を与えていた。たまたま読んだ荻生徂徠の兵学書『鈐録外書(けんろくげしょ)』も、基礎理論(軍理)と技術(軍法)の関係について、東洋と共通する考え方を述べていて、玄白を啓発した。内科方面ではすでにこのような豪傑が相ついで関西に出ている以上、玄白は「其尾に附んは口惜しく、幸に瘍医(外科)の家に生れし身なれば、是業を以て一家を起すべしと、勃然と志」を立てた(『形影夜話』)。それが当時の玄白のこの医学界の新気運に対する反応であった。種々の漢方外科書から抜萃して『瘍科大成』と『広瘡(梅毒)総論』の二書を編んだのも(宝暦八年、一七五八)、そのような勉強のひとつのあらわれだったのだろう。杉田家は紅毛流外科が本職なのに、それを離れた仕事をしたのは、家伝の紅毛流にも疑いをいだいていたからだろうといわれている。

盟友平賀源内

玄白にとっては生涯忘れられない友人、平賀源内との交わりがはじまったのも、やはりこの三十歳前後のことであったろう。同藩同好の親友中川淳庵が、本草学(ほんぞうがく)の方で源内と同じ田村元雄の門人だったのが、その機縁でもあったろうか。宝暦十二年(一七六二)、源内が湯島で「東都薬品会(え)」という全国組織の大物産展を主催したときには、玄白も淳庵とともに所蔵の珍品を出品して協力したし、その前年には源内と一緒に、長崎屋に滞在中のオランダ商館員を訪問し、この奇才が「スランガステーン」（吸毒石）に関する知識でオランダ人を煙にまくのを目のあたりにしたこともあったらしい。「この男、業は本草家にて生れ得て理にさとく、敏才にしてよく時の人気に叶ひし生れなりき」というのが、『蘭学事始』の玄白がなつかしげにしるす源内評である。

当時、幕府には新官僚田沼意次（おきつぐ）が登場してしだいに実力を揮（ふる）いはじめ、種々の経済的中央集権化策が試みられる一方、殖産興業による「国益」の増強も企てられようとしていた。玄白がその著『後見草（のちみぐさ）』（天明七年、一七八七）で「只荒れにあれにけり」と評した未曾有の大農民一揆・伝馬騒動が発生したのは明和元年（一七六四）、山県大弐の事件は同四年（一七六七）で、そろりそろりと天下の揺れる兆（きざし）もたしかにあらわれてきていたが、他方大都会には、これまでにないフレッシュな文化的自由主義の雰囲気も醸成されてきていた。そのような時代の最先端を、多彩なアイディアを蒔き散らしながら馳せめぐる風来山人源内のすがたには、その五歳年少の弟分玄白の目をみはらせるものがあったろう。オランダ学のことなどを語りあったのもまず源内とであったらしい。二人はよく出会ってはたがいに最近の情報を交換し、つぎの計画や野心を語りあい、また社会の現状を慷慨（こうがい）して論じあったりもしたのだろう。そしてその間に、源内のうちに燃えている火は、「客気甚しき」青年玄白の心にたやすく飛火して燃えあがったりもしたにちがいない。『事始』のなかのつぎの一節には、そのころの日々へのはるかなノスタルジアをもこめて、この二人の学徒の交友ぶりが美しく回想されている。

さて、つねづね平賀源内などと出会ひし時に語り合ひしは、追々見聞するところ、和蘭実測窮理のことどもは驚き入りしことばかりなり、もし直にかの図書を和解し見るならば、格別の利益を得ることは必せり。されどもこれまでそこに志を発する人のなきは口惜しきことなり、なにとぞこの道を開くの道はあるまじきや、とても江戸などにては及ばぬことなり、長崎の通詞に託して読み分けさせたきことなり、一書にてもその業成らば大なる国益とも成るべしと、たゞその及びがたきを嘆息せしは、毎度のことなりき。然れども空しくこれを慨嘆するのみにてありぬ。

この巧みな自由間接話法の文のうちから、二人の熱っぽい語り口、志のみ高く力およばぬことへの嘆きが、そのまま伝わってくるような気がする。これを書いているとき老玄白には、旧戦友源内の表情ゆたかな顔つきや美声といわれたその声の張りまでが、ありありと見え、きこえていたにちがいない。源内が晩年つぎつぎに事業に失敗し、「憤激と自棄」に駆られて獄中に惨死したとき（安永八年〔一七七九〕）、その不幸な運命を悼んで私財によって墓碑を立て、「嗟非常の人、好むは非常の事、行はこれ非常、何ぞ非常に死するや」との銘を刻ませたのはほかならぬ玄白であった。彼は「古今の大山師」と自称した先駆者源内の心情を、その生涯と事業の意味を、もっとも切実な共感をもって理解することができた者のひとりだったのである。

そして七十近い齢になっても、玄白の脳裡には、かつて源内らと集って歌い舞い、酒をくみかわし、罵りあいさえした日のにぎわいが、ある日忽然と、切なく、よみがえってきたりするのであった（『日録』寛政十二年一月十四日）。

ともに西洋科学を讃美し、蘭書和解のことを夢みて語りあいもしたが、源内と玄白のたどる道はやがて二つに分れていった。源内は各地の鉱山調査、田沼意次の世話による長崎再遊、そして種々の物産開発と、もっぱら「国益」追求の実践活動に「大取込み」になっていった。そして玄白は、前野良沢に誘われてともに長崎通詞西善三郎をたずね、オランダ語はむずかしくて無理だからあきらめろと説かれたりして、若干の紆余曲折はあったが、それでも蘭語を通しての西洋医学の直接摂取という宿題はついに守りぬき、果すのである。明和八年（一七七一）春、同僚中川淳庵の紹介で、玄白にとってはじめての蘭書『ターヘル・アナトミア』を入手することができて歓喜しているところに――「実にこの学開くべきの時至りけるにや」と玄白は感慨をこめて言う、明日千住骨ケ原で屍体解剖がある、立会って見学せぬかとの案内が舞いこんだのである。すぐに淳庵、良沢らにも誘いをかけ、翌三月四日早朝に集ってみれば、良沢も同じオランダ解剖書をたずさえていて奇遇を感じあったこと、解体現場での衝撃と驚嘆、その帰途、感動に身をゆすぶられながら、「憤然として」『ターヘル・アナトミア』翻訳の志を立てたこと、そしてそれからの長い惨胆たる苦労とひそかなよろこび――それらは、『事始』のなかでももっとも感動のこもった、あの美しい叙述によって、あまりにも有名なことがらである。

玄白が、生来多病の自分はこの新医学大成の日まで生き永らえることはできそうにもないと、仲間を急立(せきた)て、若い桂川甫周に「草葉の蔭」と綽名されながら、盟主良沢のかたわらで訳業推進に必死の努力を傾けたこともよく知られている。「(新しい学説を)はじめて唱ふる時にあたりては、なかなか後の譏(そし)りを恐る、やうなる碌々(ろくろく)たる了簡にて企事(くわだてごと)は出来ぬものなり」という、これも『事始』のなかの有名な言葉は、文化革新の時代の最前衛を行く者として、その冒険の姿勢が源内などとあまりにも一致していることにむしろ驚きをおぼえる。「大山師」源内のモットーは、まさに「考えて見ては何も出来申さず候。我らはしくじるを先に仕候」だったのであるから。

――だがこの『蘭学事始』が、なんといっても、九幸老人を名のる大学者のあの晩年の高みから四十余年前にさかのぼっての回想であるとするなら、蘭学創業当時の苦闘のただなかにあってしるされたもっとも生々しい劇的な記録が、『和蘭医事問答』(寛政七年、一七九五)、すなわち奥州一ノ関田村侯の侍医建部清庵と玄白の往復書簡四通なのである。『解体新書』の訳業がほぼ終りに近づいていた安永元年(一七七二)の末、あるいは同二年の正月のころ、玄白のもとに宛名なしの長文の書簡が一通とどけられたのである。それよりたっぷり二年半は前の明和七年閏(うるう)六月十八日(一七七〇)の日付け、未知の人建部清庵が一ノ関から江戸に向う一門弟に託したという手紙であった。玄白は訝(いぶか)りながら封をあけ、読みすすめていって驚いた。――

その内容は、阿蘭陀(オランダ)流と自称する各地の家伝外科術が実はみな漢方の旧知識に片々たる蘭方の伝聞を混ぜたきわめて幼稚、インチキなものにすぎないことを痛烈に批判し、かつて中国で仏典が漢訳されたように日本でもオランダの医書を訳出し、正真の蘭方外科、また婦人科、小児科を伝える学識者はいないものかと問う。自分自身、この中途半端な蘭方医学をひさしい前から憂えていても、オランダ医書はまだ見たこともなく、また読めもしない。といって蘭方を一切やめて完全に唐流にしてしまうわけにもゆかない。「江戸表には広き事なれば、先達(さきだつ)て此道を建立したる人あるか、又阿蘭陀医書を翻訳したる人あるべし。……かやうの大業は都会の地にて豪傑の人起り、唱出(となえいだ)さざれば成就せぬ事なり」。もしすでにそのような書があるならば、わが身はもはや日暮れて道遠し、一日も早くそれが見たく、このように遺言のつもりで、僻遠(へきえん)の地から定かなあてもなく江戸に向けて一書を託す――という文面であった。

まさに玄白らの事業の発端と意図を全部言いつくしたような言葉であった。コミュニケーションの手段のなお未発達な時代には、まさにそのために種々劇的な事柄が多かったにしても、海に向って放たれた一木片のようなこの清庵の書簡がついに玄白の手もとに漂着した一件などは、その最たるものにちがいなかろう。そしてちょうどこの安永二年、平賀源内が秋田の武人画家たちと結ばれようとしていたように、この手紙によって玄白が終生やはり東北の一角、一ノ関と縁を結ぶことになるのも、当時進行していた文化変動の全国的なひろがりと深さを物語るものにほかならないだろう。

一番槍の覚悟

玄白は抑えきれぬ感激をもって返書を認めた（安永二年正月）。

「清庵建部先生。和蘭外科者流の儀、御不審逐一拝見仕り、誠にもって感心し奉り候。天涯相隔て、御一面識にも御座なく候へども、実に吾党の知己、千載の奇遇と存じ奉り候……」。そして清庵の問うオランダ流医学の諸点について丁寧に解答した上、自分たちがオランダ内景書（解剖書）の正確さに感銘してついにその翻訳を始め、すでに『解体新書』五冊の初稿は完成している旨を伝え、ちょうどこの年の正月に出版されたばかりのパンフレット『解体約図』をそえて発信したのであった。

この玄白の答書に対してほどなく清庵からの第二信があった（安永二年四月）。それはもはや単なる医学通信である以上に、一種のヒューマン・ドキュメントともいうべき感動の文書であった。

……老耄至愚の眼力を以て申上げ候儀、恐入り候へども、他流は存ぜず、和蘭流においては、古今無双真の大豪傑、文王を待たずしておこると申し候は、先生の事をや申すべからんと存じ奉り候。御恵与下され候約図拝見、覚えず狂呼、口呿きて合はず、舌挙りて下らず、瞠若たる老眸頬に感泣仕り候。……

そして『解体新書』が成就すれば、日本のみならず漢文の通じるアジアの国々の億兆の民が無窮の仁恵を受けることになるだろう。先生は単に外科一家の祖師というだけでなく、大慈大悲の仏菩薩とも申さねばならぬ。うかがえば先生御歳は四十一とか、それはまだまだ人生の三四月、当六十二歳のこの老爺は春秋に富む同志の方々皆様の御健闘を切願するばかりです。……

玄白とその仲間にとってはこれ以上ありえないような真摯(しんし)な激励の言葉であった。生涯のうちにこのような真の知己にめぐりあえた仕合せに、玄白の心はただ躍るばかりであった。そしてこの手紙に対し玄白も、さらに詳細にオランダ医学の内容を説いた第二信（安永二年十月）をもって報い、それをつぎのような言葉で結んだ。

近ごろ新医学（古医方）に対し批判、非難の声が多く、われらの『解体新書』に対しても衆愚の反動があるやも知れず深く用心せよとの御忠告、有難く感激して拝聴した。たしかに剣を按じて待ち構えている者は多いだろう、「去りながら一番鑓(やり)を入れ候には鎗玉(やりだま)に上り候覚悟にこれなく候へば相成るまじく候。併し、一人なりとも鎗付け候はば、本望の至りに御座候。……一度着実の論を唱へ候はば、また千載の誤りも改り候時節御座あるべく候と存じ候ばかりに御座候」。

みごとな覚悟というほかにない。『解体新書』はこの往復書簡の翌年、安永三年（一七七四）八月に無事刊行され、すぐ清庵のもとにも送られたであろうが、老清庵と玄白はそれぞれの手紙で相求めながらも、ついに生涯相まみえることがなくて終った。しかし清庵の第一の書簡にもすでに書かれていたように、清庵は自分に代って自分の志をとげる者として、書簡から五年後の安永七年（一七七八）、自分の愛弟子大槻茂質(しげかた)（二十二歳）と五男亮策（十六歳）を玄白のもとに送って入門させた。それがいうまでもなく、のちに玄白、良沢の第一の後継者となった大槻玄沢と、玄白の婿養子に懇望(こんもう)されてその家督を継いだあの伯元であった。玄白ならずとも、人の世の縁(えにし)の不思議を感ぜずにはいられない。

あの九幸老人の晴朗静謐（せいひつ）な画像の背後には、このようないくつもの起伏とドラマに富んだ八十年の歳月がくりひろげられていた。玄白もまた、彼が源内に献じた碑銘におけるのとほとんど同じ意味で「非常の人」であった。あの碑文は「非常の人」「非常の人」を知る、といった底（てい）のものだったのだ。ここではついに触れることができなかったが、玄白の明和から天明期の社会観察記録『後見草』や、七十五歳の年（文化四年〔一八〇七〕）の『野叟独語』、また天明期以後二十年あまりにわたるその『日録』などをもう一度たどりなおしてみるならば、実は彼も、一見平穏勤勉な日常の裏に、つねに内攻し内噴する情熱を、ある沈潜し鬱屈した複雑な心理を宿し、同時代の社会の変転にもつねに鋭敏な眼を馳せ、終末論的な危機感さえいだいていた近代的知識人であったことがわかるはずである。

虫の音も草の底なる夜長かな

源内も淳庵も良沢も、また甫周も清庵もみな逝いてひさしい晩年のある秋の夜、玄白が聞いていたこの虫の音は、あの画像の老学者がじっと聴きいっていた、はるかな内奥の声でもあったように思われてくるのである。

10　回想記『蘭学事始』を読む

†「心地開くべき趣き」

私はいつも、大学に入ってきたての学生たちに、学問とか研究生活とかへの入門書として、三冊ないし四冊の書物をすすめた。二十歳前後の学生たちというのは、すぐにマックス・ウェーバーとかマルクスとかを読みたがり（あるいは近年ではミシェル・フーコーとかジャック・デリダとかか）、それで学問や社会がわかるつもりになるらしいが、それは空しい錯覚にすぎない。生硬な翻訳でコチコチの社会科学の方法論や哲学書など読むと、かえって頭が悪くなり、感覚が鈍くなるだけだろう。そんな本よりも、私が読めとすすめるのは、理科系であろうと文科系、それも法経志向であろうと文学志向であろうと、読めば面白く、味わえば深く、ものの考えかたの根本というものを、それぞれに個性的な美しい日本語で語りかけてくれる、近代日本のもっともすぐれた思想家たち、一学の創始者たちの体験的学問論の本である。すなわち――

荻生徂徠「徂徠先生答問書」（享保十二年〔一七二七〕ごろ）、『近世文学論集』（日本古典文学大系94）所収

本居宣長『うひ山ふみ』（寛政十年〔一七九八〕成立）、岩波文庫『うひ山ふみ／鈴屋答問録』所収

杉田玄白『蘭学事始』（文化十二年〔一八一五〕）、岩波文庫

福沢諭吉『学問のすゝめ』（明治五―九年〔一八七二―七六〕）、講談社文庫、また『福沢諭吉選集』第三巻、岩波書店、および岩波文庫

いかがだろう。どれも、ちょっと生意気な学生なら、「なあーんだ」というかもしれないような、一見やさしい書物である。ところが、よく読むとなると、どれもなかなか手ごたえがあって、その手ごたえが私たちの頭と心と感覚とを鍛えてくれるというような古典ばかりである。

徂徠にしても宣長にしても、本来ならば本書で扱って当然の作なのだが、私のここでの関心は儒学、国学よりも洋学の方にあるので、ここでも玄白だけをとりあげて、その幾節かについて文章と歴史への「読み」を試みてゆくこととする。まず、明和六年（一七六九）ごろと推定される（緒方富雄氏）春、玄白が恒例の江戸参府中のオランダ商館長一行を長崎屋に訪ねたときの話であ

る。――

これによりて日々かの客屋へ通ひたり。一日右のバブル（＝蘭館医師）、川原元伯といへる医生の舌疽を診ひて療治し、且つ刺絡の術を施せしを見たり。さてさて手に入りたるものなりき。血の飛び出す程を予め考へ、これを受くるの器をよほどに引きはなし置きたるに、飛び迸る血丁度その内に入りたりき。これ江戸にて刺絡せしのはじめなり。

まず、ここで一節を切っておこう。明和六年とすれば、玄白はこのとき三十七歳、満で三十六歳。その中年の、一人前の蘭方外科医が、多分いまはじめて直接に西洋人の医術に接して、そのみごとさに眼を丸くして感心しているさまが彷彿とする。玄白が長崎屋に出入りするようになったのは、これより三年ぐらい前（明和三年）からのことだったようだが、この年は、蘭人一行に随行してきた大通詞吉雄幸左衛門（耕牛、享保九年〔一七二四〕—寛政十二年〔一八〇〇〕）が外科医としても有能だと聞いて、彼に入門することにしたため、いっそう足しげく長崎屋に通っていたのである。

刺絡とは、いうまでもなく瀉血で、静脈に針を刺して体内の悪血を瀉出させるという治療法で、ヨーロッパでも十九世紀半ばまではその効用が信じられて、なにかというとすぐに行われたものだそうだ。このときは居あわせた川原某が蘭医（「バフル」ではないらしい）に舌のできものを治してもらう代りに、刺絡法の実験台にもさせられたのかもしれない。みんなが興味津々で見守るなかで、その血が飛びほとばしって、一メートルか二メートルも離しておいた金だらいか陶器の鉢のなかに、うまくサーッと注いだという。それから四十五年もたって、なおこのようなディテールを記憶しているのだから、玄白にはよほど印象的な経験だったのにちがいない。

西洋医学とは、自分が父の代から受けついだ、蘭方の切り傷なおしの膏薬張りなどとはだいぶちがって、はるかに奥行きが深く精緻なものらしいという、日々に強まる予感と期待。はっきりと眼に見えるかたちでの「先進」技術がもつ説得力。同時に、その技術によって説得されたいという暗々裡の、かすかな迎合の心理。それらがみなこもごもに、この日の日本側訪問者の一人玄白のなかには働いていた。それでも、刺絡そのものよりも、その血がうつわに的中したことの方に感心したらしい「プロ」の意識、そしてほとばしる血がいつも呼びおこすあざやかな戦慄。――そういったものがすべてここの数行にはこめられていて、当時玄白のなかにはオランダ医学への直接参入の気運が着実に高まりつつあったことを、巧みに物語っている。

右にすぐつづいて次の一節がある。

その頃、翁、年若く、元気は強し、滞留中は怠慢なく客館（長崎屋）へ往来せしに、幸左衛門一珍書を出し示せり。これは去年初めて持ち渡りしヘイステル（人名）のシュルゼイン（外科治術）といふ書なりと。われ深く懇望して境樽二十挺を以て交易したりと語れり。

> これを抜き見るに、その書説は一字一行を読むこと能はざれども、その諸図を見るに、和漢の書とはその趣き大いに異にして、図の精妙なるを見ても心地開くべき趣きもあり。よりて暫くその書をかり受け、せめて図ばかりも摸し置くべきと、昼夜写しかゝりて、かれ在留中にその業を卒へたり。これによりて或は夜をこめて鶏鳴に及びしこともありき。

これも一読忘れることのできぬ美しい文章である。冒頭に「その頃、翁、年若く、元気は強し」ともいっているように、いま八十三歳の老玄白の、あのころの自分の一途なすがたをなつかしむ気持が、文章の裏にひたひたと満ちているからだろうと思われる。

ここで吉雄幸左衛門が相当もったいをつけて見せてくれたのは、ローレンツ・ハイステルの有名な外科入門書だったわけだが、このように江戸の学者たちは長崎通詞を介して新着の紅毛書を見せてもらったり、入手したりすることが多かった。平賀源内なども同様にして、やりくり算段しては毎年のように高価な洋書を買い入れていた。

その分厚い書物を開けてみると、まだ一字も一行も読めないが、たくさん挿入された銅版の図を見るだけで、この未知の学術の世界にひきこまれてゆくような気がしたという。「図の精妙なるを見ても心地開くべき趣きもあり」というのはとくに面白いみごとな言葉だ。文字どおり胸の中の年来のもやもやが、霧の晴れるように晴れてゆき、なにか眼の前がすっと明るくひろがってゆくような快感がしたことを言っているのだろう。「和漢の書とはその趣き大いに異にして」というとおり、蘭書の銅版の挿図にはそれぞれに透視画法や陰影法が用いられて、人体の部分にせよ種々の器具にせよ、物がそうとしかありえないかのように精緻確実に示されていて、それを一心に見ていると自分のなかの視覚表象の体系までが急に押しひろげられ、みるみる刷新されてゆくような気がしたのにちがいない。

源内にせよ玄白にせよ、初期の蘭学志願者たちは、まず蘭書のなかの絵図にこそ強く心惹かれたのである。異文化間の交流におけるこの視覚的要因の決定的な重要性というものを、玄白の一節はたくまずして的確に語っている。オランダ語を通じての知的理解に先立って、彼らはまず感覚の次元で、文字どおりの「啓蒙」enlightenment（蒙を啓く、光の照射）の作用を受けたのであった。その熱くさわやかな感動（センセーション）のうちに、玄白は幸左衛門の江戸逗留の残された数日の間、春の幾夜かを徹してひたすらに挿図の模写に打ちこんだ。「或は夜をこめて鶏鳴に及びしこともありき」との表現も、行燈のもとにさまざまな予感に満たされながら模写に熱中する学徒のすがたを、あたりの暗闇のなかから浮かび上らせてくれるのではないだろうか。

†「何となく」西洋へと向かう心理

玄白はハイステルの書に触れることによって、われ知らずにまた一歩、『解体新書』の世界へと近づいていったのである。そして実は、三十代の一人の学究を「われ知らずに」オランダ人たちのもとに、そして蘭書へと導いてゆき、さらに蘭学へとうながしていった彼の周辺の人たちの動き、また時代の雰囲気の徐々の変化——それがいくつものエピソードの積みかさねによって巧みに回想されてゆくのが、この『蘭学事始』、少なくともその「上之巻」の最大の手柄の一つであったといえる。

蘭学へ、『解体新書』へとむかって、しだいに濃密になってゆく一七六〇年代後半からの江戸の雰囲気、そのなかを玄白はまだはっきりした自覚はなく、ただ漠然たる予感と好奇心のみに動かされて、しかしまさにその方向へと手さぐりで進んできていた。その不思議といえば不思議な、時代と個人との邂逅を、老玄白は「何となく」という副詞を繰り返し使うことによって実にみごとにえがいてゆく。この「何となく」こそが『事始』上巻解読のキーワードだというのが、私の説である。その例をあげていってみよう。ぜひ文庫本なりと『蘭学事始』を手もとに開いて、一緒に考えてみてもらいたい。

その頃より世人何となくかの国持渡り(もちわた)のものを奇珍とし、総べてその舶来の珍器の類(たぐい)を好み、少しく好事(こうず)と聞えし人は、多くも少くも取り聚(あつ)めて常に愛せざるはなし。

三年ほど前（明和三年ごろ）、前野良沢に不意に誘われて長崎屋に逗留中の大通詞西善三郎をたずね、オランダ語学習を申しこんだところ、それは「御無用のかた然るべし」といわれてあっさりとあきらめてしまった——という挿話のすぐあとに、この一節が出てくる。性急な自分は蘭語学習のしんどさを説かれて「敢て学ぶ心はなくして」いたのに、ちょうどそのころから「何となく」世間の雰囲気が変ってきていたというのである。こんどは自分を追いこして世間の方が先にざわざわと動きはじめていたという。

「ことに故の相良侯（=田沼意次）当路執政の頃にて、世の中甚だ華美繁花の最中なりしにより」と、玄白は右の一節につづけて説明する。そのため、紅毛渡来の「ウエールガラス（天気験器）、テルモメートル（寒暖験器）、ドンドルガラス（震雷験器）、ホクトメートル（水液軽重清濁験器）、ドンクルカームル（暗室写真鏡）、トーフルランターレン（現妖鏡）、ソンガラス（観日玉）、ループル（呼遠筒）」、ほかに時計、千里鏡、硝子細工といった珍器、奇巧のたぐいが、われもわれもと求められ、しきりにもてはやされたというのだ。ここにあげられたような品々は、あの海のかなたヴァージニア州モンティチェロの領主、ケネス・クラークの呼んでいう〝quirky ingenuity〟（奇巧）の人トマス・ジェファソンの館にあった品々と多く重なりあう点も面白いし、また奇才平賀源内がなぜ田沼時代のヒーローとなり、「エレキテル」の発明にいたるまでどんな時代心理につき動かされていたのかも、わかってくるような気がする。

「人々その奇巧に甚だ心を動かし、その窮理の微妙なるに感服し」と、玄白は非常にうまい言葉でその時代の心理（意識の働き）を説明する。鎖国がすでに百五十年近くもつづいてきた一七六〇年代、七〇年代、日本人はこの島国のなかでひたすら再生産され、縮小再生産されつづける自国の文明に、ようやく飽きてきていたのではなかろうか。そのことが彼らの好奇心を異国の発明品に傾倒させ、彼らの心はその紅毛の奇器珍品に触れただけでもぞくぞくするような異国趣味の嬉しさをおぼえるようになっていたのだろう。長い鎖国のもとにあっても圧殺されてしまうことのなかった日本人の好奇心が、待ちかねていたようにいっせいに動きはじめた、それは徳川人の好奇心の「啓蟄（けいちつ）」ともいうべき季節であった、と玄白は語るかのようである。

そしてその結果、「自然と毎春拝礼の蘭人在府中はその客屋に人夥（おびただ）しく聚（あつま）るやうになりたり」と、玄白は右の世間の「何となく」の変化が、玄白のような医者、源内のような物産家たちの長崎屋詣（もう）でをさらにさかんにうながす結果となったことを述べる。ここに「自然と」というのも、要するに「何となく」のヴァリエーションにほかならず、玄白の歴史認識を語るキーワードである。その「夥しく聚るやうにな」った人々のなかに実は玄白自身がいて、あの「刺絡」の実験に感激し、吉雄幸左衛門にハイステルを借りて連日夜明けまで挿画を筆写することとなったのだ。あの芭蕉の――

かびたんもつくばゝせけり君が春

から八十年余り、江戸人のオランダ人に対する態度もいつのまにかずいぶん変ってきていたのである。

さて、このように一節一節をこまかく見てゆくときりがないので、以下はまとめて玄白の「何となく」の歴史観を語る文章を列挙しておこう。

右にあげた一節のあとに、前野良沢が吉雄幸左衛門と懇意になった上に、長崎留学（明和七年〔一七七〇〕）の機会にもめぐまれ、たしかに「蘭学」への機運が少しずつ熟しつつあったことを述べた上で――

和蘭は医術並びにもろもろの技芸にも精しきことと世にも漸く知れ、人気何となく化せられ来れり。

紅毛の奇器珍品への好奇心と嗜好が、こうして心ある知識人の間ではオランダの科学と技術、そして西洋文明への研究心へと煮つめられ、しだいに焦点が絞られてゆくさまを語る。そのため、毎年の長崎屋での「蘭人対話」がいよいよさかんになり、そこへの出入りの制限もしだいにゆるくなり、「自然と構ひもなき姿」になった。その席で、知恵の輪を一ぺんにといてみせたり、「スランガステーン」（蛇石）を示したりして活躍したのが平賀源内であった。

この風右の如く成り行けども、西洋のことに通じたりといふ人もなかりしが、たゞ何となくこのこと遠慮することもなきやうになりたり。蘭書など所持すること御免といふことはなけれども、まゝ所持する人もある風俗に移り来れり。

学者たちの方がまだおずおずと、どこかおっかなびっくりで蘭書などに手を出してみると、世間にはもうそれをとがめ立てする者などいなくなっていた。まだ冬だと思っていたら、あたりはもう春になっていた、という風情である。この変化はお上から法令が出て起ったことでもなく、なるほど「何となく」とでもいう以外にないような「雪どけ」の現象だった。そのような気風のうつろいのなかで、玄白自身の場合は、蘭書の方から彼に近づいてきたという感じでさえあった。すなわち、明和八年（一七七二）の春、同藩（小浜藩）の同僚中川淳庵が長崎屋から『ターヘル・アナトミア』と『カスパリュス・アナトミア』という二冊の蘭訳解剖書を持ち帰ってきて、玄白にこれを買わぬかと見せてくれたのである。そうなってさえ、玄白にはまだすぐにもその書物に飛びつくという様子はなかった。それでもやがて――

もとより一字も読むことはならざれども、臓腑、骨節、これまで見聞するところとは大いに異(こと)にして、これ必ず実験して図説したるものと知り、何となく甚だ懇望に思へり。且つわが家も従来和蘭流の外科と唱ふる身なれば、せめて書筺(しょきょう)の中にも備へ置きたきものと思へり。

――このように繰り返されれば、この「何となく」は杉田玄白にとって何か特別の感覚のある言葉であったということに、私たちは気がつく。「何となく」とは、普通にはもちろん大変曖昧な表現だ。だがここではそれは故意に曖昧、不確かなのであって、つまり正確な措辞だったのである。

ここでもう一度繰り返していえば、玄白はいま八十二、三歳の老境にあって（一八一四―五年）、ほぼ四十年前、『解体新書』の翻訳と蘭学研究の出発に向かって自分が暗中模索していたころのことを回想している、すると、思いあたるのは、自分がそのただなかにあって生きていたときには、まだかならずしも明瞭には自覚されていなかった社会的雰囲気の、精神状況の、変化というものであった。社会の動きも時代の動きも、すべてがもっとも緩慢であった徳川中期の「鎖国の平和」の中でのことであり、メルクマールとなるような際立った事件とてなに一つ伴いはしない変化であった。だがそれは、むしろそれだけいっそう確かな、おのずからな運動であったともいえる。「何となく」の語は、そのような遥かからの回想の遠近法の中にのみ見えてくる時代の色調（トーン）の変化をしっかりとつかまえてみせるとともに、当時はその変化の方向さえ見当がつかず、ただ受身でこの新しい文化へのうながしに応じていたにすぎない回想者自身のすがたをも、浮かび上らせる。この同じ変化がいよいよ玄白自身の身辺にも迫り、蘭学への条件がいっそう濃密に熟してきて、ついに『ターヘル・アナトミア』の入手が目前のこととなったときでさえ、彼にはまだその本が、「何となく甚だ懇望に思」われただけのことだった、と玄白はいうのである。この解剖学の一書が玄白の生涯と日本の学問に大きな転換をもたらすことになるなどとは、まだ彼の予期の外のことだった。

絵がわずか一筆の加減でにわかにいきいきと動きだすというようなことがあるなら、『蘭学事始』の「何となく」の語はまさにその一筆にあたるものであったろう。このなにげない言葉の働きによって、時代と個人との微妙な相互作用、歴史の薄闇の中を手さぐりで進む一人の人間のすがたが、この回想記の中にいっそうあざやかに伝えられることとなった。そしてこの表現がなんども繰り返されたあとであるだけに、明和八年（一七七一）三月三日の刑屍腑分け前夜の経験を語るヤマ場の一節は、いっそうの迫真性を得たともいえる。「何となく」世の中の気風が変ってきた、「何となく」蘭書に心魅せられた、と思ってきたのが、実はただ全くの偶然の「何となく」の寄せ集めではなかった。そこには一つの結節点へと向かって、しだいに濃密なコンテキストを編みながら進んでゆく時代の動き、歴史の働きがあったのだ、ということを杉田玄白はさとるのである。自分の長い暗中模索にはじめて一筋の光明が見えてきたように思われたときの感動を、八十翁の玄白はつい昨日のことのように思いおこして書く。

然るにこの節不思議にかの国解剖の書手に入りしことなれば、先づその図を実物に照し見たきと思ひしに、実にこの学開くべきの時至りけるにや、この春その書の手に入りしは、不思議ともいい妙ともいいはんか。そもそも頃は三月三日の夜と覚えたり。……

それまでのすべての「何となく」は、まさにこの「この学開くべきの時」のための、眼に見えぬ手の導きによるものであったのかとの感慨、「何となく」の不確かさからの解放のよろこびと、それがまだ信じられぬようなとまどい――それらがここに、日常口語すれすれの語り口もいきいきと回顧されている。このすぐあとに、「一かたならぬ幸の時至れりと彼処(かしこ)へ罷(まか)る心にて殊に飛揚せり」と繰り返されて強調されてもいる。岩波文庫版で星一つの小冊子にすぎぬ『蘭学事始』が、一読いつまでも忘れられぬ深い感銘を私たちに与えるのは、語られている事件が感動的だからだけではないだろう。このような、とくに練ったとも凝ったとも思われない文章の自然な気息が、「強く考え、強く感じた人」であるこの老学者のなまの語り口、肉声に近い声まで伝えて、この作品に、単なる事実のドキュメントでも単なる手柄話でもない内的次元の深さを賦与しているからだと私は思う。「何となく」といい、「不思議とも妙ともいはんか」という例に限らず、全体をつらぬくいわば口語文脈の、もはや漢文調のこわばりもポーズもない発想の自由さが、この老蘭学者の「失われし時を求めて」の回想に、独特の詩的な新鮮さと真実味を保証しているのだともいおうか。

「何となく」という不確かさの副詞は、歴史の働きの中に弄ばれる自分の小ささを認める謙虚さの辞でもある。一学の草創者が使いがちな、先見の明を誇るたぐいの言葉ではない。しかしまた、その自分の小ささを余裕をもって認めうる者の矜持の言葉でもあったろう。そしてなによりも、時代に動かされながらやがて時代を動かしてきた一思想家の、鋭く円熟した歴史への感覚を示す語彙であったと考えられる。それは、あの若いときに立ち会った蘭医の「刺絡」の手ぎわのよさに眼を丸くして驚嘆したことを語る一節にも、骨ケ原（小塚原）での実験から前野良沢、中川淳庵とともに帰るときの三人の興奮した会話を描く有名な一節にも、まさるとも劣らぬほどなまなましく、歴史を生きてきた者の深くあざやかな実感を伝える言葉だったといえるのだ。

歴史学者はただ史料の一つとしてのみ扱い、国文学者はめったにとりあげることもない『蘭学事始』に、比較文化史の一つの側面から「読み」をほどこしてみると、以上のようになる。私がこの書物を若い学生たちにぜひ読ませたいと思う理由は、もう十分に察していただけたことと思う。

11 「平和」の島の点景

†俵屋宗達の早春と初秋――「仔犬図」と「枝豆図」

まるまると太って、まるで縫いぐるみのように可愛い犬ころだ。四肢の先が靴下でもはいているかのように丸く簡略にされている点も、この愛くるしさを強調する。宗達は他にも何点か仔犬の図を描いているが、その中でも一番可愛い。

しかも、縫いぐるみの犬などは爪先で持ち上げられるほど軽いが、この俵屋の仔犬は、いやがるのを無理に抱き上げたら、けっこう重たいのではないか。その喉もとや腹や尻尾の薄い毛並みと暖かい皮膚の感触とともに、生きものとしての重さと反発の強さまでが、絵を見る者に伝わってくる。宗達が同じ頃に制作した一対の『牛図』にも試みた「たらしこみ」――重なる墨色の濃淡のむらむらや、耳、右足の肩、尻の部分などに白く輪郭を塗り残した「彫り塗り」の技法が、

『牛図』よりももっと気軽に使われて功を奏しているからだろう。彫り塗りの白い線は、早春の日差しのもとの仔犬の肌の艶（つや）と丸い体内に宿る力の潑剌さとを、おのずからみごとに表現している。

それにしてもこの黒犬は、歩いてきた足をちょっと止め、仔犬には不釣合いなほどに大きく見える頭（人間の赤ん坊もそうだ）を垂れて、いったいなにをしているのか。大地に萌してきた春の匂いをくんくんと嗅いでいるのだ。好奇心と嬉しさで眼をまるくして、昨日までとは違う地べたの匂いをしきりに嗅いでいる。古典復興、やまと絵復興の時代を京都に生き、光悦とともにそれをリードした寛永の絵師俵屋宗達は、仔犬についてそのような感覚までを察知し、日本人ならではのその早春のよろこびを淡い柔らかなこの水墨の画中に表現した。

俵屋宗達「仔犬図」

春と言い、早春と言うのは、縦長の画面の真中よりわずかに上に犬を描き、下三分の一をこえる紙面に、六、七本ほどの春の野草が薄墨のシルエットで描きこまれているからである。春の七草にも数え入れられていない蕨（わらび）三、四本と、薊（あざみ）かたんぽぽらしいのと、蓮華（れんげ）が二本ほどが、さらに淡い薄墨の地の上にひょろひょろと舞うようにして背を伸ばしている。幼い黒犬とこの柔らかな野の若草との取り合わせというのは、寛永京都の宗達にしかありえない発想であったろう。中国や朝鮮の古画にも、蕪村や若冲の仔犬の絵にもない、鄙の風味と雅びのユーモアとの共鳴である。

画中に蕨を描きこむのも、日本美術史上この宗達が初めてであったかもしれないが、そのとき彼は古今や新古今をこえて遠く万葉集のあの志貴皇子の春のよろこびの名歌を、かすかにも、無意識にも、心にひびかせていたにちがいない。

石ばしる垂水の上のさ蕨の萌え出づる春になりにけるかも　（巻八）

宗達の仔犬は、日本列島固有の早春のよろこびをその身にもその仕種にもいっぱいにあらわしていたのだ。だからこの一幅をことさらに禅の「趙州狗子」の公案の釈義のごとくに受けとるのは、宗達に対してあまりにも強苦しい野暮な解釈というべきだろう。

＊

俵屋宗達こそ往くとして可ならざるはなしの画人であった。

醍醐寺の『舞楽図屛風』の、あの金箔のリズムの上の九人の踊り手たちと、左上端の松、右下端の太鼓と幄舎(あくしゃ)——それぞれの動と静の間の驚くべく緊密な、そして秘かな幾何学的構成。これを見たら『ダンス』の画家マチスはどんな言葉で感嘆を洩らしたことだろう。

本阿弥光悦筆・宗達下絵の「古今集和歌巻(わかかん)」や「新古今集色紙帖」を見れば、詩歌と書と画の三重奏の洗練に息を呑んで、この世にこれ以上美しいものがあろうかとさえ思う。そして建仁寺の『風神雷神図』の金地屏風となれば、天も轟け地も動けとばかりに手足を躍らせる二神の勢いと表情の面白さには、四百年後のいまの私たちでさえ解放感と元気を貰う。『ゲルニカ』のピカソがこれを見たら、その筆先もしばしひるんだかもしれない。

これらの彩色の力作、秀作の間に、さらに『雲龍図』や『蓮池水禽図』、前にあげた『狗子図』『牛図』また『神農図』『牡丹図』などの墨絵の大小の名品が並ぶのだから、宗達の創造の力量たるやまさに底が知れない。それらのなかでも、十年近く前の東京国立近代美術館の「大琳派展——継承と変奏」ではじめて見て驚き、感嘆したのが『枝豆図』という一幅であった。先に、黒い犬ころの足もとに早春の蕨が描きこまれていることに喜んだ私であったが、こちらは左右に枝と葉を伸ばしてひょろひょ

俵屋宗達「枝豆図」

ろと立つ枝豆が一本と、左隅に豆と葉だけを見せるもう一本、ただそれだけ。

世界美術史上で、畑に生えた枝豆を一本と三分の一ほど描いて、ただそれだけで完全なタブローを一点仕上げた画家というのは、この宗達の前にも後にも他にいたろうか。しかもこの一幅は神韻縹渺とでも言う以外にないような、すがすがしさに溢れている。

三十枚ほどに省略された楕円の葉は、みな薄墨に濃淡をつけた上に随所にたらしこみも施されている。もう丸く実りかけた豆の房だけが、茎ぞいの枝のつけ根に黒っぽく、やや重たげにぶらさがっている。

その豆の黒っぽい影と半透明の葉の群れのゆるやかなひろがりが、豆畑の半ば上空に明るい月がかかって、あたりにすずしい光を漂わせていることを示唆する。これも、「風神雷神」の画家宗達が、一方で日本列島の初秋の「もののあはれ」をとらえつくしたこの上なく瀟洒な一幅であった。

「琳派展」図録の解説によると、旧蔵者の画家安田靫彦(ゆきひこ)はこの絵をことのほか愛して、月見の宵にこれを床の間に掛け、これの箱書に「月見豆」と題していたという。さすが靫彦先生というべきか。日本の月の光の美しさ、すずしさは、一、二本の枝豆のすがたによってこそ、ここにあらわれている。

†久隅守景「夕顔棚納涼図屛風」

私はひとつの冗談としてこんなことを言うことがある。

成田空港や大阪国際空港の入国審査場の壁に、もちろん複製でいいから大きな久隅守景の屛風絵「夕顔棚納涼図」を掲げておくのだ。そしてそれを眺めて讃嘆の声をあげた人、さらにはほっとした表情を見せた人は、たとえ入国査証の必要な国から来た人でも、ヴィザなしでパスさせようではないか。それほどに守景の屛風絵はするどく美しく日本人の心身の奥に宿る感性と心情をあらわしつくしており、これに共感する人はみな日本人と見なしてもよかろう、と。

この「夕顔棚納涼図」ほど日本人好みのしっとりとした清涼感と安らぎを、あるいはつい昨日までの日本人が抱いていたつつましくも幸福な、つつましいゆえに幸福な生活への願いを、よくあらわしている絵は、たしかに他にめったにないのではなかろうか。

近年はこの絵の題名から「夕顔棚」を消して、ただ「納涼図」と呼ぶことが多くなった。「納涼（夕涼み）」というのは夏の季題なのに、それに配して夕顔の花ではなくてその丸い実、さらに画面左上には白い満月という秋の景物が描きこまれて、画中に季節のずれが生じてしまうからだという。

だがいかにも清貧と呼ぶのがふさわしそうな農夫一家に配されているのは、『源氏物語』に通

久隅守景「夕顔棚納涼図屏風」(東京国立博物館蔵)

じるあの白い幽艶な夕顔の花ではなく、同じ夕顔でも別種の瓢(ふくべ)(匏)の実のなる棚である。細い竹竿数本に支えられたその棚には、掌状の葉が墨の濃淡も軽やかに茂る中から、すでに六、七個の丸い実がぶら下っている。まさに晩夏初秋の頃合いだ。もうすぐこの実の中は紐状に削りとって干して干瓢(かんぴょう)にし、外側もよく干して炭入れなどにされる。しかもこの夕顔棚は、網代(あじろ)編みの戸とその中の小窓だけが見える小さな住まいの藁(わら)屋根の上にまで延びている。むしろ棚下の方が家の中よりも広そうで、風通しのいいくつろぎの間となっている。

小石なども散らばるらしいその棚の下の地べたには、二畳分か三畳分はありそうな大き目の藁筵(むしろ)が敷かれている。その上に寝そべり、坐って、暑かった今日一日の労働の後に涼をとる核家族の一家三人。三人とも行水を使い、簡素な夕食も終えた後なのか。中年に近い父親は褌も透いて見えるような薄い藍染めの襦袢をはおって筵の真中に横になり、両足の先を妻の向う側に伸ばしている。だがけっしてしどけない姿ではない。むしろ、少々物思わしげな伏し眼で、下あごを指の長い手で支えている。若い母親は一番最後に盥の湯を使ったのか、黒い濡れ髪を裸の背に長く垂らし、腋の下には乳房のふくらみさえわずかに見せて、下は腰巻一つ。遠くを見る細い眼と朱い小さな唇が愛らしい。

総じてこの夫婦は片田舎のただの百姓というには気品がありすぎる。父親の尻のあたりにちょこなんと坐る五、六歳の男の子さえ、片肌脱いで、もう甘え顔ではない。なんらかの理由で武士の身分を離れてここに隠れ住む一家なのか。あるいは将軍家お抱え絵師の総帥狩野探幽の一番弟子の一人として活躍していたのが、娘と息子の不行跡のために江戸を去って加賀金沢のあたりをさまよわねばならなかった画人久隅守景自身の境遇と、志高いままのその心情が、おのずからここににじみ出たのでもあったろうか。

もともと稲作の盛んであった「瑞穂(みずほ)の国」日本では、平安・鎌倉の昔から農村での労働の情景はよく絵に描かれてきた。はじめは法然や一遍のような高僧の一代絵巻や、寺社の縁起絵巻、あるいは月次絵や四季名所図などのなかに、主人公の遍歴上の実景としてやまと絵画風で描かれることが多かった。だが室町期に入って中国から宋代の「耕織図」とか「四季耕作図」と呼ばれる農民男女の農作風俗画が、画題として実作品として伝えられると、とくに農作を基本産業とする徳川日本では、これが画壇での主流の一画題とさえなっていった。

久隅守景は、安土桃山時代の狩野派の先駆者たちから探幽とその一門、あるいは雲谷派や岩佐又兵衛、英一蝶、さらに円山四条派にいたる多くの画派画人たちの間にあっても、とくに数多くのすぐれた四季耕作の屏風絵を残した元禄期の重要な作家の一人だったのである。

それは同時代同時期の都市図の流行と軌を一にして、ともに「徳川の平和」のなかでの日本民衆の勤勉ぶりとその労働のよろこびを伝える作品群であったが、また他方では民衆生活の日常をよく知らぬ武士支配層のための「鑑戒図」(鑑と戒めとすべき労働の苦労を教える絵図)となったともいわれる。

この四季耕作図の系譜は浮世絵にはあまり受けつがれることなく、むしろ明治になって、フランスのバルビゾン派とのつながりをもつ工部美術学校のイタリア人教師アントニオ・フォンタネージを介して、J・F・ミレーやテオドール・ルソー風の浅井忠の農民・農家・農村風景の油彩画や水彩画につながった。さらに大正期には、これが一種の農本主義に転じて、牛久沼の小川芋銭やヨーロッパ帰りの清水登之、会津の酒井三良、近江の野口謙蔵、秋田の福田豊四郎らの田園讃歌に継承されていった、というのが私のいまの見立てであり、鳥瞰図である。

ところがこの系譜の見立てのなかで、久隅守景の「夕顔棚納涼図屏風」だけは、その系譜から派生したものにはちがいないにしても、四季耕作図とはまるで趣きが異なる。四季耕作図の画中にも、和風にせよ唐流にせよ、もちろん農民たちの釣や鳥追いやらの遊びの景や、住まいの軒下や水辺での休息の景はいくつもある。それらが四季耕作の画面をやわらげ、楽しくもさせている。だが守景の作は、それらの農村風俗の実景とは違って、また「鑑戒図」としての意味などからはまったく離れて、もっと親身（しんみ）な共感力と思想性とをもっている。

いつもこの作が本歌取りしたとされる豊臣家ゆかりの武家歌人木下長嘯子（ちょうしょうし）の一首、「夕顔のさける軒ばの下すゞみ男はてゝれ（襦袢）女（め）はふたの物（腰巻）」と情景はよく似ていても、品格がまるで違う。右の歌は、文字どおりこれを本歌とした他の幾つかの絵と同じく、農民たちの気楽な下着姿に興じているだけなのに対し、守景の絵ははるかに親密に田舎暮しの礼讃、「徳川の平和」の下に生きる農民の一家族の安息と平安の深さを今日に伝えているのではなかろうか。つつましい暮しがゆえのその安らぎと幸福を、これほど直接にいまに伝える絵はたしかに他にめったにない。

その安らぎの肌ざわりをさらにもよく私たちに伝えるのが、左側にさしのぼった大きな初秋の月の白い光だ。昼の蒸し暑さの名ごりである夕靄が月の下半分を隠している。だがその靄はやがて消えてひんやりとした夕闇の涼しさがあたりに満ちるのだろう。私自身、昔、両親や妹たちと共に覚えたその夕涼みの皮膚感覚の快さまでをいまに思い出す。筵の下にときどき感じた石ころの痛さや土の湿りの思い出とともに。

久隅守景のこの屛風絵は、単に農村生活礼讃という以上に、徳川日本の生活の根もとにあった「足るを知り、分に安んず」（知足安分）の智恵を二十一世紀の私たちに再び教えてくれる傑作とこそ称すべきなのかもしれない（ただ一つこの画について私が怪訝に思うのは、画中に蚊遣りの煙が一筋も見えないことだ）。

†一匹の犀の東奔西走

タイムマシンつきの宇宙船に乗って、思い切り飛び立ってみよう。

飛んでゆく先は、一気に時代をさかのぼって十六世紀初頭のインドのマラバール海岸である。ポルトガル王マヌエル一世の命によってヴァスコ・ダ・ガマがインド航路を発見（一四九八年五月）してから十数年、インド副王アフォンソ・デ・アルブケルケ（Affonso de Albuquerque, 1453–1515）はゴアの島に猛攻をしかけ、回教徒全市民を殺戮して占領し、これをインド洋におけるポルトガル覇権の根拠地としていた（一五一〇年）。

やがて近隣のヒンズー王国も回教王国もそれぞれの利害からポルトガルと友好を求めてくるようになったが、そのなかで回教国カンベイのムザファール王は親善のしるしにと、アルブケルケを介してマヌエル王に一匹のインド犀を贈ったのである。まるで装甲車のようなこの異形の怪獣が、開かれたばかりの喜望峰、ヴェルデ岬の航路を半年ないし十カ月かけて運ばれて、リスボンの港に上陸したのは一五一五年五月二十日だったそうである。

リスボンでは、多分中国パンダ一号の東京到着以上の、大センセーションであった。このガンダ君（サンスクリットの「犀」がそのまま愛称となった）は、ヨーロッパの土を踏んだ史上最初の実物の犀であり、なによりもキリスト教世界とポルトガルとの、回教世界に対する「勝利」の生けるしるしだったからである。プリニウス以来の説で、犀と象が闘うと犀が象の腹を角で突き破って勝つ、というのがあり、リスボンの闘技場でその実験が行われてガンダがあっけなく不戦勝を収めると、彼はこんどはマヌエル王からローマの法王に献上されることとなった。そしてその途上、ジェノヴァの湾で船が難破し、あわれガンダは乗組員全員とともに水死してしまう。

話はこれで終りか。いや、話はこれからである。ガンダがローマにむけて出港するころ、リスボンのある印刷業者がこの大評判の動物のことをドイツのニュルンベルクの同業者のところに手紙で教えてやり、そのとき同市の無名画家による写生をも同封した。そしてニュルンベルクのその友人（デューラーの養父だったらしい）の家でたまたまこの手紙と絵とを見せてもらったのが、ほかならぬ、同市出身の大画家アルブレヒト・デューラー（Albrecht Dürer, 1471–1528）であった。

デューラーは絵に生き、絵で呼吸する人、それにこのとき眼にしたのはもっともエキゾチックな怪異な巨獣の図。彼はすぐさまこれを写しとり、手紙の説明の一部をもついでに写しとった。この素描を同年のうちにデューラー自身木版におこしたものが、今日私たちもよく画集でみかける、"1515 Rhinocerus"の文字とＡＤの商標（モノグラム）、および説明文入りの犀の図だった。

リスボンの無名画家の画稿がいまは失われてしまった以上、デューラーがどれくらいその原図に即しているのか、離れているのか、わからない。しかし、彼自身もインドから来た怪獣という先入観、驚異の念はぬけきれなかったのではなかろうか。頭部から喉にかけて魚のえらのように重なる襞、『騎士と死と悪魔』の騎士の甲冑そのままといった感じの、金属製のような外皮の各部分等々、この獣のおどろおどろしさが誇張されている。素描ではまだ目だたぬ頸の上の第二の角（？）が、木版の方になるとすでにかなり大きく突出してきていることも、実物を見ていないデューラー自身の想像の作用を示しているのではないだろうか。

だが、いずれにしても、カンベイ国からはるばる渡来した頑太（ガンダ）は、ジェノヴァ沖に死してデューラーの絵を残したわけである。しかもデューラーの絵となったため、以後三百年近くヨーロッパの博物書中に生きつづけ、ついにはまた再びインド洋を渡って十八世紀末の日本にまで登場することとなるのだ。

デューラーの犀はまずさっそく、スイス・チューリヒの大博物学者コンラート・ゲスナー（Konrad Gesner, 1516–65）の『動物誌』（一五五八）に大型木版で再録され、それによって一段と信憑性と普及度を高めた。多分そのゲスナーから、フランスの外科医アンブロワズ・パレ（Ambroise Paré, ca. 1510–90）の『一角獣論』（一五八〇）に「甲冑に身を鎧った犀の図」として出て、二番目の角はいよいよ大きくなり、機関銃を突きだした戦車のごとき猛獣となる。そして、間にもほかにさまざまあったのだろうが、ついにあのヤン・ヨンストン（Jan Jonston, 1603–75）の大著『動物図譜』（一六五三）に、こんどは一ページ大の銅版画となって登場する。
ガンダが寛文三年（一六六三、ヨンストンの蘭訳版刊行後三年）に来日したのは、まさにこのヨンストンの書物によってであった。この書物は四代将軍家綱のときに蘭館長ヘンドリク・インディクによって幕府に献上され、そのまま半世紀は江戸城内の文庫に眠りつづけるのだが、享保元年（一七一六）殖産興業策をひっさげた八代吉宗の登場とともに、以後、この書がドドネウスの『紅毛本草』とならんで、日本の「博物学の世紀」にどんなに刺戟的な役割を演じつづけることとなるか、それはもう繰り返すまでもないだろう。

野呂元丈、青木昆陽……。そして平賀源内は「家財夜具まで売払」って、明和五年（一七六八）、ついにこのヨンストンを購入した。源内はこの書の挿画を眺め、自分の未来の日本博物誌を夢みるだけだったが、彼の友人の南蘋派の画家宋紫石（楠本雪溪）は、さっそく源内に見せてもらって、そのなかから獅子、驢馬、羊、駱駝等、十三種の動物を模写して木版にし、自分の画帖『古今画藪』（明和七年〔一七七〇〕）に収めている。この画帖は、獅子のしっぽを狐の房毛の尾にしてしまうという大ミスを古今に残しもしたが……。獅子はとくに人気があったようで、小田野直武や司馬江漢も、それぞれこのヨンストンによって描いている（ヨンストンが自著で依拠したのはルーベンス〔一五五七―一六四〇〕の大作「ライオンの洞窟における預言者ダニエル」〔一六一五頃〕）。

これによってはじめて日本人は、唐獅子ではないライオンの姿を知ることとなったのだが、つ

宋紫石『古今画藪』の獅子（早稲田大学図書館蔵）

いにあのデューラー原図の犀も写されて、水魔除けのお守りや解毒剤の犀角（さいかく）、ないし烏犀角（うさいかく）ではない、犀の全像をおそらくはじめて日本人に教えることとなる。

　絹地に着色で克明に犀を描いたのは、写山楼谷文晁（宝暦十三年〔一七六三〕―天保十一年〔一八四〇〕）だった。文晁二十八歳の寛政二年（一七九〇）の作（40×64㎝）である。文晁はどこでヨンストンの図譜を見たのかはよくわからない。平賀源内は獄死してすでになく、源内旧蔵のあの「日本一書」が誰かの手に渡っていて、それを見たのだろうか。文晁は父の代から田安家の臣として、時の老中松平定信の特別の庇護を受

デューラー　犀（メルボルン国立ヴィクトリア美術館蔵）

ヨンストン『動物図譜』の犀（天理大学付属図書館蔵）

谷文晁　犀図

けていたから、その手づるから江戸城内の書の閲覧の機会を得たのだろうか。いずれにしても、文晁は犀の顔の醜怪な皺から四肢のうろこや胴の丸味や、さらに両耳に生えた毛の一本一本にいたるまで、小心なほどに忠実にヨンストンの挿図を、つまりデューラーを筆で模写した。

だが、もう一度仔細に見直すと、顔や頸部のあの肉のひだは、まさに皺といった感じで、まるでふろしきをまきつけたかのよう。さらに、犀は奇蹄類のはずなのにここでは偶蹄類に退化して、まさに江戸にふさわしい駒下駄ばきのすがたとなってしまった。背中の第二の角だけがいよいよ太く大きく突き立っている。眼につきやすい特徴は、そのものが伝播する距離に比例して誇大化されてゆくという、文化の移動にともなう辺境化の現象をこの絹地の上に読みとるのは容易だろう。

しかし、おそらく一番傑作なのは、その犀の四肢や胴のうろこと見える斑点のことだ。これは実は、あのカンベイのガンダが、インドから輸送されるとき狭い船倉に長いこと閉じこめられていたためにできた皮膚病の病症なのだそうだ。その腫れ物の描写が、ポルトガルの無名画家からデューラーに伝わり、デューラーを経てあらゆる博物誌に犀の不可欠の特性として伝播し、航路をもう一度逆にたどったあげくに、ついに極東江戸の谷文晁の画中にまで出現することとなったのである。……

ニーチェはある英訳仏典から学んで、アフォリズム集『曙光』(一八八一)の一句に「われはさまよう、ただひとり犀のごとくに」(So wandle ich einsam wie das Rhinozeros.)と言った。だが

「犀」もまたたしかにさまよったのであった。あの皮膚病をつけたまま東から西に、そしてふたたび東に、長い三百年の歴史をよぎって……。

†ルソーと平賀源内の「朝鮮人参」

ジャン＝ジャック・ルソー作『孤独な散歩者の夢想』（一七七八、刊行は一七八二年）の、あるフランス語版には、附録としてベルナルダン・ド・サン＝ピエル（Bernardin de Saint-Pierre, 1737–1814）によるルソーの思い出が載せられている。『J・J・ルソーの生涯と著作』からの抜萃だそうである（岩波文庫版、今野一雄訳『孤独な散歩者の夢想』にも訳出されている）。私は数年前、これを読んでいて一つ「おや」と思ったことがあった。

ベルナルダン・ド・サン＝ピエルといえば、いまはあまり読まれなくなったようだが、誰でもその名は知っている『ポールとヴィルジニー』（*Paul et Virginie*, 1787）の作者だ。それはインド洋上のフランス島（現・モーリシャス島）を舞台とした甘美な悲恋小説で、大著『自然の研究』（一七八四）とともに、当時のヨーロッパの博物趣味、異国趣味、また感傷癖に訴えて、一ぺんにベルナルダンの名を高からしめた一傑作だった。ベルナルダンは実際に一七六八年から七〇年末まで約二年半、フランス島で暮したことがあり、その経験を作品の素材にしたのである。当時、同島は対英植民地抗争の上からもにわかに重要視され、彼が「技術将校」としてそこに派遣される前の年、管轄がフランス東インド会社から王政府に移されたばかりだった。ベルナルダンは一七七一年、ようやくパリに舞いもどったが、依然としてまったく無名の貧乏書生だった。友人の紹介でルソーを知ったのは、その翌年の六月であったという。

友人に連れられて訪ねたルソーの住まいは、パリのプラトリエール街の五階にあるつつましいアパートだった。種々の植物の鉢や標本がおいてあり、天井から吊した鳥籠には一羽の鶸(ひわ)がさえずっていた。数日後、こんどはルソーがベルナルダンの家に答礼に来た。フランス島みやげの植物を見せたりわけてやったりして、帰り道を送ってゆくと、チュイルリーを抜けたあたりでどこからかコーヒーの匂いがしてきた。するとルソーは「贅沢なもので私が好きなものといえばアイスクリームとコーヒーぐらいなものです」と語ったという。これを聞いてベルナルダンは翌日さっそく、フランス島の隣りのブルボン島（現・レユニオン島）から大箱に一つ持ち帰っていたコーヒー豆を一袋、「異国植物の種の見本」としてルソー宅にとどけさせた。

ルソーから最初はまともな鄭重な礼状が来た。ところがその翌日、こんどはまるで調子が違って、「知り合いになったばかりのあなたからこんな贈物を貰ったのでは、私たちは普通の交際ができなくなる。コーヒーを引きとるか、以後会わないことにするか、どちらかにして下された し」とのルソー風の癇癖をむきだしにした手紙が来た。――この思いがけないいざこざは、結局ベルナルダンがルソーから二つの贈物を貰うことにして解決し、仲直りした。その二つというのが、魚類に関する一冊の本と「朝鮮人参の根一本」だったのである。

私がこの回想を読んで「おや」と思い、ちょっと嬉しくなったのは、この“une racine de ginseng”の箇所であった。おや、やはりルソーは同時代の日本の物産学者たち、平賀源内やその師田村元雄と同好同志の人だったではないか。この「博物学の世紀」において、彼らは東西に相離れて相互にはもちろんなんの知るよしもなかったが、「朝鮮人参」という細いながら確かな絆で実はつながっていたことが、面白く、また嬉しく思われたのである。

源内らが当時の高級薬種朝鮮人参の国産化に懸命の努力を傾け、多大の貢献をしたことはよく知られている。田村元雄は二十代のころから将軍吉宗の命で朝鮮人参の種を授かり、それを神田や本所やまた日光で試植しては、『人参耕作記』をはじめ何冊もの人参研究の本を書いていた。すでに随所で述べたように、人参博士といってもいいすぐれた物産学者で、最後には幕府直営の製参館の領事となった。源内も師の意をよく体して、朝鮮人参を朝鮮半島からの輸入のみに頼らず、より安くより広く民衆の手にとどくようにするために国産化することに工夫を重ねていた。彼の『物類品隲』には附録として懇切な人参栽培法が図入りでそえられている。

日本側はそのようにはっきりしているとして、それならばルソーがベルナルダン・ド・サン゠ピエルに贈った朝鮮人参一本とは、一体どこから由来したものだったろうか。李氏朝鮮から日本や中国に輸出されたものが、長崎からオランダ船で、あるいは広東からイギリス船でヨーロッパにもたらされたのだったろうか。ディドロ&ダランベール編の『百科全書』（一七五一―八〇）には、「朝鮮人参」（ginseng）についてジョークール（Louis Chevalier de Jaucourt, 1704–79）による四ページの詳しい記事があるが、それによればヨーロッパにはじめて朝鮮人参が伝えられたのは一六一〇年、オランダ東インド会社の船が日本からもち帰ったものであったという。その後、シャム（現・タイ）の使節がルイ十四世に贈った品物のなかにもこれがあって、フランスでも知られるようになった。十八世紀半ばすぎのヨーロッパでは、オランダ船によって中国から輸入されるものが、その消費の大半をまかなっている、というのがジョークールの説だった。

だが、ルソーのころになれば、その手にあったのはカナダ産の朝鮮人参であったことも大いにありうるのではないだろうか。これについても上記のジョークールの項目は触れているが、当時仏領であったカナダの森林地帯で朝鮮人参が発見されたのは一七一二年、イロコイ族への布教に従事していたボルドー出身のイエズス会士ジョゼフ・ラフィトー（Joseph François Lafitau, 1681–1746）によってであった。ラフィトー師はカナダのイロコイ族の民俗調査で名を残した学者でもあったが、同会派ジャルトゥー師の中国布教報告書によって朝鮮人参の形態と薬効とを知り、それをカナダで探したのである。この高価な薬草の発見はカナダにたちまち一種の「ジンセン・ブーム」を捲きおこした。各地からケベックに集荷され、一七二〇年代、三〇年代からは早くもフランス東インド会社の商船によってもっぱら中国の広東に輸出されるようになった。ジョークールの記事によれば、それは、この記事の書かれた一七五七年までにすでに三〇〇〇ないし四〇〇〇ポンドの量にのぼっていたという。

ginsengというフランス語がアカデミー・フランセーズによって公認されたのは一七六二年。

その翌年には七年戦争の結果、パリ条約によってカナダはイギリス領となってしまうが、それでも依然カナダ人参はヨーロッパにも入ってきていたと思われる。ルソーがフランス領ブルボン島のコーヒーの返礼に新しい友人に贈ったのは、その中の一本だったのではないだろうか。多分、そうだろうと私は思う。

そうと推測すれば、ルソーと日本の同時代博物学者たちとの因縁は、さらに深まることにもなるかもしれない。というのも、広東に輸入されたカナダ人参は、日本での朝鮮人参の品不足と高価に目をつけた清商たちによって、一七四七年（延享四）以来、こんどは広東人参と称して長崎に輸入されていたからである。それが普及するにつれて、ジョークールが『百科全書』で触れるのと同じような議論が日本でも起こった。つまり、カナダ＝広東人参は本来の朝鮮人参と同等の効能をもつかとの議論である。その結果、日本では疑わしいとの説が勝って、一七六三年（宝暦十三）には広東人参の輸入、取り扱い禁止の幕命が出るのだが、そこには田村元雄、平賀源内らによる国産朝鮮人参の生産を保護するとの考えも働いていたかもしれない。

この禁令は、その後広東人参の正体が明らかになり、品質が朝鮮原産にそう劣らぬものと判定されて、一七八八年（天明八）に解かれるが、いずれにせよこの薬用人参をめぐる国際的経済・文化関係の東西両端に、たまたま同じころルソーと源内が立ち、ひそかな因縁を結んでいたということが、私にはたいへん面白く思われたのである。そういえばルソーが博物学者リンネの「熱狂的な弟子」を自称した植物マニアであったのはよく知られていることだが、そのリンネの直弟子ツュンベリーがはるばるウプサラから来日したとき（一七七五年）、江戸で彼に入門して、最新の西洋自然科学を学んだのが源内の盟友、中川淳庵や桂川甫周だった。

十八世紀の日本も西洋も、このような共時性の因縁をたどってみるとき、それぞれにこれまでの解釈とは異なる意外に新鮮で親しげな顔をまた見せはじめるのではなかろうか。それが私のいう「比較文化史」の功徳の一つである。

†平賀源内「西洋婦人図」とその妹たち

明治日本の生んだ秀才の一人に藤岡作太郎（一八七〇—一九一〇）という国文学者がいた。東京帝大文学部の助教授をし、『国文学全史 平安朝篇』『鎌倉室町時代文学史』など、今なお読まれる斬新な通史の書を著わす一方で、これまた生彩に富む名著『近世絵画史』（金港堂、明治三十六年）を私たちに残してくれた。

これは「狩野全盛」の章から説きおこして「横流下向」「旧風革新」と進んで、琳派、英一蝶、浮世絵、大雅、蕪村などを論じ、最近人気の曾我蕭白や伊藤若冲にも触れる。そのあと「諸派角逐」の章では北斎一派、司馬江漢などについてもかなり詳しく語るが、その前段で、平賀源内『西洋婦人図』をめぐって短いが実に鋭利な評の一節を書いている。日本美術史上おそらく最初の源内への言及であろう。

余嘗て一古画（大阪鹿田静七氏蔵）を見る。麁布に油絵具を以て西洋婦人を画く。蓋し泰西の画を模せしものなるべしといへども、なほ邦人の手法にして、しかも習熟の技にあらず、落款を施して源内といふ。簡古稚拙、その婦人の容貌に敢為の風あるなどは、おのづから鳩渓の性を表はせるが如し。（原著三二六頁）

簡潔だが、歯切れのいい文によるみごとな把握だ。現在でもこの源内作についてこれ以上言うことはないほどだ。源内は明和七年（一七七〇）十月、幕閣の要人田沼意次から「阿蘭陀翻訳御用」の名義と若干の援助を得て二度目の長崎留学をし、安永元年（一七七二）秋まで二年ほど滞在する。藤岡作太郎もすでに推定しているが、その間に彼はオランダ通詞の家でこわれたエレキテル（静電気発生装置）を見つけてそれを貰い受けたり、油彩の西洋婦人肖像を見せられて俄か勉強の油絵具でそれを写してもみたのだろう。

たしかに「簡古稚拙」――女性の洋服の襟もそのフリルもまるで紙のように薄っぺらで、赤い玉の首飾りも貧弱だ。だがその頭部はすでになかなかの出来ではないか。ロココ風に高く盛り上げた頭髪は黒の油彩に漆も交えたかと思われるほど艶を帯び、ところどころそれをナイフで削って光らせ、青い玉のヘアバンドも輝いている。それになんといっても、大きく見ひらいて目頭に赤い血管を見せ、目尻には数本のまつげを添えた両眼の視線の強さ、長い太い眉から鼻につなが

平賀源内「西洋婦人図」(神戸市立博物館蔵)

「西洋男女図」(神戸市立博物館蔵)

る凛とした線と、しっかり結んだ紅い唇――それらはまさに藤岡作太郎の言うとおり、この婦人の「敢為の風」（敢えて為すの気性の強さ）をよく表しているではないか。「敢為の精神」とは西洋研究の後輩福沢諭吉の愛用の言葉でもあったし、この気風が強く表出されているがゆえに、「源内」の二文字の落款しか証拠はなくても、この油絵は、「おのづから鳩渓（源内）の性を表はせるが如し」と藤岡は結論した。これは、明治の自由人たる史家ならではのみごとな鑑定と称すべきであろう。

この絵とそっくりの髪型、顔立ちをし、同様の服を着た（ただしフリルの下に十字架の飾りを下げ、顔を逆向きにした）西洋婦人像の長崎絵がある。女の左側に抜け目のなさそうなにやけた男が大きながま口を手にしている点は大違いだが、制作年は源内とほぼ同じか少し後と推定されている。署名はローマ字で**Gaseo**とあり、古賀十二郎『長崎絵画全史』（昭和十九年）はこれを「雅章」と読んでいるが、この名の絵師は十八世紀末の長崎では見当たらないそうだ。それでも源内と「雅章」には共通の蘭画が手本としてあったことの証しにはなる。

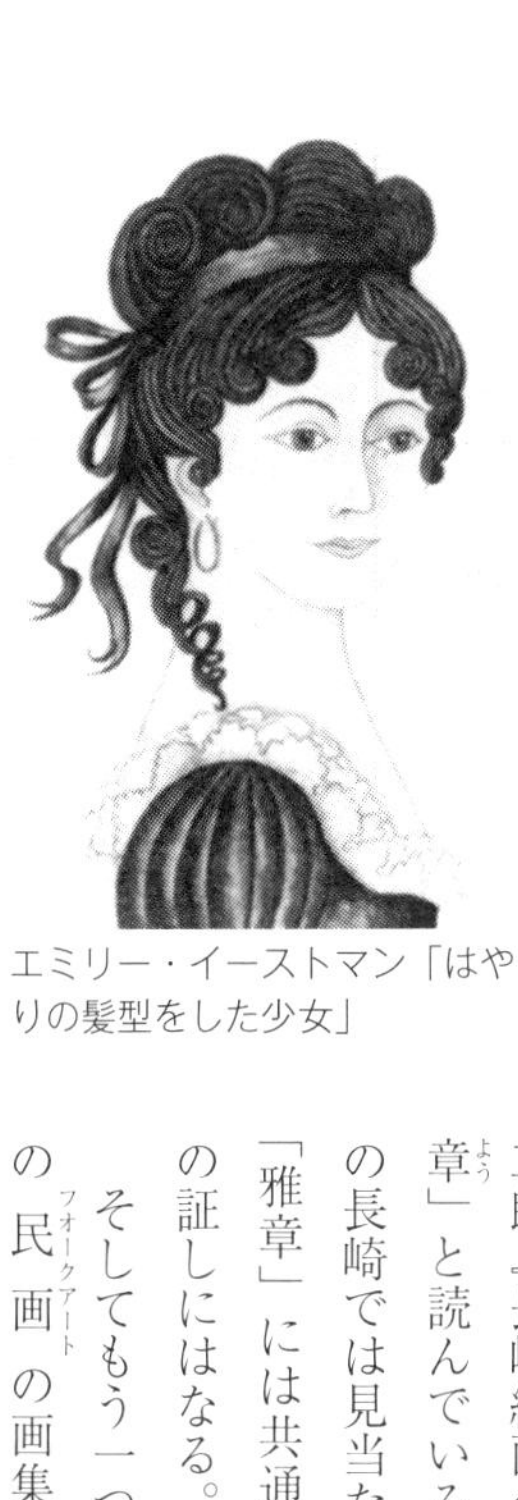
エミリー・イーストマン「はやりの髪型をした少女」

そしてもう一つ、私は三十年ほど前、アメリカの民画の画集の中で源内作「敢為」の婦人の妹か従妹に当たるべき少女の像を見つけた。エミリー・イーストマン（Emily Eastman）という女性旅絵師の水彩画「はやりの髪型をした少女」（*Young Girl with Stylish Coiffure*, 35.5×23.5cm London, N. H. Collection of Mr. and Mrs. Peter H. Tillou.）で、一八二〇年代の一点である。

髪型もその捲き毛、リボンも、洋服の形もフリルも、そしてなによりも「敢為の風」を秘めたその嬋娟たる顔立ちが源内作の西洋婦人にそっくりである。源内作より約五十年後にニューハンプシャー州のルードン（Loudon）という町で制作され、いまはティルー氏夫妻のコレクションに入っているという。つまり、源内、「雅章」、エミリーの女たちの、共通の母というよりは祖母ないし伯母にも当たるべきロココ風婦人像がその「本場」十八世紀フランスかイギリスの貴婦人像のなかにあったに違いない。それが額縁入りの小型複製あるいはメゾチント版の版画となって、一つは大西洋を越えてアメリカ東岸、もう一つはインド洋を渡って長崎、という二つの「辺境」にたどりついたのではなかろうか。爾来私はアメリカやフランスの美術館で彼女らの祖母ないし伯母に当たるべき婦人像を探しつづけてきた。だが、いまだにこれぞという祖型にはたどりついていない。

†江戸の花咲男——源内をめぐる比較放屁論

子供のころ祖父母の家で正月といえば、かならずいろはがるたを取った。おおぜいの従兄弟たちと一緒に夢中になったものだ。そのなかで私がいつもとることにきまっていた一枚が、「屁をひって尻すぼめ」だった。読み手をつとめる祖母が大声で「へを……」と読みだすや否や、もうとっていた。

　子供にその意味などまだわからなかったが、「屁」がかるたに登場することが面白かったし、さらに絵札が気に入っていた。どんないろはがるたでも多分同じような図柄だろうと思うが、腹ばいになった大の男が着物の裾をまくってお尻をかかげ、ふんどしの間から一発を放っている絵だった。子供ごころにも、なんとなく汚らしくはあるが愉快な絵であった。祖母は羽仁もと子の『婦人之友』の熱心な読者で、「友の会」会員だったから、あのかるたも「友の会」発行のものだったのかもしれないが、それでも「へ」の札はやはりこの「屁をひって」以外にありえなかったのだろう。子供のころから、こういう非ピューリタンな教育をほどこす日本のかるたの伝統は、なかなか立派なものだといえる。

「放屁論」挿絵

　だいたい、男の子は、一時期、おならなどの生理現象に非常な興味を示すのが正常である。小津安二郎監督の名篇『お早よう』（昭和三十四年）は巧みにそこを突いていて愉快であり、爽快だ。小学生の兄弟二人が、近所の同級生たちと、軽石を粉にして舐めるとよくおならが出るという説を信じて、放屁くらべをする。互いに額のあたりを指で突くと、ほとんど機械的に「プッ」と出る。うまく出ないと、負け犬になってしまう。そのため軽石を食べすぎておなかをこわす男の子もいた。一昔前の男の子同士の世界の妙な気まじめさとおかしみ、純真と滑稽に、初老のおやじの朝ごとの挨拶がわりの数発のとぼけた味も加わって、これは日本放屁文化史上に見落とせない名画一篇となった。

ところで、いろはがるたの「屁をひって」の絵の源流かとも思われるような挿絵を入れた上に、『お早よう』の少年たちの原型ともいえるような男を題材とした文学作品が一つある。平賀源内（享保十三〈一七二八〉―安永八〈七九〉）四十六歳の年の戯作「放屁論」（安永三年七月）と、その三年後の「放屁論後篇」（安永六年五月）とである。

そもそも日本の文学で放屁を主題とした作品はいつごろから登場してくるのか。私はまだよく調べていないし、日本放屁文学史という研究もさすがにまだ存在しないようだ。岩波版「日本古典文学大系」の『風来山人集』につけられた編者中村幸彦氏の註によると、源内から遠くないところで、宝暦七年（一七五七）に大坂で『薫響集』という、その名も美しい一書が出版されており、平賀源内もこれを見て、数カ所にその表現を借りたりしているらしい。だが、放屁を論じて颯爽たる文の面白さ、「屁理窟」によるその論の展開の源内ばりの痛快さからいって、この源内作はやはり近世・近代日本における当該分野第一の作と称してよいのであろう。「沈香（じんこう）も焚（た）かず屁もひらず」の無為平凡とはおよそ反対なのが、風来山人源内の生涯であり、仕事ぶりであったが、まさにそのような彼だからこそものしえた一珍篇なのである。

『風来六部集』前編上の巻（安永九年）に収められたこの「放屁論」の冒頭に、前掲の一ページ大の木版挿絵が入っている。「今にはじめぬお江戸の繁栄、其品（そのしな）数へ尽（つくし）がたき中に、さいつ頃より両国橋の辺（ほと）りに、放屁男（へっぴりをとこ）出でたりとて、評儀とり〴〵町々の風説（ふうぜつ）なり」と「放屁論」文頭にいう、その「昔話花咲（はなさき）男」（あるいは「霧降（きりぶり）花咲男」）の見世物小屋の入口の絵である。誰の筆になるのかは不明だが、なかなか雅致のある菱川（師宣）風の風俗小景といえる。

　よしず張りの小屋に大きな幟（のぼり）が立っていて、挿画の中には「なさ起（き）男」までが読める。その屋根上の看板いっぱいに描かれているのが、例の恰好で「屁もつたてたる」男のすがたである。そのむきだしの尻のうしろに、彼が放（ひ）りわけるさまざまの「曲屁（きょくべ）」の四種類ほどが、薄墨のくまどりで、いまでいう「吹きだし」のなかに描きこまれている。まさにいろはがるたの絵の原型だ。この吹きだしの描きかたが「夢を画（えが）く筆意に似たれば、此沙汰（さた）しらぬ田舎者の、若来（もしき）掛（かか）りて見るならば、尻から夢を見るとや疑（うたが）はん」というのが、絵心もある源内のコメントである。そして小屋の前には、いま出てきたばかりで大げさに評判するらしい男たち、鉢巻きで客を呼ぶ男、看板を見上げながらたむろする僧俗男女が、床几のまわりにみなそれぞれの表情でにぎやかなこと。まさに天下泰平のもと、源内のいう「お江戸の繁栄」の、そのまた中心たる両国広小路の典型的一光景である。
「曲屁福平」とも呼ばれたこの放屁男の見世物（？）は、実際に安永三年四月から両国広小路で興行され、大いに人気を呼んだものだった。四年後には大坂でも興行されたという。源内はみずからこれを見物して、すかさずその観察と解釈をこの一文に仕立てたのである。宝暦十三年（一七六三）六月の女形荻野八重桐の隅田川溺死事件をとりあげて、同年十一月にはたちまち世相諷刺の処女戯作『根南志具佐』を刊行したのと同じ、源内のジャーナリスティックな感覚による離れわざであった。

源内とともに、ちょっとだけでも小屋のなかをのぞいてみよう。

……木戸をはいれば、上に紅白の水引ひき渡し彼放屁漢は、囃方と供に小高き所に座す。その為人中肉にして色白く、三ケ月形の撥鬢奴、縹の単に緋縮緬の襦半、口上爽にして憎気なく、囃に合はせ先最初が目出度三番叟屁、「トツハヒヨロ〳〵ヒツ〳〵〳〵」と拍子よく、次が鶏東天紅を「ブ、ブウーブウ」と撒分、其跡が水車、「ブウ〳〵〳〵」と放りながら己が体を車返り、左ながら車の水勢に迫り、汲ではうつす風情あり。

まことに陽気でのんきで、臭味はなさすぎるほどなく、これぞ天下泰平の楽の音ともいおうか。
源内自身も書いているように、歌舞伎、大相撲、義太夫節はいうまでもなく、さまざまの機関から子供狂言、身ぶり声色、辻談義と、あらゆる芸事の興行が大流行しはじめ、武士僧侶商人から出稼ぎの男女までがそれらを見、聞き、真似するのに夢中になったのが田沼時代の江戸であった。だがそのなかでも、犬の吠え声、両国の花火の響き、あらゆる流行の音曲から、注文に応じて忠臣蔵や源内作の浄瑠璃「神霊矢口渡」まで放りわけたというこの花咲男の曲屁こそ、芸の「究極」に達したものであったかもしれない。そしてそれが話者＝源内自身の感想でもあったようだ。彼は帰り路、仲間とあれは屁ひり薬か、なにか仕掛けかを使っている、いや使っていないで議論したあげく、次のような絶讃調で結論を下すのである。

此放屁男計は咄には有りといへども覩見る事は、我が日本、神武天皇元年より、此年安永三年に至つて二千四百三十六年の星霜を経るといへども、旧記にも見えず、いひ伝にもなし。我日本のみならず、唐土・朝鮮をはじめ、天竺・阿蘭陀諸の国々にもあるまじ。於戯思ひ付きたり。能放たり。

たかが放屁の曲芸に神武天皇からオランダまでを引き合いに出して、古今東西にない独創と感嘆するところが、この戯文の戯文たるゆえんであることはいうまでもない。ところがこの讃辞に対して、田舎侍石部金吉郎が顔色を変え、近年万事金もうけにのみ走る世の中が苦々しいところに、人前で「とりはずせば」武士は切腹、女も自害というほど恥ずべき屁を大道端で見世物にするとは言語道断、無躾千万と激昂するにおよんで話者の放屁礼讃はさらに数段高踏的になり、輪をかけて雄弁になってゆく。この問答のやりとり、そして屁理窟というギヤを次々に入れて速度を上げてゆく文章のはこび、さらにはその行文のなかからいよいよはっきりと浮かび上がってきて曲屁福平と重なってゆく、『風流志道軒伝』（宝暦十三年〔一七六三〕）以来の作者源内の地声・地顔——それがこの十八世紀の戯作小品の特徴であることは明らかだろう。
「空より出でて空に消、肥にさへならざれば、微塵用に立つことな」き屁というものを、前人未踏の一藝に仕立ててみせた、花咲男の敢為独創の精神そのものを、作者は称揚してやまないのであり、そこが東西古今のただ臭いだけの放屁文学の滑稽と「放屁論」とのちがいなのである。つまり——

　然るに此屁ひり男は、自身の工夫計にて、師匠なければ口伝もなし。物いはぬ尻、分るまじき屁にて、開合・呼吸の拍子を覚、五音十二律自備り、其品々を撒分る事、下手浄瑠璃の口よりも、尻の気取（＝性格）が抜群よし。奇とやいはん妙とやいはん。誠に屁道開基の祖師也。

と礼讃しつつ笑わせたところで、文はたちまち学者、文人、医者、藝道師匠への、例の源内節の揶揄毒舌へと転じてゆく。

但し音曲のみに限らず、近年の下手糞ども、学者は唐の反古に縛られ、詩文章を好む人は、韓・柳・盛唐の鉋屑を拾ひ集て柱と心得、哥人は居ながら飯粒が足の裏にひばり付き、医者は古法家・後世家と、陰弁慶の議論はすれども、治する病も癒し得ず、流行風の皆殺し。誹諧の宗匠顔は、芭蕉・其角が涎を舐、茶人の人柄風流めくも、利休・宗旦が糞を嘗る。其余諸藝皆衰へ、己が工夫才覚なければ、古人のしふるしたる事さへも、古人の足本へもとゞかざるは、心を用ゐざるが故なり。しかるに此放屁漢、今迄用ゐぬ臀を以て、古人も撒ぬ曲屁をひり出し、一天下に名を顕す。

ここまで来ればもうほとんど我田引水、やがて三年後の「放屁論後編」に「其大勢の人間の、しらざる事を拵んと、産を破り禄を捨、工夫を凝らし金銀を費し、工出せるもの此ゑれきてるのみにあらず。是まで倭産になき産物を見出せるも亦少からず」と自負し、「いらざる工夫に金銀を、費す故に銭内なり」と自嘲する貧家銭内先生の風貌が、すでにここに彷彿としている。そして最後に、少し昂ぶりすぎたこの「工夫才覚のすすめ」、「学問のすすめ」の議論を徐々にもとの滑稽にもどしつつ、こう結ぶ。

心を用ゐて修行すれば、屁さへも猶かくのごとし。吁、済世に志す人、或は諸藝を学ぶ人、一心に務れば、天下に鳴ん事、屁よりも亦甚し。我は彼屁の音を貸りて、自暴自棄・未熟・不出精の人々の、睡を寤さん為なりと、いふも又理屈臭し。予が論屁のごとしといはゞいへ、我も亦屁ともおもはず。

これも源内流に一気呵成に書きあげた文章にちがいなく、その勢いに満ちながら、またなかなかうまいものではなかろうか。誰の文章に似ているかといえば、その回転の速さといい、諧謔、皮肉、誇張、虚談の連発ぶりといい、そこをつらぬく自己主張と志の強さといい、『学問のすゝめ』の福沢諭吉であり、『吾輩は猫である』の夏目漱石である、というのが年来の私の説である。これが「放屁論後編」となれば自己主張と自己韜晦とは、門人平秩東作の評していう「憤激と自棄ないまぜ」の語調をともなっていっそう強くなり、その「自序」を除けば、「放屁」とはなんの関係もない風来山人戯作自伝ともいうべきものに転じてゆく。

放屁の文学というには、これは放屁男をだしにした諸藝諸学発明の論に傾きすぎて、あるべき臭気が乏しすぎるであろうか。もちろん臭気がないわけではない。「放屁論」の跋には「その音に三ン等あり。ブツと鳴もの上品にして其形円く、ブウと鳴るもの中品にして其形飯櫃形なり。スーとすかすもの下品にて細長くして少しひらたし」と、日本少年なら誰でも知っている分類法に近い、しかもその形態まで定義した、うがった一節もある。そして右に言った「放屁論後編・自序」は全文「へ」や「ひる」や「くさ」の語呂合わせと駄洒落で埋められ、古今集の名歌一首のパロディも挿入されていた。

霞立春の山屁(辺)は遠けれどふく春風は花の香ぞする

だが、この程度では十四世紀のチョーサー『カンタベリ物語』の、「粉屋の話」や「刑事の話」の猛烈な臭気にも、十六世紀のラブレー『パンタグリュエル物語』の豪快な発放音にも、ちょっと匹敵しえない。十八世紀江戸の物産学者の放屁論が知的に洗練された「論」になりすぎて、生理臭が稀薄なのはたしかであり、やむをえぬことのようだ。他方、『アイヌ民譚集』(知里真志保編訳、岩波文庫)の「パナンペ放屁譚」にはじまる数々のおなら話は、日本本土や朝鮮、中国のさまざまの民話とも共通して、まことに大らかで、間ぬけてとぼけてほのぼのとして、心からの笑いを誘う。これも源内の曲屁福平論とまるっきり異質なものであることは、いうまでもない。屁ひとつにもその国、その民族、その文化、その時代の差異はあるようで、比較放屁論への興味はいよいよそそられるが、それならば源内にもっとも近いはずのところではどうだろうか。

大田南畝(四方赤良)は明和四年(一七六七)満十八歳で戯作者風来山人に師事した早熟の秀才だったが、彼の「放屁百首歌」は師の戯文と同じ題でも、どうもひたすら生理的臭(醜)悪に淫したきらいがある。

七へ八へへをこき井出(いで)の山吹のみのひとつだに出ぬぞきよけれ
今朝みればいつしかよべをひりおきていとどねぐさき床夏(とこなつ)の花
しづが屋のかやりをふすべこく時はぶつとなくか(蚊・香)のよりもつかれず

（『萬載狂歌集』天明三年）

狂歌師の偽悪と自己憐憫の趣味がよく出ているところが取り柄だが、放屁を論じても闊達で鼻っ柱の強かった浪人学者源内と、江戸っ子才人との格のちがい、姿勢のちがいもよくわかる。これに対し俳人一茶の「屁くらべが又始まるぞ冬籠」は、農村の民話や、画家小川芋銭の「於那羅合戦下絵」（大正十年）につらなる、都会派とは別の素朴おなら派の系譜のものだ。そしてジャン・ジュネの戯曲『屛風』（一九六一）の、兵士たちが戦死者に手むけるパセティックなおなら、安岡章太郎『放屁抄』（昭和五十四年）の、さまざまのペーソスに富んだおならの回想と、放屁文学の流れをたどってゆけば、それは現代に入ってかえって奥ゆきと人間臭さとを増してきているようにさえ見える。そのなかで源内の作に一番近いのは、サルヴァドール・ダリ編（？）のトロンペット伯爵著『放屁術、あるいは腹黒砲兵操典』と称するペダンチックな一奇書かもしれないが（『天才の日記』一九六四）*、これとの屁較(ひかく)文学は後日の楽しみとすることにしよう。

＊　このダリの **Comte de Trompette** の話は、ポケット版で私も持っていたはずだ。今回もう少し屁較文学を展開しようと書庫中を探してみたが、残念ながら見つからない。ここではただトロンペット

（らっぱ）も、その単語の中のpet（名詞）もpéter（動詞）もみな「おなら」のこと、ないしその縁語であることを念のため書きそえておこう。

†与謝蕪村「富嶽列松図」

一様にやや左に傾いて、まるで蘇鉄かサボテンのように硬く強い幹と葉を誇示する松林。その高く低くうねる列松の踊りの、ちょうど身をかがめたあたりの彼方に、天までとどく高さで大きく幅広くずっしりと坐る、全山雪におおわれた純白の富士山。

背後の空は、薄く胡粉を施した上を一面に薄墨で塗って、富士の大きさと白さとをひときわ鮮やかに浮かび上らせる。この淡墨の空は真青に澄んだ晩秋初冬の空なのか。それとももうるおいをおびて晴れた早春の空なのか。いずれとも決めかねるが、画面右端の上空には薄い雲のような白地が残されて漂い、一四〇cmに近い横長の画面の左側約四分の一の松の列は、にわかに襲ってきたらしい霧雨か時雨のなかに白っぽく溶暗してゆこうとしている。するとやはりこれは、晩秋というより、雪の深さから見ても、初冬の「独坐大雄峯」ともいうべき富嶽の壮麗さなのであろう。

十八世紀初めの俳人上島鬼貫（うえじまおにつら）の作に――

にょつぽりと秋の空なる不尽（ふじ）の山

と俗語を使った面白い一句がある。その句を想い起させもするが、蕪村の描いた富士はさすがにもっと気品が高い。それに「によつぽり」では秋空に浮かび出た富士の輪郭線が鮮明にすぎる。「富嶽列松図」では、富士の山頂から左右の稜線にそって、山容の胡粉の白と空の薄墨とがにじみあって、雪のやわらかさと雄大な山のもつ優しさをそれともなく伝えている。キリマンジャロともエヴェレストとも違うこの霊峯に対して、日本人が古来抱いてきた敬愛の念、まるでマドンナに対するような思慕の念を、この絵はやはりたっぷりと表現しているのだろう。

前景の列松と遠景の富嶽のみを描いて中景を排した構図は、そのまま俳人蕪村の夏の句の傑作、

不二ひとつうづみのこして若葉哉

に通じる。故意に「不二」と書きながら、さらに「ひと

與謝蕪村「富嶽列松図」（木村定三コレクション、愛知県立美術館蔵）

つ」とつけ加えて、あの大山を包囲してさらにも高く押しあげようとする若葉の青くみずみずしい勢いをみごとに把えた。それと同じ発想が蕪村晩年のこの画中にはあって、両手をひろげて踊るような列松の力強さが、不動の白雪の富士を讃え上げ、画面左手に向かって変る天空の気象と相まって、この横長の画面に思いがけぬダイナミズムを与えている。

二〇一三年秋、静岡県立美術館では「世界遺産登録記念・富士山の絵画展」というのを催した。これを担当したもっとも若い学藝員の一人福士雄也君の大手柄であった。狩野探幽から横山大観にいたる八十点の名作、大作、珍品、奇品のなかでも、「蕪村」とのみ落款のあるこの「富嶽列松図」は断然輝き、いまなお人々の眼を驚かせたのである。

†オランダから飛んできた小さな鳥

小田野直武（おだのなおたけ）の「不忍池図（しのばずのいけず）」は、何べん見ても心が吸いこまれるような静かないい絵だ。
直武は秋田藩角館の武士。安永二年（一七七三）、二十四歳の年の年末に、秋田領内の鉱山検分の仕事で知りあった平賀源内のあとを追って、はじめて江戸に出た。翌年夏にはもう、源内の盟友、杉田玄白に頼まれて、『解体新書』のあの精密な「附図」一冊を描きあげ、これが刊行される。

直武は以後約五年、江戸に暮らす間に、身辺からの蘭学知識の刺激のもとに、たちまち洋風画へとその画才を伸ばした。「不忍池図」はその間に完成された傑作である。手前に大きく、花鳥画様式に洋風の陰影をつけて描きこまれた芍薬の鉢と立ち木。遠景には弁天島の影を浮かべた静かな池の水と、薄青いひろびろとした空。直武青年の、西洋的なるものへの鋭い感応、学習の力と、精神の謹直さとが、いまもそのまま画中から伝わってくる。

ところで、この絵をよく見ると、画中左手の本郷台地の上空には、烏か鳶のような鳥が三羽ほど、逆さハの字に翼をひろげて舞っている。これが、もの静かな青空に一種の生気をよびおこしていることはたしかだ。

だが、ふと思う。中国や日本の、直武以前の絵画のなかにこのような上空の小さな鳥影を描いた作は、少なくとも私には一つも思いあたらない。もちろん鶴だの鷺だの、雀、烏、燕、雁、鴛鴦のたぐいは、水墨画にも障壁画にもいわゆる花鳥画にも、繰り返し好んで描かれてきた。だがそれらの鳥は、けっして空高く飛んではいない。みな木にとまっていたり、水辺に遊んだりし

小田野直武「不忍池図」（秋田県立美術館蔵）

ピーテル・ブリューゲル（父）「絞首台上のカササギ」（ダルムシュタット・ヘッセン州立博物館蔵）

ている。

このことに気がついて、あらためて直武の他の作品を見てゆくと、どこでも鳥は空に舞っている。直武のパトロンとなった秋田藩主佐竹曙山の絵でも同じだ。それなら、直武に洋風画の手ほどきを受けたという司馬江漢ではどうか。はたして、彼の銅版画や油絵の空にも、鳥はきまって逆さハの字、逆さへの字で飛んでいた。これらはかならずや、直武らの見たオランダ銅版画から学びとったものにちがいない。秋田蘭画になってはじめて西洋から東洋の空に渡ってきた鳥たちなのだ。

いそいで十七世紀オランダの風景画家たち——レンブラントやロイスダール、ホッベマの画集を開いてみる。いる、いる。彼らの空にも直武そっくりの鳥が何羽も群れて舞っている。さかのぼれば、たしか、十六世紀フランドルのピーテル・ブリューゲル（父）の空にもいたはずだ。名作「絞首台の上のカササギ」を見ると、その上空の木の間に、やはり鳥たちは同じく点々と飛び交っていた。

東西約二百年の時空のへだたりをおいて、十六、七世紀のフランドルの風景画と十八世紀日本の秋田の蘭画とはこうして明らかにつながる。念のため角館出身の日本画家・平福百穂（ひゃくすい）の大著『日本洋画曙光』（昭和五年）を開いてみた。すると、挿画に直武遺品というオランダ銅版画の港湾風景画が掲載されており、その空にはたしかに、小さな鳥が空を舞っていたのである。

†渡辺崋山「翎毛虫魚冊」——末期の筆

題名の「翎毛」とは羽のある鳥類のこと。鳥類の何点かの彩色写生に虫類魚類の写生も加えて描きつづけるうちに、手もとにとどけられる野菜や果物を描いたものもふえて、必ずしも分類の整わない画帖二冊となった。「虫魚冊」冒頭の蛾とイナゴの写生一葉の「戊戌四月七日」（天保九年（一八三八））の年紀から始まって、翌天保十年はいわゆる蛮社の獄で渡辺崋山は入牢のため一点の写生もなく、天保十一年（一八四〇）一月、死刑を免れて渥美半島の自藩田原城下に蟄居を命ぜられてから再開、翌天保十二年（一八四一）辛丑の八月二十二日の年紀を最後としている。

つまり熱心な海防思想家でもあった渡辺崋山は、天保年間の中期から、高野長英、小関三英らシーボルト門下の蘭学の秀才たち、また幕臣江川太郎左衛門（英龍）、川路聖謨ら幕府内の開明派とともに西洋事情研究の結社「尚歯会」をつくり、その盟主となっていたが、この活動がもっとも活発になっていた時期と「翎毛虫魚」写生の端緒は重なる。すなわち天保九年（一八三八）から十年にかけて、崋山は「西洋事情御答書」「慎機論」など、当時としては激越な幕政批判の文章をつぎつぎに書いて、まさに「徳川の平和」が終焉に近づいていることを予告していた。

そのことで、反洋学派からの讒訴に遭い、江戸伝馬町に入獄、そして二年近くの田原蟄居の後に、天保十二年（一八四一）十月十一日夜、彼は家族を残して自刃する。その自刃の二カ月前が

「翎毛虫魚冊」における最後の年紀記入の日となっている。崋山最晩年のもっとも危機的な心情を映しだして、しかももっとも美しい絵画作品が、この「翎毛虫魚冊」であった。

昭和五十四年（一九七九）、宇都宮市の栃木県立美術館で「写山楼谷文晁」展が催された。私はその図録に一文を寄せた縁で同館を訪ねたとき、はじめて崋山のこの「翎毛虫魚冊」を手にとって見た。崋山は十代後半のまだ若いとき、この江戸の文晁に師事していたことがあるので、門人の一人の作として出品されていたのである。

私は当時同館の学藝員だった上野憲示氏が貸してくれた白手袋をはめて、画帖を開いていった。そして感嘆した。なんと美しい、なんと心を打つ素描集なのだろう、これがあればもうセザンヌの水彩もクレーの小品も私にはいらない、とまで。

かつて昆虫少年であった私としては、とくにトンボやバッタの図のみごとさに心を奪われた。コシアキトンボやシヲカラトンボは半透明の四枚の翅（はね）をぴんと張って、翅のつけねの少し濃い色合いも尖端の黒い斑点もまるで天然そのままである。今にも六本の脚と水色や黄色の帯をしたスマートな胴に力を入れて、さっとどこかに飛び立ってしまいそうだった。捕まえるのが難しいこれらのトンボがついに捕虫網の中に入ってバサバサと騒ぐときの快感が、たちまち私の指先によみがえった。頭を少し低く構え、触角二本を鋭く立てた、跳躍直前のクルマバッタの脚の並びの面白さ、とくに二つに折った後脚の長さ、太さ、力強さには眼を見はる。秋に入って脚を二、三本失ったキリギリスはあわれだし、身をもたげて羽をひろげかけたカマキリは猛々しい。蟄居先からすぐ近い海の魚は誰かがとどけてくれたのか、サバもキスもその群青や薄紅の膚がまことに新鮮で美しい。

元禄の頃から日本では数え切れぬほどの彩色の動植物写生帖がつくられ、これが徳川文明を一段と豊かなものにしていた。崋山がこの博物学の系譜を意識していたことは、本画帖の随所に付せられた博物学的略記からも明らかだが、「翎毛虫魚冊」はその系譜の中でももっとも高貴で美しい作品といえるのではなかろうか。フランスの詩人大使ポール・クローデルは大正後半の日本勤務の間に日欧比較文化論を試みて、「小さな弱いものほど懸命にその生命の輝きを示す」と書き、「魂のうるほひ」をもつ日本の詩人・画人はまさにその生命のおののきを共感によって把えている、と語った（『朝日の中の黒鳥』一九二七）。「翎毛虫魚冊」は、これを本画に仕立てた同年の「虫魚帖」にもまして、まさに小さないのちが訴える「もののあはれ」を強く鋭く把えて、直写していたのである。その崋山末期（まつご）の筆力は、実は、この武人画家が「平和の島」の危機を誰よりもよく知り、みずからの命の終末をもすでに自覚し、覚悟していたから、いっそう鋭く強く働いたのではなかったろうか。

Ⅳ

12 「徳川の平和（パクス・トクガワーナ）」の詩人——與謝蕪村

私は三十代の半ばのころ、はじめて蕪村の句集や書簡集をゆっくりと読んだ。一九六五年秋から六七年秋までアメリカのプリンストン大学で東アジア研究プログラムの客員研究員として暮していたときである。安保反対騒動の名ごりがまだ強くて、駒場の外国語研究科の談話室で「こんどアメリカに行くことになった」と話すと、たちまち年上のドイツ語の助教授が「お前さんもアメ帝のヒモつきになるのか」などとからんでくるような時代であった。しかし若手のフランス語教師の一員が明治・徳川の日本文化史研究のためにアメリカに二年間も出向するのを平気で認めてくれた東大教養学部というのも、いまにして思えば、さすが教養主義の老舗、寛容ないい組織であったと感謝せねばならない。

私をプリンストンに招いてくれたのは、当時アメリカで盛んだった日本近代化研究の中核にいた一人、『日本人と孫逸仙』（一九五四）や『坂本龍馬と明治維新』（一九六一）などの名作の著者、マリウス・ジャンセン教授であった。同教授はプリンストンの学部卒論にヨーロッパ中世神学における時間の問題を扱うつもりだったのが、第二次大戦下に日本語将校に転向を求められ、戦後はそのままハーヴァードのライシャワー教授の指導の下に日本近世近代史研究の第一線に立つこととなった俊才である。その上に氏はもともとヤンセン氏だから、史家ホイジンガの全集をオランダ語で読み、私たち一家を自宅の夕食に招いてくれた後などは、いつも食堂の隅のピアノで楽しげにモーツァルトやショパンを弾いてくれるという典型的な教養人でもあった。

私は「アメ帝のヒモつき」などになるどころではなかった。ジャンセン教授の大学院の日本史演習に出て学生たちとつきあい、ときに他の名門大学を廻って日本語や英語で講演をし、あとはまったく自由に自分の研究を進めればよいという身分だった。プリンストン大学には大図書館の他に、ゲストライブラリーという東アジア関係文献の専門図書室があり、そこは毎夜十二時まで開いていた。自分の学生時代には国文科とも国史科とも縁のなかった私にとって、これはまさに未知の宝の山であった。

潁原(えばら)退蔵編『改訂増補蕪村全集』(京都更生閣、一九三三)という布装の分厚い一冊にめぐりあい、「おや、こんな本があったのか」と借り出してきたのも、このライブラリーでのことだった。佐藤春夫(シナリオ「春風馬堤図譜」)や萩原朔太郎(『郷愁の詩人 与謝蕪村』)、それに立原道造のエッセイなどによって、私も蕪村の作品に憧れをもちつづけてはいたが、その十八世紀日本の詩人にこんな立派な全集があったとはまさに嬉しい驚きだった。

この『蕪村全集』一冊をキャンパスのはずれのアパートに借りて帰って、自室の外に晩秋の空を仰ぎながら読みだしてみると、それからは郷愁の入りまじった恍惚の連続の日々だった。四季の俳諧はもちろんのことだが、とくにはじめて知る蕪村の書簡が身にも心にも沁みた。

たとえば、安永六年（一七七七）、與謝蕪村（享保元年〔一七一六〕―天明三年〔一七八三〕）六十二歳の年の春二月二十三日付けで、彼の病気のため少し遅れて出たその年の春興帖、「春風馬堤曲」や「澱河歌」を収めた『夜半楽』数冊を京伏見の門人あてに送ったとき、これに添えた手紙の冒頭の一節――

春もさむき春にて御座候。いかゞ御暮被成(なされ)候や。御(おん)ゆかしく奉存候。しかれば春興小冊漸(やうやく)出版に付、早速御めにかけ申候。……

プリンストンから帰国してしばらくして、はじめて蕪村について論文を書いたとき（「與謝蕪村の小さな世界」『講座比較文学3』東京大学出版会、一九七三）、私はさっそくこの数行を引いて、次のように評したことがあった。――

「なんでもない時候の挨拶のきまり文句のようにも見えながら、冒頭の短い三つの文の畳みかけのうちに、やはり蕪村ならではの練絹のように艶のある、こまやかで深い、相手への共感がこめられている。品のいい媚(こび)をふくんでいる、とさえいいたいほどのクールトワジーではなかろうか。ネルヴァルの手紙やリルケの手紙とは異なる、日本俳人独特の親密な語り口である」と。

いまでもこの印象は変らない。ただ、その後岩波文庫で出た大谷篤蔵、藤田真一校注の『蕪村書簡集』を見ると、同じ手紙の冒頭が「さてもさむき春にて御座候」と変えられている。これは複製本で調べてみても、両氏の校訂の方が正しいようだ。潁原先生が「さても」の「さて」のつづけ字を「春」と読んだらしい。だが私は最初に眼に飛びこんできた「春もさむき春」の繰り返しの優しさが気に入って、いまもこちらで暗誦している。

同じ書簡編のなかには、蕪村より三十三歳も年下の愛弟子、蕪村の住まいが当時、仏光寺烏丸西入ルだったとすれば、そこからもほど近い寺町四条上ルの糸物問屋の息子寺村百池にあてた手紙が何通かあって、その年代不詳の一つを読んで私は思わず微笑し、蕪村という詩人がさらにも慕わしく、なつかしく、羨ましくさえなった。

此ほとてうちん御恩借、早速御返可申候所、昨日は家内之者共連レ候て野外逍遥いたし、夜ニ入帰庵、延引御免可被下候。今日もけしからぬ快天、うつ〳〵と在宿ハ毒ニて候。花頂あたり夕桜御見物、御同心ニ候はゞ御同携可致候。御趣うけ給はりたく候。以上

夜半

百池様

この手紙も蕪村がいつもしていたように自宅の女中に寺町通の堺屋まで届けさせた一通であっ

たろう。その女中に弁当などを持たせて、蕪村一家は昨日一日、郊外にお花見に出かけて夜になってやっと帰宅した。そのため、先日お借りした提灯をお返しするのがこんなに遅くなってしまって申しわけない。と、出だしは殊勝だが、たちまち転調、気楽な若い愛弟子にむかって詩人はその遊び心をまる出しにしてゆく。昨日につづいて今日もまたたいそうなお日和、こんな日に家にくすぶっているのはからだに毒ですよ。夕方になったら東山の華頂山知恩院あたりに花見に出かけましょうよ、ご一緒しましょう。オーケイかどうか、この女中にお返事をあずけて下さい。バイバイ――と、もう浮き浮きした口調で誘いかける。

夜半亭先生からこんな風流への誘いの届け文を、自分も一度は受けとってみたかったとは、いまでも誰しも思うことではなかろうか。寺村百池はおやまた先生からのお誘いだと思っても、もちろんすぐさま「よろこんでお伴いたします」と返事をしたためたにちがいない。

私たちの脳裡には、花の香を濃く漂わせた東山のあたたかい春の夕闇のなかを、戯れごとを言いあい即興の句をつぶやきあったりしながら行く、たのしげな老若二人の師弟の姿がシルエットとなって浮かんでくる。前の「春もさむき春にて御座候」の手紙が、円熟した文明の肌理のこまやかさというものをよく伝えているとすれば、こちらの「夕桜御見物」への誘惑の手紙は、この十八世紀後半に徳川日本の列島を、ことに古都の洛中洛外を、濃密に満たしていた平和の触感というものを、私たちに直に感得させる文面、といえるだろう。

前日に蕪村一家が花を求めて「野外逍遥」をしたというのは、蕪村の句に言う

又平に逢ふや御室（おむろ）の花盛

ねぶたさの春は御室の花よりぞ

の御室仁和寺あたりに出かけたのであったろうか。もっと脚を伸ばして

嵯峨ひと日閑院様のさくら哉

花の香や嵯峨のともし火消（きゆ）る時

と、嵯峨野、嵐山の方まで一日かけて訪れたのであったろうか。そして——

草臥（くたびれ）てねにかへる花のあるじかな

となれば、翌朝は——

花を踏（ふみ）し草履も見えて朝寝哉

の始末となったのは、案外に本人たち夫婦と娘のことであったかもしれないではないか。

このように書簡から俳諧に、俳諧から絵画に、そしてまた俳諧へと、夜半亭蕪村の美しくもゆたかな世界を連想によって紡いでゆけばきりもない。そこに私たちの全感覚を促して立ちあらわれてくるのは、まさに天下泰平、「御静謐」「四海浪静か」と自称した徳川日本の平和の全容なのである。

プリンストンの宿舎で蕪村全集に読み耽りながら、私はまた一方で蕪村の盟友上田秋成の『雨月物語』や『春雨物語』また『胆大小心録』に感嘆し、絵師仲間の円山応挙や池大雅や伊藤若冲の画集をつぎつぎにゲストライブラリーで楽しんだ。そして同時代の江戸の浪人平賀源内の博学から戯作小説におよぶ才気煥発ぶりに打ち興じ、源内の盟友杉田玄白の『蘭学事始』を読み直し、源内の隣人鈴木春信の「吾妻錦絵」のロココ調ともいうべき「もののあはれ」ぶりに心を寄せた。佐竹曙山、小田野直武の秋田蘭画のことも調べはじめていた。

十八世紀後半、いわゆる田沼時代の日本のこれらの学問・藝術・思想の新しい動向をひっくるめて、私ははじめ「日本における近代的意識（modern mind）の発動」の時期と把えていて、その趣旨をジャンセン・セミナーやイェール大学のジョン・ホール教授のセミナーで発表することもした。しかし、やがて帰国後、とくに蕪村耽読の恩恵を享けて、「モダン・マインドの集団的発動」の意味をも含めたまま、この運動の全体を「徳川の平和」の下の文明の円熟のあらわれと見る方が、さらに豊かで面白いヴィジョンを描けると考えるようになった。

Pax Tokugawana（パクス・トクガワーナ）とは、古代ローマのパクス・ロマーナ（カエサルの後継で初代皇帝となったアウグストゥス〔BC六三―AD一四〕から五代にわたる平和安定の治世約二百年）とか、十九世紀英国のパクス・ブリタニカとかの呼称になぞらえて、徳川の幕藩制下に築きあげられ、維持され、享受された国内・対外両面の完全平和を指して、当時私が編みだした用語である。慶長八年（一六〇三）の徳川家康の江戸幕府開府から始めて、嘉永六年（一八五三）のペリー艦隊の来航による開国にいたるまでの、長い長い二百五十年間、日本列島は幕藩制という中央集権と地方分権の巧みな均衡によって政治的に安定し、鎖国という賢明な外交政策の保持によって対東アジア・対西洋の平和を守り、この基本制度の下に産業と経済は着実に発展して都市・農漁村の生活を豊かにし、宗教紛争も一切ないなかで学問と文藝と演劇と美術そして園藝にいたるまでが、津々浦々の民衆の間に意外なほどにゆたかに多彩に展開し普及したのである。「ローマの平和」「ブリテンの平和」に勝るとも劣らぬこの「徳川の平和」の長期安定と豊饒さは、この間に来航したケンペルからオールコックにいたるすべての外国人観察者が賞讃し、証言するところでもあった。

この平和列島に生まれた俳諧という文藝は、元禄の芭蕉から安永・天明の蕪村、そして化政度の一茶にいたるまで、民衆のための民衆による詩歌といってよいまさに「民主的」な文藝ジャンルだったが、なかでも蕪村の時代にこそ国内平和はそのピークに達し、彼の作品はその平和の気息をもっとも鋭敏にもっとも濃密に把えて表現する手段となっていたのである。

それゆえに、蕪村といえば誰もが知る――

春の海終日（ひねもす）のたり〳〵かな

の一句にしても、これをただ、いつ暮れるとも知れぬ春の一日を渚に寄せては返す紫の波のうねりの美しいのどかなひろがりよ、と宮城道雄の箏の一曲風の叙景とだけとっていては不足だろう。この海は昨日も一昨日も、そして今日一日もこうだった。おそらく明日も明後日も、さらには来年も再来年もこうなのだろう。あまりの「御静謐」、あまりに「四海浪静か」たることへの退屈さが、この一句の裏には詠みとられているのだ。

なんの変化も生じそうにないこの平和の列島に置き去りにされているとの物足りなさ、期待はずれの感覚は、さらに深まって――

高麗（こま）船のよらで過ゆく霞かな

菜の花や鯨もよらず海暮れぬ

の嘆息の句となり、さらに四方の海辺に寄せる白浪ばかりをこの列島の垣根としている心細さが初秋の宵空に走る稲妻の一瞬の閃光の下にあらわになると――

いな妻や浪もてゆ(結)へる秋津しま

と、超高空からのみごとな想像俯瞰の一句ともなる。

洗足(せんそく)の盥(たらひ)も漏りてゆく春や

行春や眼に合(あは)ぬめがね失ひぬ

などは、去りゆく春に重ねたきわめて特殊な喪失の感覚の発見であり、この喪失、倦怠、置き去り、行き詰りなどの消極性の感覚が、私の呼んで謂う「籠り居の詩人」の心のなかにさらに内面化されてゆくと――

ゆく春やおもたき琵琶の抱(だき)心

春の夕(ゆふべ)たえなむとする香をつぐ

うたゝ寝のさむれば春の日くれたり

遅き日のつもりて遠きむかしかな

路たえて香にせまり咲(さく)いばらかな

牡丹散(ちり)て打かさなりぬ二三片
うづみ火や我かくれ家(が)も雪の中
屋根ひくき宿うれしさよ冬ごもり

と、まるでヨーロッパ（十九）世紀末のアンニュイ（もの憂さ）の詩篇や一幕物の無言劇のような、深い「小さな世界」に沈潜してゆく。永い「平和」のなかにくるみこまれた徳川の詩人は早熟で、ヨーロッパの文人たちよりも一世紀早く、自己をもて余すこの倦怠感を知ってしまっていたようである。

ジャンセン教授もその論文の一つに指摘していた。十八世紀半ばをこえると、つまり蕪村や若冲や源内や春信の時代になると、関ヶ原の戦から百七十年、島原の乱からでも百四十年近く、日本列島にはもはや戦乱というものを知る人は誰もいなかった。戦(いくさ)はみな昔語り、伝説にすぎなくなっていた、と。日本列島の日常のどちらの方角を向いても、そこには物憂い平和の風景しかなかった。しかもこの一七七〇年代のあと、列島の平和はなお八十年は垂れ籠めてゆこうとしていたのである。京の俳人は籠り居のなかにいて、その「平和」の手ざわりの感覚を幾百篇ものみごとな俳諧や新体詩の傑作のうちに把え、江戸の発明家平賀源内は「憤激(じれ)と自棄(わざくれ)」によってその閉塞感を少しでも打ち破ろうとしていた。

蕪村はしかも、先輩芭蕉にも後輩一茶にもないことだが、

うづみ火や終(つひ)には煮(にゆ)る鍋のもの

との名句一句で、この徳川の平和の社会の本質を巧みに把えてみせていた。産業革命以前の徳川日本は、たしかに低生産・低成長の「埋み火」のようなゆるやかな弱火(とろび)の社会であったが、一方ではそれに釣り合った低消費、知足安分の文化の時代でもあった。夕べの宴の残りの具などを土鍋にしこんで、弱火の上にかけておいたら、忘れた頃になってうまそうな匂いの湯気をあげ味もよく滲みて煮えていた、という。これこそが、バーベキューなどの野蛮とは違う文明の味というものだ、と夜半亭の主人はつぶやいている気配だ。

江戸葛飾在住のプロレタリア詩人小林一茶（宝暦十三〔一七六三〕―文政十〔一八二七〕）が、文化元年（一八〇四）秋、遠く長崎にロシア艦隊来航の報を聞いて、

春風の国にあやかれおろしや船

と、「徳川の平和」の終焉の始まりを予感して、いま二十一世紀初頭の私たちの戦後七十年の「センソ・ハンタイ」のデモの御詠歌にも似た句を作り、一国平和主義の祈りをあげるのは、みやこの平和の詩人與謝蕪村が歿してからわずか二十年ほど後のことであった。

13　蕪村の青春哀歌——「北寿老仙をいたむ」

与謝蕪村の新体詩「北寿老仙をいたむ」は、いくたびこれを読み返しても、読み返すたびに、ここに吐露される詩情の真率さ、悲しみを訴える言葉の清新さに、心打たれずにはいられない。これを読めば、明治の北村透谷とか島崎藤村とかの新体詩は、なんと古臭くて、野暮ったいものかと、毎回あらためて思わずにはいられない。

北寿老仙とは、下総結城の町の酒造家で俳人であった早見晋我（寛文十一〔一六七一〕—延享二〔一七四五〕）のこと。結城地方の俳壇で重きをなした人であったという。青年蕪村が江戸の俳諧の師夜半亭早野宋阿（巴人）に先立たれて（寛保二年〔一七四二〕）、以後十年近くも結城、宇都宮などの俳諧の仲間をたよって北関東を流浪していたとき、この若者に目をかけてなにかと親しく世話してくれた寛厚の長者でもあった。

知りあって三年後の延享二年正月二十八日（一七四五）、このよき先達晋我が亡くなった。享年七十五。このとき蕪村（享保元〔一七一六〕—天明三〔一七八三〕）はまだようやく三十歳、俳諧でも絵画でもすでに才は見せていたが将来にはなんの確たる展望もない、不安に生きる一青年であった。

ところが、この青年詩人は「北寿老仙をいたむ」のなかで、冒頭から、四十五歳年長の長者のことを「君あしたに去(さり)ぬ」と「君」呼ばわりにする。「友ありき河をへだてゝ住(すみ)にき」と、対等の「友」あつかいにする。これは両人の現実の結城暮しでのかかわりから考えておかしいのではないか。江戸中期、十八世紀半ばの日本社会の常識にはふさわしくない呼びかけの言葉なのではないか。それに詩篇全体の意外に複雑な構成と、語彙の選択の洗練とを考え合わせれば、この全十八行の挽歌は、とうてい三十歳前後の詩壇初心者の作とは考えられない。

この作は早見晋我の長男桃彦(ももひこ)が、父の五十回忌に編んだ追善集『いそのはな』(寛政五年〔一七九三〕)にはじめて載せられて公になったものだが、実はもっと早く三十三回忌の折に生前の蕪村に作詩して貰ってあったのではないか。それがなんらかの都合で刊行されず、蕪村歿後から十年もたっての実現となったのでなかったか。

——以上のような「北寿老仙をいたむ」の蕪村晩年作の説は、いまは亡き俳諧学者尾形仂(つとむ)氏の立てた仮説であった(岩波文庫『蕪村俳句集』解説)。この抒情詩があまりにみごとに出来ているので、さすがの尾形先生も詩篇の成立、由来を説くのに当惑し、あれこれと迷ったあげくに、この晋我三十三回忌説を立てるにいたったのであったろう。しかも早見晋我歿後三十三回の忌年は、安永六年（一七七七）。蕪村はすでに六十二歳の老翁で、この年の春興帖『夜半楽』にはあの俳体詩の名品二篇、「春風馬堤曲」と「澱河歌（でんがか）」を一挙に発表していた。

つまり、尾形説によれば、「北寿老仙をいたむ」の――

君あしたに去（さり）ぬゆふべのこゝろ千々に
何ぞはるかなる

に始まるあの若々しい哀切清雅の調べは、「春風馬堤曲」の――

やぶ入や浪花を出（いで）て長柄（ながら）川
春風や堤長うして家遠し

と、同じ時期に、同じ声で唱われたのだというのである。互いに「痴情」をそそりあい、老俳諧師と「容姿嬋娟（せんけん）」の小娘とが、言葉のやりとりに円熟のわざを見せる。その景を描くのと同じ筆で、還暦をすぎてまもない老詩人が、初恋の人を失ったのかとも思われるような悲痛の訴えをあげていたことになる。

尾形説はさすがに上手に「北寿老仙をいたむ」の成立の様子に説明をつけてくれる。これはこれで受け入れてよいのではないかとも思わされる。しかしそれでも、この挽歌を読み返すたびに、私はやはり尾形説には疑いをもたざるをえなくなる。――「春風馬堤曲」「澱河歌」の前後から最晩年にいたる夜半亭蕪村の詩画創作のゆたかさ、奥ゆきの深さ、ひろさは、いうまでもない。だが、それでも、「北寿老仙をいたむ」は、この晩期の円熟の創作群のなかに入れるには、あまりにも若々しく、みずみずしく、ひたむきで一途(いちず)にすぎる。

しかもその悲傷を吐露する言葉のつらなりに渋滞はなく、花、鳥、岡、河、庵とつらなる映像の展開はすばやくて、手なみあざやかである。この詩法の巧みさは、「春風馬堤曲」の晩年の円熟を待たなければ得られないものではなく、むしろ暗中模索する青年詩人ならではの発見と冒険の成果であったとさえいえるのではなかろうか。

ほんの数連分だけでも、蕪村原作に立ちもどって、十八世紀日本詩史に、そしておそらく世界詩史にも稀有な、この青春哀歌の不思議を味わいなおしてみよう。

君あしたに去(さり)ぬゆふべのこゝろ千々に
何ぞはるかなる

なんとも唐突な詩句の始まりである。そしてこの唐突さが、「君」と呼ばれる相手の存在の大きさ、私の心を占める「君」の存在の大きさを如実に示して、まことに効果的である。哀悼の対象であるこの「君」は、「北寿老仙」という名前以外、この作中になんらの属性を示されず、ただ河の向こう側に住んでいた友人で、よく一緒にこの河の辺の岡を散歩したというようなことが察せられるのみ――それだけにこの「君」に寄せていた私の敬愛の念の大きさと、いま「君」を失った私の悲しみの深さは、作者の心身のすべてを占めるものであることがよく納得される。「君」が在ってこそ生きていた私の「こゝろ」は、今朝がた「君」が亡くなってからというもの、ただ千々に砕けて、夕暮れの空のかなたに「君」を追って遠くさまようばかり、だという。

この冒頭の二行がおのずから一連をなすのは明らかだが（次の二行との間に行間をあけてはいないが）、その二行が「ゆふべのこゝろ千々に／何ぞはるかなる」と、詩句の跨ぎをしているのはまたまことに巧みだ。この跨ぎによって、「何ぞはるか」にあるのは、今朝この世を去った「君」のたましいなのか、それとも「千々に」砕けたまま「君」を追いつづける私の「こゝろ」なのか、あるいは両者ともどもなのか、かえっていずれとも不明瞭になった。そして茫漠たる悲しみはいっそうひろく深くなった。

このようにして詩句の映像や言葉の意味の連鎖をたどろうというとき、意外に面白い示唆を与えてくれるのは、同じ日本語による註解よりも、その作品の外国語訳であることが多い。ことに欧米語訳では主述の関係や単数複数の区別をはっきりと示さなくてはならないからである。

いま「北寿老仙をいたむ」第一連の場合もそうで、私の手もとにある二つの英訳が役に立つ。蕪村俳諧の欧訳は、十九世紀末の英人バジル・ホール・チェンバレンや二十世紀初頭の仏人ポール＝ルイ・クーシューによるなかなかすぐれた選句と翻訳以来、いくつかのアンソロジーに見かける程度で、近年の欧米ハイカイ創作の流行とはかけ離れて、いささかさびしいものだった。そこに最近、二〇一三年になって、おそらくはじめての独立の英訳書『與謝蕪村句集』が出た。W・S・マーウィン氏というアメリカ詩人で、創作詩の他に東西の古典詩・近代詩の訳詩集をもたくさん出している人と、アメリカで田村隆一や谷川俊太郎また大岡信などの詩の翻訳に経歴を積んできたタカコ・レント氏と、二人の協力で仕上げられた二百五十頁ほどの美しい一冊本である（*Collected Haiku of Yosa Buson*, tr. by W. S. Merwin & Takako Lento, Copper Canyon Press, Port Townsend, Washington, 2013）。八百六十八句の俳諧の訳の後に、この本は嬉しいことに、また珍しいことに、「北寿老仙をいたむ」（In mourning for Hokuju, the Elder Hermit）、「春風馬堤曲」「澱河歌」の俳体詩三篇をも訳載している。そこでさっそく、早見晋我追悼の哀歌の第一連を参照してみると——

You
left this world in the morning
now that it is evening

why is my mind scattered
wandering far away

まずすぐに気がつくのは、「君あしたに去ぬ」の「君」が、冒頭第一行に“You”と、強く大きく孤立して提示されていることだ。これはたしかに、思い切って大胆な工夫で、しかも成功している。本論冒頭にすでに触れたように、いま若い詩人の心身のすべてをとらえているのは、「君」――不安な、崩れやすい自分を支えつづけてくれた寛容な先達、北寿老仙のおもかげだけだからである。その「君」が英語で“You”といわれれば、亡き人のすがたがいっそう親しく身近に迫ってくる。

そして肝心の「何ぞはるかなる」の主語はなにかの問題に戻ると、この新訳ではそれははっきりと「ゆふべのこゝろ」と呼ばれる私自身の心と解されている。

why is my mind scattered
wandering far away
なぜ私の心はちりぢりになって
遠くをさまよいつづけるのだろう

たしかにこの方が詩句の関連が明快になり、理解しやすくなっている。しかしそれでも、蕪村原句に戻れば、そこには依然「君」のおもかげこそが「何ぞはるか」にあるとの意味が、消えやらずに残っていると思われる。そのことが詩句の陰翳を深くする。――そう考えて探っていると、もう一つ、右のマーウィン、レント訳よりも二十年近く前に出た英訳アンソロジーには、「何ぞはるかなる」の主語を完全に「君」とした例が出ていた。

You left in the morning. Tonight my heart is
in a thousand pieces.
Why are you far away?

(Robert Hass, *The Essential Haiku*, The Ecco Press, 1994)

こちらはまたきわめて単純明快に、マーウィン訳とは逆に、「何ぞはるか」に在るのは「君」、と言い切ってしまった。そこにはなんのためらいもないらしい。しかし、そのかわりにともいうべきか、このロバート・ハス訳では、「君あしたに去りぬ」を、マーウィン訳のように「あなたは今朝この世を去った」の意にはとらない。"You left in the morning."「あなたは今朝お立ちになった」と、「君」が私のもとからいなくなったとだけ、軽やかに述べている。これはこれで十分に正当な解釈といえるのではなかろうか。「君」は死んでしまったのではない、どこかにしばし旅立たれただけなのだ、と思いたい気持が、あなたの死を信じたくない思いが、私のなかにはこのときまだ強く残っているからである。

このように、英訳二つだけでもかたわらにしてあらためて蕪村を読んでゆくと、詩の言葉の底に残されている心理のゆらめきが、つまり奥行きの深さが、一段とよく見えてくるような気がする。冒頭につづく各連についてももちろん同様である。第二、第三連に移るとたちまち溢れてくるのが、いかにも若者らしい詩人の、少年のように率直でひたすらな哀傷の言葉であり、それをハス訳もマーウィン訳もまさに文字どおり平明簡素に英語に転じている。

君をおもふて岡のべに行（ゆき）つ遊ぶ
をかのべ何ぞかくかなしき
蒲公（たんぽぽ）の黄に薺（なづな）のしろう咲（さき）たる
見る人ぞなき

Thinking of you I go to the hillside and wander.
The hillside-why is it so saddening?
Yellow of dandelions, the shepherd's purse blooming white.

There's no one to look at them.

(tr. Robert Hass)

You are on my mind
as I climb the hill and wander
why should the hill make me sad

You are no longer here
to see the dandelions open yellow
and the shepherd's purse white.

(tr. Merwin & Lento)

　これらの英訳で読んでみればなおさらのこと、まるで、明治末大正期の中学生、女学生の、文壇誌などに投稿された自由詩、といった風情ではないか。第二次大戦後の日本少年少女ならばもう恥しがって投稿もしないような、おどろくべき素直な感傷とその感傷の仕種がここに表現しつくされている。これが延享二年などという聞いたこともないような年号の年、一七四五年の頃に、利根の支流の岡のべの町、その結城の城下の町はずれで、藝術志望の一人の青年によって書かれていたということに、私たちはまるで歴史が逆流でもしはじめるかのように、いま驚嘆し、不思議がらなければならないのだろう。

だいたい、この詩全篇にわたって漢音読みの漢字はついに一字も使われていない。すべてやまと言葉で、やわらかに、ひたひたと、湧き出る哀傷の想いをうながし、それを汲んで語ってゆく。一人の少年が悲しみを抱えながら、独り遊んで独りごとをつづけてゆくかのような気配だ。二人の英訳者はこのあたりもよく心得て、言葉寡（すく）なに平明に訳出してゆく。

Thinking of you I go to the hillside and wander...

You are on my mind / as I climb the hill and wander...

とは、まるでこの私でもできそうな英作文ではないか。しかし、やはり、この単純さ、平明さに達するのが、原作においても訳詩においても難しいのではないだろうか。この田舎中学生的ともいうべき率直さ、素朴さに故意に立ち返ることによって、三十歳の詩人蕪村は、漢詩・和歌・俳諧のすべてのジャンルを当時支配していた中国・日本の古典の重圧、陳腐化した古典のヘドロの息苦しさから、脱出することができたのだろう。明治の正岡子規が「写生」によって実践しようとしたことを、十八世紀半ばの蕪村はすでに試行錯誤しはじめていたのである。

「君をおもふて岡のべに行つ遊ぶ」などと言うだけで、すでに「君」は、四十五歳も年長の老先輩のことではなくて、幾つか年上の男か女の友人、あるいは初恋の相手のようにさえ見えてきた。そしてこの「岡のべ」には、蕪村の生涯最愛の詩人となる陶淵明の「帰去来ノ辞」に出る「東（とう）

皐」、東側の岡の映像がすでに重なるのだが、それはここではわざとのように隠されている。

花いばら故郷の路に似たる哉　（安永三年四月）
愁ひつゝ岡にのぼれば花いばら　（同）
かの東皐にのぼれば

などの名句における岡と同じ心理的・夢想的価値をもつ岡の映像なのだが、ここでは「東皐」のような衒学的な難しさをなくした上に、二行目には「をかのべ何ぞかくかなしき」と平仮名にさえ書き換えて一段と平坦平明にしてしまった。

第三連に黄色いタンポポや白いナズナ（ペンペン草）の花が出てくるのも、この詩に漂う田園牧歌的詩趣をいっそう強める点で同じ効果をもつ。どちらも蕪村が晩年まで愛好した野の花なのだが、そのひなびて幼稚な色と姿こそが、一七四〇年代のこの新体詩のなかでは薔薇や牡丹やコクリコにもましてハイカラで似つかわしかった。岡のべに咲くこれらの花を見、おそらくその上に腰をおろして、少年＝詩人はもうただ一言、「見る人ぞなき」とつぶやいてうつむくのみである。

冒頭以来、連が進むと、「何ぞはるかなる」→「何ぞかくかなしき」、「岡のべに行つ」→「をかのべ何ぞ」、「見る人ぞなき」→「友ありき」、としだいにリフレインのような同調・同韻の繰返しも多くなる。そしてそれはさらに「友ありき河をへだて、住（すみ）にき」の全一行の繰返しや、「君あしたに去（さり）ぬゆふべのこゝろ千々に……」のパントウム型（pantoum）ともいうべき大きな反復にまで展開してゆく。しかもその新詩型の実験は成功して、三百年近い後世の今日にまで清新で深いひびきの余波を伝えている。

以下、ここでは各連一行一句にこだわってゆく余裕はない（全篇の読みの試みの論は拙著『與謝蕪村の小さな世界』〔中公文庫〕の一章にある）。私はプリンストン大学ではじめて「北寿老仙をいたむ」を読んだ五十年ほど前から、読み返すごとに考えていた。誰か日本の、あるいは海外の作曲家でも、この美しい十八世紀日本の近代的抒情詩を歌曲に作曲してはくれないだろうか、と。シューベルト、シューマン、ヴォルフらがゲーテやメーリケやハイネの詩を歌曲（Lied）として作曲してくれて、いまもなおあの調べは高く切なく私たちの耳もとに残る。デュパルク、フォーレ、ドビュッシーがボードレールやヴェルレーヌやアポリネールの詩を歌曲（mélodie）としてくれて、いまもあの歌手たちの声と伴奏のピアノは私たちの心に深く鳴りつづけている。同じように、誰かこの近代日本最初の近代的抒情詩を、シューマン風に、あるいはドビュッシー風に、切々として美しい歌曲として聞かせてはくれないか。そんなことを実験してくれそうな信時潔（のぶとききよし）、武満徹は亡くなって久しい。湯浅譲二は芭蕉の「奥の細道」の幾章かを弦楽曲に作曲したことがあったが、これは私には難解に過ぎた。蕪村詩にふさわしく平明（プレーン）に、しかし颯爽として清新に、古典詩の確かさと近代詩の親密さ（intimité）とを併せもって、「北寿老仙をいたむ」を二十一世紀の哀歌（エレジー）として再びひびかせてくれる人はいないものだろうか。

そう願いつづけていたとき、小さな新聞記事（中日新聞）によって、これが現実となることを知った。二〇一三年七月十二日夕刻六時より、名古屋の三井住友海上しらかわホールで、セントラル愛知交響楽団の第百二十八回定期演奏会として、斎藤一郎指揮の下に、林光作曲「北寿老仙をいたむ」が本邦初演されるというのであった。私はかなりの重病から回復して間もないときだったが、無理をしてでも聴きに行かないわけにはいかなかった。

パンフレットによると、この曲は林光氏（一九三一―二〇一二）が急逝する三年前の二〇〇九年春から作曲を始め、同年十二月四日に完成したテノールのソロ・カンタータであった。誰からも委嘱されたのではなく、まったく林氏個人の愛着があってとりかかった仕事だったという。そこが特に嬉しいことだった。作曲者歿後一年半で、中鉢（ちゅうばち）聡氏のテノールで弦と管を背にして歌いだされた「北寿老仙」は、朗々として美しかった。だが、私の耳には少々強くきつすぎるように聞こえた。私が何となくシューベルトの「鱒」か「死と乙女」の歌曲、ないし弦楽四重奏程度のものを期待していたからでもあったろう。

全曲二十分の演奏のあとには、ベートーヴェンの交響曲第九番の七十二分が轟いた。林氏の歌曲がこれによって抹消されてしまわないように、私はテノールの名残りを胸に抱えこむようにして帰宅した。林光の曲はぜひもう一度、静かにゆっくりと聞き直さなければならない。

蕪村がこの詩を書いてからほぼ二百七十年、蕪村が歿してからちょうど二百三十年のこの年に、「北寿老仙をいたむ」が意外なところからよみがえってきて私たちを驚かせ、よろこばせ、私たちに青春の詩情のみずみずしさをあらためて教えてくれて、私たちの生をどこからか、たしかに、ゆたかにしてくれる。

久しぶりに蕪村をほんのわずかなりと読み返し、聴き返して、いつもながらの蕪村詩の深々とした効能の妙を感じているところである。

14　美しくなる女たち——蕪村と春信

十八世紀半ばの日本列島で、身分、職業を問わず、大勢の男たちが博物学や園藝に夢中になり、さまざまの音曲、遊藝、また俳諧や狂歌にうつつをぬかしているとき、そのまわりの女たちはいったいどうしていたのだろう。——彼女らももちろん遊びもし、働きもした。そしてなによりも彼女らは美しくなった。

春風駘蕩たる泰平と享楽主義の風潮がひろがるとき、そのなかで、女性がいよいよ艶麗になりかつ上位化の傾向を示すのは、田沼の昔も、大正の御代も、そして二十一世紀になっても、あまりかわりはない。杉田玄白が「世の中甚だ華美繁花の最中」といった（『蘭学事始』）、その十八世紀日本の「艶なるうたげ」（fêtes galantes）の中心は、実はいうまでもなく女たちだった。辻善之助博士の著『田沼時代』に引かれている言葉だが、一七七〇年代の日本男子は、ぬけぬけと「女の風俗は天地開けて今程美麗なる事は無し！」と感嘆の叫びをあげ、ためいきさえついていたのである。

それはしばしば女性美への崇拝というのに近いものにまでなることがあった。たしかに一方では、吉宗の時代には固く禁ぜられていた隠売女（私娼）が、吉宗が息をひきとるとともにたちまち復活し、深川も品川も娼窟全盛の様を呈して、下層の武士や町人たちの刹那的享楽の場となり、さらに田沼意次がそれら各所の売女屋から徴税することをはじめて世人をおどろかす、というようなこともあった。

それは事実だが（といって、のちに儒教的またピューリタン的な立場からとやかく喧伝されたほど不名誉な「暗黒」の事実とも思われないが）、他方では、当時の吉原の遊女たちが、たとえば「浅黄繻子裏緋ちりめん染めだしの竜田川模様夜具七つふとん」（江戸町扇屋、はな扇）とか、「猩々緋、金糸にて紋ちらし惣模様七つふとん」（同、鳰てる）とかを使っていたとなると（辻、前掲書）、これは単なる好色史の域をこえて、当時の文化的な嗜好と豪奢を示すひとつの注目すべき現象となってくるだろう。

事実、彼女らは、よく知られているように、歌舞管絃のみならず書にも和歌にもひとなみすぐれた素養をもち、容姿の端麗にもまして心ばえを誇り、その彼女らの「張り」に対して遊客は千金を投じた上に「粋」をもって応じなければならなかった。そこに、かつて阿部次郎が『徳川時代の芸術と社会』において分析した文人武士柳沢淇園の『ひとりね』以来の独特の恋愛美学が錬磨され、実践されていった。一七七〇年代、八〇年代（安永・天明期）に、蔵前の札差を中心にしていわゆる「十八大通」の富豪通人グループが生まれ、彼らと彼女らの凝りに凝った豪華な交際ぶりが世人の目を奪ったことは、あまりにも有名である。

もちろん、このような高等遊女たちばかりではなかった。男たちにあの感嘆の声をあげさせたのは、そして今日のわれわれの想像をも魅するのは、むしろ普通の町の女たちの日常のすがたである。それはほんとうにはなやかに美しいものであったらしい。

このころの流行の着物や帯の柄は、たとえば「曙しぼり」とか「壁縮羅」とか、その呼び名からして「朗ら細音のうまし名」（上田敏）ともいうべきたぐいのものだった。まるでそのまま蕪村の「曙のむらさきの幕や春の風」の句を思わせるような、清らかな青紫の色をにじませたしぼりの着物。光のあたり具合で複雑な繊美なあやが浮かびあがる白い絹の帯。それに普段着の千変万化の格子縞の渋いたのしいこまやかさ。匂いたつような深い、あるいは浅い藍染めの、しゃっきりと身を引きたてるいさぎよさ。江戸小紋もつぎつぎにこまやかな創意工夫がかさねられ、デザイン王国日本はすでにこの江戸の女たちの着物や帯や装身具のうちにこそ誕生していた。

そしてこのような衣服をつけた女たちのヘア・スタイルも年々流行が変っていった。春信の絵などによくうかがえるように、髪を口では説明のしようのないほど複雑に曲げ、たばね、うしろに長くのばして折った髷は、年とともにいっそう長く細くはねあがるかたちになっていった。その髪に、いろいろと凝った櫛や笄をさしたのである。あの平賀源内も晩年には「菅原櫛」あるいは「源内櫛」と呼ばれる象牙や銀の細工物のきれいな櫛を売り出して、一かせぎしたことがあった。

これを要するに、元禄のバロック調の濃厚豪奢な綺羅好みと異なる、ひと言でロココ趣味とでもいうしかないような清雅な好みである。この時代の文化のほとんどすべての面にあらわれた、ほそやかな、軽快な、優雅な、そしてコケティッシュなスタイルの好尚を、この市井の女たちこそもっとも忠実に体現していたといわねばなるまい。

「其頃の歌に、丁子茶と五寸もやうに日傘、朱ぬりの櫛に花のかんざし、とて貴賤口號みたり。又象牙の櫛笄も流行たり。蒔絵なとさせてさしたり。奇麗にてよかりき」と、随筆『賤のをだ巻』の著者はなつかしげにこのころの風俗を回想している。そして私たちもなぜとはなくなつかしく、この時代の哀歓の様を幻のように思いうかべずにはいられないのである。

そのような女たちのすがたを伝える詩的映像のなかでも――

にほひある衣も畳まず春の暮

若竹や橋本の遊女ありやなし

などの蕪村の句は、夕闇の室内に花びらのようにもの憂く脱ぎすてられたままの女の衣や、竹林の奥の若い遊女のあわれになまめかしい姿態を、輪郭もさだかならぬままにあまりに美しくわれわれの想像裡に喚びおこすものだとするなら、同じ詩人の新体詩、「春風馬堤曲」(安永六年〔一七七七〕)はどうだろう。大坂の商家の奉公先から藪入りで、文字どおり春風駘蕩の淀川の毛馬（ま）の長い堤をいそいそと歩いて帰ってゆく若い娘の「嬋娟（せんけん）」たる心とすがたがうたわれている。

春風や堤長うして家遠し

時は春、心も春、そしてひさしぶりの解放感に娘の心は浮き浮きしている。ふと土手下の流れに芹摘みにおりようとして、野いばらにせっかくの晴着のすそをひっかけ、ふくらはぎを傷つけられて、「まあ、わたしを通らせたくないっていうの。なんてやきもちやきなんでしょ」（「荊蕀何妬情」）と、その野いばらにむかって言ってみたりするのである。

そしてまた道をつづけ、立ち寄った茶店の顔見知りの婆さんに自分の内心得意なファッションをほめられて頬を染め、そこにいた男客の視線を感じる。あたたかい日ざしのなかで、また白や黄のたんぽぽを摘んだりして道草を食い、柳芽ぐむ土手をさらにたどりつづけて、たそがれ近くなってようやくわが家が見え、その戸口に立って自分を待つ老母のすがたを認める。……「痴情（ちじょう）憐れむべし」と蕪村のいう、このようにコケティッシュな、そしていじらしくもある若い女の姿態を、これほど美しくあざやかにえがいたものは、同時代の西洋の詩でくらべるならば、ゲーテの書いたペルシャ詩、『西東詩集』のなかの「ズライカの巻」の数篇というところだろうか。これは田沼期日本のロココ文学の珠玉というべき作品であった。

しかもこれはまったくの空想の所産なのではなかった。蕪村みずから、門弟あての一書簡（安永六年二月二十三日）に、自分の故郷（淀川下流の毛馬の堤ぞいの村）を舞台としたこの詩を説いて、「余幼童之時、春色清和の日には、必友どちと此堤上にのぼりて遊び候。水ニハ上下ノ船アリ、堤ニハ往来ノ客アリ。其中には、田舎娘の浪花に奉公して、かしこく浪花の時勢粧に倣ひ、髪かたちも妓家の風情をまなび、正伝・しげ太夫の心中のうき名をうらやみ、故郷の兄弟を恥いやしむもの有」というとおり、実際、当時大坂の近郊にいくらでも見かけることのできた風俗を写していたのである。この詩中の藪入りの娘も、「春情まなび得たり浪花風流」で、今日の女性週刊誌の読者とまったく同じく俳優や歌手の色恋沙汰に一喜一憂し、そのタレントたちにあこがれて田舎のやぼったい身内をなんとなく馬鹿にしながらも、やはりふるさとはなつかしく、誰かのはやり唄を口ずさみながら、帰郷していったのにちがいない。

いまなおお盆や歳末などにかけて街頭駅頭に多く見かける光景であり、永遠にかわらぬ愛すべき軽佻な娘ごころというものだろう。ただ蕪村の藪入り娘は、ほっそりとしたからだにあの曙しぼりと似たような好みの着物を着、「朱ぬりの櫛に花のかんざし」をさし、楚々として春日の道をたどっていった。彼女の方が二十一世紀初めのＯＬたちよりもはるかに優雅だったように思われる。

炭太祇（宝永六〔一七〇九〕―明和八〔七一〕）は蕪村の七歳年長の友人で、京都島原の遊廓の一隅に、飄々として侘び住まいをしていたという俳人だが、その太祇にも――

ふらここの会釈こぼるゝや高みより
うつす手に光る螢（ほたる）や指のまた

などという、若い女を詠んだ美しい句がある。その女たちもこの十八世紀日本の「艶なるうたげ」の主人公たちだと思えば、ことのほかなまめかしい。太祇のふらここ（ぶらんこ）の句は、『日本中世史』の原勝郎博士もそのエッセー「鞦韆（しゅうせん）考」で触れるのを忘れなかった名句だが、博士の考察によれば平安朝以来ひさしく文藝にあらわれてこなかった綵縄（さいじょう）の遊戯がまた復活してきた初期の例の一つだという。それは、春、花咲く枝に、美しい彩色のひもを垂らして、春衣の娘たちが乗りたわむれるものだった。

そのぶらんこが春空を背に高くあがったところでこちらを見つけ、満面の笑みを送ってくれたのである――「あら、せんせえ」と。「こぼるゝや」の字あまりと切れ方が、しばし宙にとまったようなぶらんこのはずみを、よくとらえているというべきだろう。ワットーからフラゴナールにいたる「艶なるうたげ」のロココ画家たちの、どんな「ぶらんこの令嬢（エスカルポレット）」の画面にも負けない、そしてもっと品よくさえある一句である。

そして螢の句も、若い女のふっくらとして白い指のまたに映る螢の薄みどりの光ひとつで、その指の感触と彼女の少しかがみこんだしぐさから、宵闇にまぎれたその表情、近々と寄ったその髪のかすかな匂いまでを照らしだすような、えもいえず匂やかなエロティシズムの句である。その光は、蕪村の「細き燈に夜すがら雛の光かな」や「みじか夜や枕にちかき銀屏風」の陰翳ににじむ光、「春雨や小磯の小貝ぬるゝほど」の小貝のつや、などとも共通する、なかば以上想像裡の光であり、日本的ロココの光なのであった。

それがもう少し明るく宵闇に燃える光となって――

燃立ちて顔はづかしき蚊遣かな　　蕪村

初恋や燈籠によする顔と顔　　太祇

となれば、そのいかにも初々しい情感のふるえは、そのままあの鈴木春信の錦絵の世界となるのではなかろうか。

鈴木春信（享保十〔一七二五〕―明和七〔一七七〇〕）の組物あるいは一枚物の版画のなかに、いかにも仮そめにといった風情でしばしばすがたを見せているのは、独特の匂やかな黒の地潰しの夜を背景に梅の一枝を折りとろうとしている美少年と美少女、赤い提燈のともる大川端の茶屋で涼風のなかに川浪の風情を見やる若い男客と茶屋の女、あるいは萩の咲く縁先で、少年に頰を寄せ手をとって言い寄る薄紫の衣の女など、いずれも髪形にでもよる以外男女の見わけもつかないような若い二人である。

この画家によってはじめて画面いっぱいに描かれ彩色されるようになった銀ねず色や青鈍や丁子茶などの中間色の背景の上に、衣装のなかから咲きでた花のような、そしてその衣の重みにさえたえかねるかのように身体を細長いS字型にくねらせた若い女や男が、一人、二人、引目鉤鼻式の見ひらきもせぬ眼と、梅のつぼみのような唇と、極端に小さく細い手足に、あるやなしやの表情をたたえて、その季節の、その一刻の風情にこたえている——とでもいうのが、春信の世界なのである。

それは同時代フランスの「妖精のお尻の色」（cuisse-de-nymphe）という薄桃色の乳房やほんとうのお尻を見せたりしている、肉づきのいい、好色的なフラゴナールやブーシェやグルーズの女たちとはまるでちがう、まさに日本的ロココとも呼ぶべきスタイルであり、色調であった。永井荷風が、「唯美し艶しと云はんよりは恰も入相の鐘に賤心なく散る花を見る如き一味の淡き哀愁を感ずべし。余は春信の女に於いて古今集の恋歌に味ふ如き単純なる美に対する煙の如き哀愁を感じて止まざるなり」（「鈴木春信の錦絵」）と書いたのは、春信の王朝古典の趣味への暗示をもふくめて、もっともよくこの錦絵の漂わせる雰囲気を言いあらわした言葉であった。

そしてこの一種疲れの翳りをおびた感傷"langueur monotone"（けだるさ）は、意志的な働きかけの力を失ってただ感性に現実を受けとめ、それの与える情感に夢うつつの間に揺曳している といった心的状態であり、それは、実は「春懶」とか「春愁」とかいわれる蕪村詩のもっとも基本的な感情、すなわち閉ざされた小世界の平和のなかに熟れたアンニュイと、深く相通じるものだったのではなかろうか。

ゆく春や逡巡として遅ざくら
ゆく春やおもたき琵琶の抱（だき）心
春の夕たえなむとする香をつぐ
春雨や暮れなんとしてけふも有（あり）
遅き日のつもりて遠きむかしかな

高橋誠一郎氏が「春信は〈青春の画家〉というよりもむしろ〈行く春の絵師〉である」といったのは、まことに言いえて妙なる言葉であった。

妖精（フェアリー）という形容さえ生々しすぎるような春信の人物たちのまわりに、それでもたしかに江戸の雅宴というにふさわしい雰囲気をかもしているのは、そのユニークな色彩の働きであろう。それまでの紅摺絵（べにずりえ）から飛躍的に進んで、明和二年（一七六五）に一挙に花ひらいたこの多色刷りは、彼の浮世絵に「吾妻錦絵」の名を得させた。ほとんどすべての色をなまで使わず、胡粉をまじえて不透明に抑える春信愛好の彩色法も、地潰し、空摺り（からずり）、木目込みなどの精緻な高級技術も、みな彼を中心として実現された浮世絵史上の画期的なソフィスティケーションだったのである（なお、この多色刷りのアイデアと技術を春信に吹きこんだのは、神田白壁町の同じ隣組で親交のあった平賀源内だとの森島中良以来の説があり、いまではそれがほぼ肯定されているのも興味深いことだ）。

　春信の天才を認めてこれを庇護し、はじめ絵暦から浮世絵にいたるさまざまの意匠を彼に与えて注文した菊簾舎巨川（きくのやきょせん）という通人は、千六百石取りの旗本だったというが、そのほかにもこのような贅沢な遊興にふけり、たがいに趣味と技を競いあう上層武士・町人混合の「連」や「組」が、当時（宝暦末・明和初年）の江戸にはいくつもあったし、もちろんそれを支える画工・彫師・摺師それぞれの名人的な技術の進歩と、版元の問屋によるその分業組織の統一という事実もあった。

　春信作品はすぐに「連」を離れて、問屋によって一般向けに商品化され、一枚一枚色摺りの畳紙（たとうがみ）に包んだり、組物は桐箱に入れたりして、普通のみやげ用の版画の十倍以上の特別の値段で売りにだされたという。ところが、それがいくら高くてもつぎつぎに買いもとめる顧客層がすでに江戸や地方にはいたのである。さらに、これは多色刷りだから、当然何枚も版木を替えて、そのたびに用紙をバレンで強く版木にこすらなければならないのだが、それは腰の強い上等の奉書紙を使うからこそ可能になったことだった。そしてそのためには、越前武生（たけふ）などの特産地でこの十八世紀半ばに、奉書紙の生産技術がいちじるしく進み、それによって量産が可能になり、値も下がり、同時に江戸への流通網も整備されてきていたという、社会経済史的な背景もあったのである（高橋誠一郎氏）。

　いま、そのような点まで考えあわせるならば、なおさらのこと、このような奢侈（しゃし）を黙認した幕府のリベラルな態度もふくめて、春信の吾妻錦絵は田沼期日本のロココ文化のひとつの結晶であったといえるだろう。

ところで、春の夜でも夏の宵でも、春信の錦絵の魅力について語りだせば、それは本来えもいえぬ甘美な味わいのもののはずでありながら、ついに話は尽きることがないだろう。そよ風にも悩み、衣の重みにさえたえかねるような女たち、言葉もいらぬ相聞をその仕種にささやきあっている男女たち——春信のこの童話めいて甘美な、それでいて普遍的な小世界に入りこんでゆくには、ただ自分の感覚と心情の尺度を高周波に切り換える能力がありさえすればよい。「小世界」という形容は歌麿よりも清長よりも、十八世紀フランスのワットーよりも明代中期の仇英よりも、それに多分、同時代韓国の風俗画家蕙園（申潤福）よりも、春信の錦絵にこそふさわしい。

その愛の小世界を中判多色刷りの画中につくりあげるのに、春信は菱川師宣、奥村政信以来のどんな先達にもまして、曲線の心理学というものに鋭敏であったように思われる。媚態の幾何学ともいうべきものを、春信はきわめて意識的に精妙にその画中に運用したのではなかったろうか。

たとえば、明和中期の作か、「ささやき」（図4）と題される一点を見ればどうだろう。夏の夕べの縁先で団扇をもつ若い男（あるいは同性？）に文字どおり「言い・寄」られている若い娘。娘は片足の下駄をぬいで膝を高く上げ、その不安定な恰好を支えるために左手で縁側の柱にしがみつくようにして、からだ中で羞らいをあらわしているが、その結果、彼女の頭と着物と帯とがつくりだすのは、すべて引き伸ばされたCやSや逆Cの曲線であり、それらの組み合せによる下ぶくれの楕円である。それはそのまま、ためらいと諾いの混った、含みとふくらみのある若い女の感情の曲線にほかならない。しかも、いくつもの逡巡をへて裾先に流れ去るその線は、彼女にやや上からもたれかかるようにして言い寄る男（同性？）の衣の線と相対して、画面中央に一つの二等辺三角形をつくりあげている。寺田寅彦の名エッセイ「浮世絵の曲線」（『寺田寅彦随筆集』第二巻、岩波文庫）にヒントを得て、あらためて春信作品を熟視すると気づくのだが、男の髪の髱がその二等辺三角形の頂点をなし、そこから下りる鉛直線は女の袖の線とぴったりと重なってゆくのである。

春信の女のこの種の姿態には、ことに初期の作では、享保期の京の浮世絵師西川祐信から学んだ、という以上に剽窃したものがよくあるといわれる（小林忠『春信』）。だが、たとえばその関係が露骨な春信初期の「坐鋪八景」のうちの「時計の晩鐘」（図1）などについて見れば、要するに二人の絵師の描く女は、約二世代のへだたりがあるのだが、まるで体重がちがうのである。祐信の「絵本玉かづ羅」（図2、享保十一年（一七二六））の浴後の女は、肉太の大年増の貫禄十分に、胸もともあらわに、いかにもゆったりとそしてずっしりと重く縁側に坐っている。それにくらべ春信の湯上りの美女は、誰が見ているわけでもないのに、左手を袖のまま右の耳たぶに廻してこれを拭くという複雑なコケティッシュな仕種をし、それだけ一層複雑になった浴衣のひだの曲線のなかに、まるでただそのうねりのなかに、白い身を埋めるかのようにしている。春信は軽やかな曲線の流れの面白さそのものを追求し、そのためには描写の真実味を犠牲にすることもいとわなかったという点が、祐信との対比によってかえって明瞭になるのではなかろうか。

元禄・享保の女たちの、線の太いすこやかな肉感性の代りに、明和の春信がなにげない風(ふう)につけ加えているのは、湯上り女の背後でふと涼しく鳴りだした時鐘のほうをふり向いている小女、その仕種による心理の次元の小さなドラマであろう（自鳴鐘＝時計は春信がよく用いた小道具(モチーフ)で、「高野の玉川」のなかに描かれたフランス式の「覗き眼鏡」（optique）などと同じく、杉田玄白のいう一七六〇年代の江戸市民のハイカラ趣味（『蘭学事始』）につながるとともに、たしかに画中にもう一つの微妙な情感の働きをよびおこしている）。

その十八世紀後半の日本のマニエリスムが、さらにもまろやかに洗練されて愛の幾何学を織りなしているのが、たとえば「縁先物語」と題された春信晩期の一傑作（図3）である。

萩の花咲く秋の昼下りの縁先で、こんどは「ささやき」とは逆に、年増の女の方から少年に頰を寄せ、相手の手を押さえ、肩を抱きよせて、少年の耳もとになにか語らいかけている。この年増自身が少年に恋して言い寄っているのか。あるいは、背後の障子のすきまからのぞいている若い娘の心のうちを、その乳母である女が娘に代って伝えているのか。それとも、その言づてをしているうちに、年増もこの美少年が好きになってしまって、あるじの娘にのぞかれているとも知らずに少年に寄りそっているのか。さまざまに読みとれる心理劇の一情景である。

いずれにしても、この美しい図柄を眺めなおしてみれば、いっそう複雑になった年増女の結い髪の髱(たぼ)の先から、うなじ、肩、背、腰、立て膝にした膝、そして裳裾へとすべてまろやかに流れうねってゆく、愛に満ちた女の甘美な曲線。彼女の小さな手に手を押さえられ、引きよせられて、

図１　鈴木春信「坐鋪八景」の「時計の晩鐘」平木浮世絵記念財団蔵

図２　西川祐信「絵本玉かづ羅」より

図３　春信「縁先物語」（「かたらひ」）東京国立博物館蔵

図４　春信「ささやき」東京国立博物館蔵

左足の裾を乱して倒れかかるように不安定な少年のポーズ、そしてそのポーズにそって細く長く流れ下り、裾でふくらむ衣服のさざ波。

それらの線の流れはそのまま二人の心理の劇を物語るとともに、ここでも、画面中央やや左寄りに一体となって、『ささやき』の場合よりもさらに艶な、みごとな愛の三角形をつくりあげている。しかも、女の髱(たぼ)の先端をその正三角形の頂点として、そこから女の右袖ぞいに下りる鉛直の線の不思議な効果。それは春信の相愛図にしばしば繰り返される鉛直線で、この画工が「繊細の精神」ばかりでなく「幾何学の精神」の持主でもあったことを物語り、彼がきわめて意識的に画中の線の流れを計算して、その甘美な旋律を作曲していることを伝える。ここでもそれは細目に開けられて第三の少女がのぞいている障子や、窓の竹櫺子(れんじ)の垂直線、また縁側や沓ぬぎの斜線と呼応し、「愛の三角形」はそれらの直線に囲まれて、語らいの秘密の甘さをいっそう濃いものとしている。これを、春重(司馬江漢)や礒田湖龍斎の春信を模した作品とくらべてみれば、春信の愛の幾何学がいかにはるかに精妙で、いかにこまやかな心理的陰翳を担(にな)ったものであるかが一層よくわかるだろう。

春信の「愛の片隅」をつくりあげるこの媚態の曲線は、やがて十九世紀後半、ヨーロッパに流れてジャポニスムにつづく世紀末藝術の線となり、それが大正の日本に里帰りすると竹久夢二の女たちとなるのだろう。そして現実にはなくなりつつあるらしいこのゆるやかに流れる女の曲線を、いまなお私たちに一人の典型として見せてくれているのが女形坂東玉三郎なのかもしれない。

15　永い平和とつきあう法——悪少年また大田南畝

比較文学の富士川英郎教授の著に『江戸後期の詩人たち』（筑摩選書、のち平凡社〈東洋文庫〉）という一冊がある。わずかの専門家をのぞけば、ほとんどかえりみる人もなくなっていた菅茶山以下徳川末の漢詩人たちの作品を、このリルケ学者がゆるやかな語り口でのびのびと読みといて、その忘れられた詩美の世界を今日によみがえらせた名著である。

ここには、さまざまの詩人たちの感性がとらえた徳川の日本列島の自然と社会の細部が絵巻物のように盛られており、それらに対する詩人たちの想いが意外なほどに親密な語り口で洩らされている。「徳川の平和」を論ずるのに忘れることのできない一冊である。

例をあげればきりがないが、たとえば、この書の初めのほうの「混沌社の詩人たち」という章の終りには、次のようなおもしろいエピソードが一つ語られている。「混沌社」というのは、ずいぶんハイカラな名前で、大正末、昭和の初めごろのアナーキスト詩人か社会主義文人のグループの名前でもあるかにひびくかもしれないが、そうではなくて、十八世紀の後半、明和から天明のころ、大坂在住の詩人儒者片山北海を盟主として作られた清新派詩人の結社であった。

有名な木村蒹葭堂のような酒屋の大旦那で当代一の好事家も入っておれば、金物屋の主人も薬屋の若旦那もそれぞれの読書癖、詩文癖をもって加わっている、といったいかにも大坂らしいブルジョア(町人)文化のサロンで、毎月一回集まっては詩と酒を競ったという。頼山陽の父、頼春水(延享三〔一七四六〕—文化十三〔一八一六〕)も明和三年(一七六六)、二十歳ちょっとの年に、安藝の田舎から再度大坂に留学して以来この社中につらなるようになった。

この春水の若き日の大坂時代の回想記『在津紀事』の一挿話が、富士川氏によって紹介されているのである。富士川氏が原漢文をよみ下しにしたその一節を、さらに意訳して引いてみると、

ある年の秋、春水は堺の儒者である恩師趙陶斎先生と一緒に京の高雄に紅葉を見に行ったことがあった。京の町に二泊ののち、伏見から淀川下りの乗合舟で帰途についたが、船中にはみやびやかな京言葉で語る者もあり、ひなびた方言で話す者もあって、みなにぎやかにこのしばしの船旅をたのしむ風情であった。

ところが、船が枚方まできたとき、岸に五、六人の男が待っていて、大声で船を呼び寄せて乗りこんできた。

見ると、みな虚無僧姿の不良少年である。口のききかたも顔つきもいかにも荒っぽい。その

あたりをはばからぬ振舞いに、さっきまで楽しげにさんざめいていた相客たちはにわかにしゅんとして、黙りこくってしまった。趙先生は目をつぶったまま坐っていて、はじめのうちはこの若者たちのことなど意に介さぬ様子であった。だが、ややあって、彼らにむかってこう一喝した。

「おまえたち、なんだってそう騒々しいのだ。どうせなら、どうだ、一曲を演じてこのわしを楽しませてくれんか」（「汝等なんぞ譊聒(どうかつ)乃ち爾(しか)るか。盍(いずく)んぞ一弄(いちろう)をなして乃公(だいこう)を楽しましめざるや。」）

まわりの船客はこれを聞いて青ざめた顔を見合わせ、不良どもがいまにもあばれだすのではないかと怖れた。ところが若者たちはみな意外にも、「御老人の御所望だ。お聞かせしようじゃないか」（「丈人(じょうじん)命あり、敢て命を奉ぜざらんや」）と答えたのである。

そしてさっそく、二人は携えていた袋から笛をとりだしてこれを吹き、二人はそれにあわせて歌をうたいはじめた。もう独りは口で琴のまねをし、残る一人も胡弓の口まねをして伴奏する。それがみなみごとに合って、ちゃんと音楽になり、メロディーをなしている。これは虚無僧どものひそかに得意とするところだったのであり、ことにこの若者たちは妙手ぞろいだったのである。

船客たちはほっとした上に大喜びで、耳を傾けてこの即興演奏を聴いた。水上の音楽をひびかせながら船はゆるやかに下りつづけ、日が暮れようとするころになって源八の渡しに着いた。

若者たちはここで身なりをととのえて船を降り、立ち去っていった。残った船客たちは口々に趙先生にむかってお礼をいった。「御老人が一言おっしゃって下さったおかげで、連中はおとなしくなったばかりか、歌曲まで聞かせてくれました。おかげさまで、船中ほんとに楽しみました」と。

天下泰平の徳川の世の中つころ、ある秋の日の淀川下りの情景がそのまま彷彿と浮かんでくるような挿話ではなかろうか。

頼春水は自分の最初の師であった趙陶斎が、一言で不良少年どもの馬鹿騒ぎを収攬した、そのみごとな人間通ぶりと度胸のよさを讃えてもいる。だがそれ以上に、当時田舎から出てきたばかりの書生であった自分を驚かせたあの虚無僧少年たちの藝達者ぶりと、彼らをまじえて下っていったあの船上の思いがけない風情とを想いおこして、なつかしんでいるようだ。

京の伏見と大坂の天満橋の間、いまなら新幹線や名神高速で数十分ですっとばしてしまうところを、上りは一日または一晩がかりで、下りは半日または半夜がかりで行き来した船旅は、現代の日本人にはかえって望みようもない贅沢とも思われる。人々は「三十石船」といわれた客船の床のござに坐りこんで、時間の意識がいまのわれわれとはちがうからまどろこしいと苛立つこともなく、のんびりと揺られて上り下りしたのであろう。

春水のときからは大分あとの天保年間の作になるが、広重の版画「京都名所之内・淀川」にも、この船旅の風情が、われわれのノスタルジアを掻きたてるほどに美しくえがかれている。

　ほととぎすが一羽よぎってゆく空に白く大きくのぼった月（広重の月のなんというすがすがしさ）。それを夕もやのかなたに仰ぐようにのけぞって、褌一丁の船頭が棹で操ってゆく三十石船。薄闇の漂いはじめた淀川の流れは冷え冷えと青い。ひんやりとした川風がこちらの肌にまで吹きよせてくるような感じだ。そのなかで、編笠などをくくりつけた苫(とま)の屋根の下で、船旅のしばしの解放感を楽しむらしい乗客たち——そのいかにも屈託なげな表情は、見ているだけでも心がなごむ。手酌で酒を飲みながら隣客と話しこむ行商人らしい男。かたわらに漕ぎ寄せた小舟から夕飯を買おうとしている男。赤児に乳をふくませる肌の白い女。月を仰ぐ坊様。ごろ寝する者。キセルの火を移しあう仲間。行商人が背負うのか、赤い天狗の面のついた箱も見える。……

　彼らの船中のさざめきさえ聞えてきそうな気がする。春水があの一節に触れたとおりの情景だ。同人のおそらくこのときの船上の作とされる五言絶句に、

獨聽闇舟裡　　独り聴く　闇舟(あんしゅう)の裡(うち)
話談各異倫　　話談　各(おのおの)倫(とも)を異にす
桑麻田舍漢　　桑麻(そうま)　田舎(でんしゃ)の漢(かん)
華柳上都人　　華柳　上都の人

（富士川、前掲書）

ともいうとおりである。ただ、たまたま春水たちが乗っていたときは、そのような温和なくつろぎの輪のなかに、どやどやとあの虚無僧姿の悪少年の一団が闖入してきたのである。船客たちの畏怖のほどが想像できよう。

大体、虚無僧というだけでも、当時の庶民には不気味な警戒すべき存在だったのだろう。本来は禅宗の一派で普化(ふけ)宗といわれたが、誦経もせず、戒行もせず、髪も剃らず、ただ尺八を吹いてお布施を貰って行脚して廻るだけの宗門であったため、無頼漢や浪人がこれに身をやつすことが多かったということは、よく知られているとおりだ。新井白石の『折たく柴の記』にも、重罪を犯して藩を逃げ出た譜代の若侍が、藩主によってその母を人質にとられ、母が獄中で死んだため、この旧主を恨んで虚無僧となって命を狙っていたという、白石の父の語る話が出てくる。

普化宗が独立の一宗派として公認されたのも、この白石の父がまだ若かったころ、つまり徳川のごく初期だった。幕府は公認しておいて、虚無僧を諸領内探索のスパイとして使ったのである。この宗派は正式には武士しか入宗できない定めであったが、果して後々までそうであったかはわからない。春水の船に乗り込んできた連中も、貧乏武士のたちのよくない次男、三男などの類であったのか。吉宗将軍の御代を知っている旧世代の謹厳な親父どのに勘当などを喰らった、不良息子どもでもあったのか。それともただ単に、町の無為無頼の輩どもが一時身をやつした姿でもあったのか。

虚無僧はもともとは、右にいったような反社会的な翳(かげ)りの濃い、人生の裏街道を行く一匹狼どもであったはずだが、泰平がすでに百五十年ほども続いたあとのこの明和・安永のころでは、他のすべての社会現象と同様、これももっと軟化し都会化してしまっていたのであろう。

虚無僧といえばその象徴のような窓つきの深編笠をかぶっていたのも、十八世紀の半ばごろまでで、淀川の三十石船に闖入してきた連中の時代、すなわち明和期以降になると、その笠はもっとすぼめてひねった形の伊達者風となったという。そして絹の小袖に丸絎の帯をしめ、その帯には錦の袋に入れた商売道具の尺八をさげて歩いたのである。そのほかにも、当時となればいろいろの小道具や衣装の色の配りに、それぞれに念の入ったおしゃれがあったのだろう。

そしてまたこの十八世紀後半の日本というのは、当人も若いころは「わやく太郎」（ふうてん太郎）などと自称して虚無僧ぐらいになりかねなかった上田秋成が、晩年の痛烈な皮肉懐疑文集『胆大小心録』に「藝技諸道さかんにして涌くが如し。是亦治国の塵芥也」と悪態をついたような時代であった。徳川吉宗のきつい統制政治のあとに、田沼意次の自由主義ムードの政治がはじまり、秋成自身の煎茶道もふくめて、前にも触れた博物、園藝、歌舞伎、川柳、音曲から錦絵、戯作、狂歌、俳諧、漢詩の清新体まで、文藝遊藝百般が社会各層の間にまさに花ひらきつつあったのである。開祖以来尺八をトレードマークとしてきた普化宗の虚無僧が、その末流の若僧たちなればなおさらのこと、趙陶斎の所望に小気味よく応じて、ただ一つ身につけた音曲遊藝の妙を船上で相競って披瀝したのも、思えば当然のなりゆきであった。

それにしても、淀川の秋の午後を下る船の上で、きっともみあげなどを長くした伊達なすがたの虚無僧少年たちが、笛と口まねで管絃を鳴らし歌をうたい、夕づくころまで、春水、陶斎もふくめて相乗りの客たちがそれに聞きほれていたというのは、いかにも「徳川の平和」を絵にしたような情景ではなかろうか。春水は「皆な悪少年、所謂虚無僧侶なり」としるしているのだが、悪少年どもであったればこそ、いっそう趣き深いというものだろう。

その三十石船から眺めやる淀川の長い岸辺は、ちょうど同じころの早春に、蕪村作「春風馬堤曲」のあの嬋娟(せんけん)たる若い娘が、大坂の奉公先からの藪入りの道に、「春情まなび得たり浪花風(ぶ)流(り)」のままに、流行歌など口ずさみながら浮き浮きとたどっていった柳とたんぽぽの堤でもあった。あれこれ思いあわせて眺め返してみれば、「徳川の平和」の下の日本とは、無頼の若者や乳飲児をかかえた女の生活から、儒学の先生や女中奉公の娘の暮しにいたるまで、ゆるやかながらなかなか破れそうにもない一つの大きな秩序感覚のなかに包みこまれ、その人間の営みと自然とがまたおのずから藝術品のように調和していた世界であったと思われてくる。それはかならずしも時間の遠近法による私たちのイリュージョンというだけのものではあるまい。

もちろん、当時でも、この小共同体的な島国のなかの、人いきれのこもった恒久平和に耐え切れなくなって、駆けだし、叫びだした人間は何人かいた。

それはとくに、武士階級の知識人の間に多かった。風来山人平賀源内などはその先頭を馳せつづけた男であったろう。――「浪人の心易さは、一箪(いったん)のぶつかけ一瓢(いっぴょう)の小半酒(こなから)、恒(つね)の産なき代(かわり)には主人といふ贅(むだ)もなく、知行といふ飯粒(めし)が足の裏にひつ付(つか)ず、行度所(ゆきたき)を駆けめぐり、否(いや)な所は茶にして仕舞ふ。せめては一生我體を、自由にするがもうけなり」（「放屁論後篇」）などとうそぶきながら。

ここではこれ以上貧家銭内（ひんかぜにない）先生について触れようとは思わないが、事実彼は休む間もなく東西南北に奔走し、百所百事にアイデアと才能をばらまいて、結局、みずからの捲き起こした渦のなかにみずから呑みこまれて獄死してしまった。

『柳子新論』の山県大弐も、『海国兵談』の林子平も、『西域物語』の本多利明も、あるいは『解体新書』の杉田玄白さえも、社会の変化を待ち切れずに、それを促（うなが）そうとして駆けだした同時代同種の「先駆者」たちであったろう。だが、大弐は刑死し、子平は憤死し、利明は私生活の痕跡をろくに残さずに消え、生きながらえて泰平の世の明暗を見つくして大往生をとげたのは、あのしぶといリアリスト玄白ぐらいのものだった。

そのようななかで、「先覚者」たちと無縁でもなく、彼らの志と憤激のほどは理解できるが、彼らの後について走り、叫ぶほどの気概はなく、あたえられた市井の現実に旺盛な好奇心を寄せ、それをひろく享受はするが、しかしそのなかに埋れて安心立命するには「教養が邪魔をする」——といったたぐいの人間も多かった。現代日本と同じことで、物を考えるほどの人の間にはこの種のやるせない人々のほうがはるかに多かった、と思われる。

自分でもしばしばもてあますような、この厄介な宙ぶらりんの姿勢で、「徳川の平和」という怪物と一生涯つきあい、ときにはそれをからかい、ときにそれに舐められ、最後にはそれと合体してしまったような男たち――蜀山人大田南畝（寛延二〔一七四九〕―文政六〔一八二三〕）などはたしかにそのよき代表であったろう。

才気はあまるほどありながら、どちらを向いても宙ぶらりんなやるせない自分、武士であっても、永すぎた泰平の春のため、その第一の存在理由はとうに失った上に、才幹に応じてうだつの上がる見込みとて生涯ありそうにもない自分――そのような自分をわれとみずから戯画化し、みずから憫笑するところにこそ、寝惚先生大田氏たちの唯一の遣る瀬、立つ瀬はあったのである。機智とアイロニーの働きによってこそ、かろうじておのれの腑甲斐なさを脱けでて、たとえすれすれでもむさ苦しい現実から離陸し、世上に虚名を馳せることもできたのであった。

君見ずや元日の御江戸……／目出度かりけり此の一時／一つ時栄花は夢の裏／先生寝惚けていかんと欲す／上下敝れ果てて大小賤し／憶ひ出す算用昨夜の悲しみ／昨夜の算用立たずと雖も／武士は食はねど高楊枝／今朝の屠蘇露いまだ嘗めず／浮かれ出づる門前松竹のかたはら／共に謂ふ御慶御愛度と／共に謂ふ御杯御春長と……　（元日の篇）

明和四年（一七六七）、南畝十九歳の年に、先輩平賀源内の序をいただいて出版された処女作『寝惚先生文集』のなかの有名な狂詩一篇である。サトウ　サンペイ氏の現代漫画におけると同じく、このおたおたとして見えっぱりなサラリーマン武士の戯画化は、当時の江戸の武士・町人中のヤルセナ族のさかんな共感を呼び、才子南畝はたちまち市中の人気者となった。

南畝の狂詩・狂文・狂歌には、この道の師にして先達、源内の戯作におけるほどの声高な雄弁の爆発感、諷刺と諧謔の骨っぽさ、アレグロ・コン・ブリオの爽快さ、そして「憤激と自棄」の陰翳は、たしかになかろう。讃岐志度浦からの浪人の作とちがって、江戸牛込の都会児の詩文はもう少し細身で、優がたのふざけで、微苦笑ムードであった。それゆえにいっそう広い読者層に歓迎され、やわらかく厚ぼったい泰平の社会にいきり立って突っかかってゆくよりは、むしろそれと上手になれあい、戯れあって末長くつきあってゆく方法を人々に教えたのであろう。とはいっても、しかし、この戯れと洒落の文字のすぐ裏側には、幕臣といえば聞えがよいが、七十俵五人扶持の御徒という最下級の貧乏御家人の、他にやり場のない憂悶が、やはりわだかまっていたことを見落としてはなるまい。

『寝惚先生文集』と同じころの漢詩に、御徒になりたての南畝少年は、すでに「濁酒一杯琴一曲、一杯一曲我憂を忘れん」との感慨を洩らしてもいる。それから十五、六年後の文章になれば、わが身のうだつの上がらなさに対する自嘲は、いっそう翳りが濃くなって、口もとにやっとのことで苦笑いを浮かべているといった体である。

たとえば、息偃館（いこいの家）などと、名前だけは立派な漢名をつけてはみたものの、実は牛込仲御徒町に立ちならぶ貧乏御徒のあばら屋の一軒、そのむさ苦しく霜枯れた庭を、三十歳半ばの南畝は風邪で寝た床のなかから、天明元年（一七八一）霜月のある日眺めてこうしるす。この小散文も私なりにつづめて意訳してみると――

木の葉が散り積もって荒れたままの庭はほうきで掃いたこともない。庭の向こうの隣の家の板壁がいたんで、ところどころむしろのようなものをあてたところからは、昼げの煙が洩れるのが見えて、まるで苫舟のような風情だ。

どうせみすぼらしい庭だが、杏の木が一本あって、これは孔子の家にもあったというから、これだけはちょっと博士の家なみだと自慢げに眺めやると、なんたることだ。その梢からこちらの柱まで長い縄を張って、まことにあさましいことに、今年二つになる長男のおしめの干し場となっている。

しだれ桃も牡丹も菊も竹藪も、みな荒涼たる冬枯れの様、その上掃除もしないでほったらかしだから、誰かが洟をかんで捨てた鼻紙も、犬の糞までもころがったままだ。

やれやれむさいことだが、梅だけは季節をたがえず一陽来復、蕾がふくらみだしたかと、なお枕もとから見あげようとすると、窓べにつるしたわが塾の生徒たちの手習草子が風にばたばたた言い、軒端の物干竿には干した蒲団がくさい。私は枕もとの障子をしめて、またそのまま寝こんでしまった。

はやり風ひきこもりたる車どめ御用の外の人は通さず

（「車どめ」『四方（よも）のあか』）

なんともみじめで、うらぶれていて、今日のわれわれも身につまされるような生活の場である。風邪で勤めを休んで、ふだんめったに家にいたことのないウィークデーの午前中など、熱っぽくくたびれた頭と目で家のなかや庭を見まわしてみると、あらためてうんざりするようなわが住まいのむさ苦しさに気がつく——小役人の、安サラリーマンのもの悲しい宿命は、大田南畝の昔から、今日にいたるまで、ちっとも変らぬではないかと、わが身がひとしおいじましくも思われてこよう。

京都・仏光寺烏丸西入ルの與謝蕪村の家にしても、実際はこの江戸牛込の息偃館とさして変らぬ風情であったのかも知れぬ。だが蕪村はその自分の住まいを、「桃源の路次（ろし）の細さよ冬籠」、あるいは「うづみ火や我かくれ家も雪の中」と、内部へと収斂する独特の詩的想像力の働きによって、自分の丸まった身体にぴったりの、暖かい、居心地のよい、親密な空間に転じてしまうことができた。それは、かくれ家は小さく狭く、ほの暗ければほの暗いほど、いっそうたしかに外界から遮断され、すきま風も入らぬ安らかな居場所となる、とでもいうかのようだった。その同じ詩的視点から見れば、ものぐさも、しどけなさも、等閑（なおざり）であることも、人間がさまざまの建てまえを離れてほんねに帰り、ゆるやかな息をしている安らぎの姿態である。その意味で、倦怠とか、なげやりとか、不確かさとか、物の欠如あるいは喪失といった、人事・自然における消極的事象が、蕪村の場合には新たにいっそう深い詩的価値をおびてくることとなった。

ところが大田南畝は、いうまでもなく、物や事象のなかにそのような想像的一次元を新たに掘りおこす能力をもつ詩人ではない。その上、「おほた子（し）を声にてよめばだいた子よいづれにしてもなつかしき人」などと、狂歌仲間にしたわれたほど、人づきあいのいい、気のいい江戸っ子武士で、儒学の秀才で世俗の才子でまじめな勤め人だった。ものごとがあるべきようでないことは気になってしかたがないような常識人である。それに、わびしさやむさ苦しさを詩化するには、彼の身の上の現実はあまりにも薄汚く、あわれだったようである。南畝はそれを自嘲によって手なずけていく以外にない。

天明二年（一七八二）の夏、南畝は前にもかかったことのある疥癬（かいせん）に足をやられて身動きもできずに寝ていた。その経験を語る戯文をまたつづめて意訳してみれば——

此頃は世をすねくさ（臑瘡）のうみ果てて たゞ膏薬をねる（寝）ばかりなり

髪の毛はぼうぼうで大津絵の鬼みたいだ。そこら中かき撫でるため爪は垢だらけで、臭く汚く、あわれで、やり切れない。吹きつづく大雨の湿気を払おうと、どこかの家でオケラの根を焚いているのか、その煙がたなびいてきて、伏せ籠（ご）にかけたおしめの悪臭とまじる。実にむさい。

家の裏では竹笠をかぶった老母が井戸水を汲みながら隣の流しの窓をのぞいて「ほんとに、やな天気だね。天の底が抜けたかと思うほどだよ。家からの出入りがめんどうで……」「ええ、ひどい湿気で、毎朝火の焚きつけが悪くてね。あしたの味噌汁の実はなににしようかしら」などと、それぞれにこぼしあっている。

別の隣の守衛の家では、家(うち)の娘より四つほど年上の女の子が、母に言われて、黄色い声を張りあげ三味線をひいて「尾花といふもことわりや」などと唄のおさらいをしている。家の娘がそれの声まねをして歌いだし、妻に「うるさいからおやめなさい」ととめられると、今年三つの弟までが母のまねをして「うゝ」と叱る。その弟を妻が「あんたはシーシがまだね。こっちに来なさい」とひっぱると、「イヤッ」と逃げる。やっとつかまえてやおら手をやってみると、もうちゃんと漏らしている。それがまたあの伏せ籠ゆきだ。まさに鼻もちならぬわが家の中。

(「なつくさ」『四方のあか』)

むし暑い盛夏の長雨の夕ぐれどき、南畝夫婦に両親と子供二人、さなきだに狭苦しい家に閉じこめられて、バタバタキイキイの一刻である。今日のわれわれにも見覚えのある、身に覚えのある、なつかしいような、おぞましいような日本的日常の一情景である。なによりも救い難いのは、そのただなかに一家の主が疥癬病みで汚らしく寝ていることだ。ただ彼が、この自分をふくめた貧乏御家人、江戸小市民の生活を、ペーソスをもって見、描きえたということだけが救いであった。
狂文と称されたこの種の文章が、蕪村や頼春水や菅茶山の詩文、ゴーゴリやチェーホフや夏目漱石や安岡章太郎や野坂昭如の小品小説と、それぞれにどこか相通じるものがあることは確かにしても、それらと並ぶべき上等の文学作品だというのではない。だが、二百年前の江戸山の手で泰平にあえぐ一市民の生活とムードとをこれほどにも手にとるように伝えてくれる点、言葉の戯れにすぎぬことの多い狂歌などより、ときにはいっそう尊重すべきものかとも思われる。

蜀山人、四方赤良（よものあから）の狂名で江戸中に知らぬ人とてない狂詩人・狂歌師大田南畝も、一般庶民となんら変ることのないこのような貧困と病気のむさ苦しさにあえぎ、うだつの上らなさを嘆いていた。ときには友人たちの助けでやっとその日の糧にありつくというようなどん底に陥ったこともあった。しかも彼はこの内情をてらうでもなく、隠すでもなく、その詩文の種とし、こやしとして、当代軽文学のさまざまなジャンルに縦横の才をふるっていった。そのような点が一そう彼の名前を庶民に身近な、慕わしいものとし、一段とその人気を高めることにもなったのであろう。

金銀のなくてつまらぬ年の暮なんと将棋（しょうぎ）のあたまかく飛車
生酔（なまよい）の礼者を見れば大道を横すぢかひに春は来にけり
両国のはしより長き春の日に槍二三本立つ霞かな
早蕨（さわらび）のにぎりこぶしをふりあげて山の横つらはる風ぞ吹く

数え切れないほどの南畝の狂歌のなかでもとくに有名な数作だが、どんなうらぶれた生活のなかにあってもなお生きつづけたこのオプティミズムと諧謔が、天下泰平の大江戸市民のしるしであり、その生きるよすがというものでもあったろう。幕臣の唐衣橘洲や朱楽菅江、菅江の妻節松嫁々、新宿の煙草屋の平秩東作、辻番請負業の大根太木、京橋の湯屋の亭主元木網、その妻智恵内子——南畝をとりかこんださまざまの身分、さまざまの職業の狂歌仲間は、あの大坂の商家の旦那たちの加わった混沌社に匹敵すべく、混沌社以上に小市民的に混沌として、洒落や見立てや語呂合わせやもじりにユーモアと妍とを競い、未聞の狂歌ブームをまきおこした。

江戸の市井のその日その日のアクチュアリティが題材だから、種切れになるということもなく、手弁当持参で歌会を開けば金もかからず、いつまでつづくと知れぬ「平和」のやるせない日々を消してゆくのには恰好の遊びであったろう。ただ、それだけに、新興江戸の市民文学と称するにはあまりにマイナーなジャンルであり、脆弱な花でもあったかも知れない。

はたしてというべきか、天明六年(一七八六)、老中田沼意次が失脚し、将軍も代がわりして、翌年松平定信が文武奨励策をひっさげて登場すると、南畝は他に先立ってそれに応じて狂歌戯作の筆を絶ち、それまでの交友関係をも捨ててしまった。その背後には、さまざまな事情があったと推察されている。いずれにしても、この転身ぶり、謹慎ぶりはあざやかだ。それはいわゆる「転向」であったのか。

インテリ幕吏のあの宙ぶらりんの立場にふさわしい南畝本来の均衡感覚が、ここで人よりも早く鋭敏に働いたということなのであろう。二十歳前から狂文学の猥雑にまみれ浮かれて明け暮れしてきた自分が、いま四十歳の年を迎えようとしてそろそろいやになり、反省されたということでもあろう。それに、当時は吉原の遊女を引かして妾にしたばかりのところで、相変らず火の車の家政を考えての保身の必要ももちろんあった。南畝としては、狂歌師・戯作者としての長い世間へのサーヴィスの後に、ようやく本来の志である漢詩文の学者、随筆家としての明窓浄机に戻ったとの感じであったろう。

秋田藩士朋誠堂喜三二（きさんじ）や駿河小島藩士恋川春町（はるまち）、また山東京伝など他の戯作者仲間のように、寛政改革の進行下、止筆や手鎖を命ぜられ、あるいは自殺に追いやられるまで政治諷刺をあえてつづけるだけの気骨がなかった、といって南畝を責める気にはなれない。気骨とか抵抗とか主義主張とかは、もともと狂歌師・戯作者の埒外のものであり、その成功の障害とさえなるものであったろう。

南畝がまず修めた儒学の「儒」とは、一説によれば本来みみずなどの蠕動（ぜんどう）の「蠕」と同じで、しなやかにくねくねと動いて道を守ることの意だという（ある座談会での武田泰淳氏の発言）。たしかにそれは、「徳川の平和（パクス・トクガワーナ）」というとらえどころのない怪物とよく馴れ合い、その小波動に柔軟につきあって、それを永持ちさせるためには最良の教えであったにちがいない。たとえ「徳川の平和」が怪しくなっても、少なくともしばらくは自前の泰平が守りえよう。そして各自が懸命に「蠕動」を心がけるなら、天下の泰平もまた立ち直らぬでもあるまい。

永い平和とつきあうには、虚無僧姿でほっつき廻ることから、園藝、音曲、詩文の遊藝にふけり、アンニュイそのものを藝術に昇華させることまで、またここに触れる余地はなかったが海舟の父勝小吉のように喧嘩の連続小爆発で生涯を送ることまで、ありとあらゆる手だてがあったろう。だが、大田南畝がその行動で示してくれた右の最後の反-原理原則主義（アンチ・ファンダメンタリズム）の教訓が、結局、もっとも徳川日本的そして日本的で、かつ一番大事なことであったのかも知れない。

曲りても杓子はものをすくふなり直（す）ぐなやうでも潰す摺子木（すりこぎ）　南畝

16 フランス革命と日本——「小氷期」のもとの小春日和

ルソー解釈に一期を画したスイスの十八世紀の学者ジャン・スタロバンスキーに、『一七八九年——理性の紋章』(Jean Starobinski, *1789, les Emblèmes de la Raison*, Flammarion, 1979)という二百ページほどの面白い本がある。フランス革命の年およびその前後のヨーロッパ世界の藝術活動を、共時性によっていわば輪切りにしてみせて、その断面に、ヨーロッパ各国民が当時の歴史の変動をどう感受し、どう解釈していたかの記号の体系を読みとるという試みである。ヴェネチアの画家グアルディもティエポロも、ゴヤもブレイクもダヴィッドも、さらにさまざまの建築も理想都市計画も『魔笛』のモーツァルトをも、次々にとりあげて、作品の細部を十分に吟味しながら、光(リュミエール)明と革命と再生を求めて燃え上った予感が結局は暗闇の再来のなかに没してゆくさまを、まことに手並みあざやかに分析している。

その論の詳細にはいま入らぬこととして、この本の最初の方に「寒波」と題する一章がある。一七八八年から八九年にかけてのヨーロッパの冬はどこでも寒さがひどく厳しかった。ヴェネチアのラグーナ（潟）さえ凍りついたし、セーヌ川には氷塊が溢れた。八八年の夏からすでに気候不順で、フランスでは全国的に不作。民衆は生計に苦しみ、各地に不穏が生じ、暴動や掠奪なども頻発していた。これが半年余りの後の革命に直結する「集合心性」（mentalité collective）を醸成してゆくことは多くの歴史家も指摘しているところだが、スタロバンスキーは八八年ごろの作とされるゴヤの『冬』と題する絵を一点あげて、厳冬下の民衆の窮乏というものを説明している。雪まじりの寒風吹きすさぶ暗い荒野を、農夫が五人、荒布を頭からかぶり前こごみになって歩いて行く。背に豚をくくりつけた驢馬を一頭、後に曳いている。生きることが一つの苦行となった有様が、ここに如実だと著者はいう。だがそれでも、農民たちは自分のなかの火でわが身を暖め、互いに身を寄せあって、風雪をしのいで進んでゆく。生きようとする者の一体感が感動的だとスタロバンスキーは評している。

この冬のあとに八九年の春はなかなかやってこなかった。スタロバンスキーはゴヤの絵につづけて次にベルナルダン・ド・サン＝ピエル（Bernardin de Saint-Pierre, 一七三七―一八一四）の同年の文章の一節を引いて、前年来の気象異変がなにの「表象」として感じとられていたかを解読してゆく。『ポールとヴィルジニー』（一七八八）という、インド洋上のフランス植民地モーリシャス島（当時はフランス島）を舞台としたあの甘美な牧歌小説を刊行して、大成功を収めたばかりのベルナルダン・ド・サン＝ピエルは、当時パリの町はずれに住んでいた。彼の文章にはこう記録されていた――

今年、一七八九年の五月一日、私は日の出とともに庭に行って、その様子を見てまわった。十二月三十一日には零下十九度にまで下ったりしたこのひどい冬のあとに、わが庭はどうなっているかを見ようと思ったのである。歩きながら私は去年の七月十三日、全国を襲った惨憺たる雹害（ひょうがい）のことを考えていた。庭に入ってみると、キャベツも朝鮮あざみ（アルチショー）も白ジャスミンも水仙ももうなかった。カーネーションもヒヤシンスもほとんど全滅状態だった。いちじくの木も、いつも一月には花咲いたがまずみの木も、立ち枯れていた。まだ若いきづたは大半が枝は干からびたまま、葉は錆色をしていた。
　だが、他の草木は三週間ほど生育が遅れてはいるものの、大丈夫だった。（中略）葡萄、林檎、梨、桃、すもも、桜桃、杏などの並木は、みな花が咲いていた。といっても葡萄は芽を開きかけたばかりだったが、杏などはもう実を結びかけていた。

（『孤独者の祈念』一七八九）

この植物の死と生の光景は自然の永遠の秩序に従ったただの自然現象にすぎず、その小世界の観照のなかにベルナルダン・ド・サン＝ピエルの魂は、歴史の激しさにおびえて逃げこんでいるのか。いや、そうではない、とスタロバンスキーはいう。右の文の続きを読めばいっそうはっきりするのだが、筆者ベルナルダンにとっては、同時代の歴史の暗影がこの自然の異変のなかにそっくり映しだされていたのである。これらの自然現象は、国の財政破綻、制度の弛緩、民衆の悲

ゴヤ「冬（吹雪）」（プラド美術館蔵）

惨を、物的世界の次元で映しだして見せる感覚的イメージ、国政の末期（まつご）を示す喪章そのものだったのであって、とってつけたようなただの書き割りではなかったのである。そして、それでもそこに息づきはじめていた春は、万物の再生への希望を説く予言であった。――このようなベルナルダン・ド・サン゠ピエルの自然と歴史への連想的解釈は、なにごとにも神意・摂理を読みとろうとしたナイーヴな信心家風の態度はもう通じなくなっていた時代にあって、もっと深いところで一七八九年春のヨーロッパ人の感情を垣間見させてくれるものだ、と『一七八九年』の著者は論じてゆくのである。

ところで、ここはスタロバンスキーの説を紹介するための場所ではない。それに、ここまで彼の説を読むと、私たちの脳裡にはすでに、東半球の太平洋上に浮かぶ同時代日本列島の姿がはるかに見わたされてくる。

実は「徳川の平和」のもとにあるはずのその列島も、革命前夜のフランス、ヨーロッパとちょうど同じころ、同じように相つぐ天変地異に襲われていたのである。暴風雨と火事の災害はほとんど年々のことで枚挙にいとまもないほどだが、たとえば安永三年(一七七四)の冬には大寒波が襲来して、江戸の隅田川まで凍りつくという珍事があったし、同八年から九年(一七七九—八〇)にかけては大島や桜島の噴火がつづき、夏には大雨のあとに関東の河川の大洪水がつづいた。天明二年(一七八二)は一年中天候不順で地震が頻発し、外洋も荒れたらしくて例年のオランダ船の入港もなかった。それが翌年(一七八三)七月の浅間山大噴火と冷害のための諸国大飢饉につながっていったことは周知のとおりである。

そして日本にも、世の末を思わせて相続くこの天変地異と、そのなかでの民衆の生活の困窮や不安や騒擾の有様を、ベルナルダン・ド・サン゠ピエルやゴヤやホガースにまさるとも劣らぬ克明さと社会心理学的洞察の深さとをもって年々記録し、そこに体制の動揺とゆきづまりを読みとっていた一人の観察者がいた。それが『解体新書』の訳者の一人、蘭医杉田玄白(享保十八(一七三三)—文化十四(一八一七))であり、彼の宝暦十年(一七六〇)から天明六年(一七八六)までの同時代見聞録『後見草(のちみぐさ)』であった(『燕石十種』第一巻、所収)。玄白の場合は、ときにベルナルダン・ド・サン゠ピエルなどよりももっと性急で、自然の変異のうちに制度の死と再生の「表象」を読みとってゆくという以上に、そこに直接に為政者の無能と腐敗の様を告発するという過激な口調にさえなることがある。しかし、そうなることがあっても、玄白の筆致は『自然の研究』（一七八四）の著者でもあるベルナルダン以上に客観的で、科学的でさえあった。右のような天変地異や人災を年を追って叙述し、天明三、四、五年（一七八三―八五）と打ち続いてとくに奥羽にはなはだしかった冷害と飢饉の惨状を、医者としての広い情報網にもとづいて生々しく描写した上で、記録の最後の年、天明六年（一七八六）にまたまた襲った大天災については、たとえば次のように記述している。

この丙午(ひのえうま)の年は正月半ばから二月一杯、関東には連日強風が吹き荒れて異常乾燥が続き、そのため江戸ではほとんど数日おきに大火災が発生し、人心恟々、流言蜚語が飛び交い、物価も高騰した。それが四月半ばから急変して、こんどは五月、六月まで異常な冷気と霖雨が続いた。その結果、七月十二日からことに風雨が激しくなったあと、ついに十八日、関東一円は未曾有の大洪水に襲われることとなった。なかでも江戸はとくに被害が大きかったのである。

抑(そもそも)、御府内近き所の洪水と申事、東照宮関東へ移り住せ給ひて後数多度(あまたたび)に及ぶ内、中にも寛保二年戌(いぬ)の年〔一七四二〕と聞えしは殊に勝れ侍りし由。今年は大に弥増(いやま)して甚し。卯月の中頃より降続たる霖雨故、大地も是にうみ(倦)けるにや、又は水脈とやらんの裂(さけ)破れし事なるか、青山牛込なんど云(いう)地高の方の路さけて水を四方へ吹出し、船にて通りし所も有。（中略）名にしおふ山の手さへ水溢れ侍れば、まして本所深川あたり、地ひく(低)の所に至りては、寛保の水勢より四尺ばかりも深しと也。しかありしより両国永代新大橋又も流し落されたり。見渡せし所さへ斯の如く侍れば、其先々に至りては如何(いか)計(ばかり)と云程しれず。さなきだに今年は田畑ともに不熟なりしに、今はいさゝかの物までも残らず流れ失せしにより、一日二日の野菜さへ買求むべき所もなく、あくまで人々困窮せり。然も此水引兼(ひきかね)て一二月もたゝへし故、出羽陸奥の路絶て諸物いよ〳〵払底しぬ。実に希有(けう)の水災なりと恐怖せぬ人はなかりしなり。

記録的な大洪水に遭遇し、文字どおり途方に暮れる江戸民衆の表情までが、この前後の玄白の文章からは読みとれる。そして、こうも年々天変地異が続発するのは、なにか人事にも異変が起きるきざしではないかと人々が怯えていると、果してというべきか、それまで幕閣の中枢に立って権勢を振るっていた老中田沼意次がこの洪水騒動さなかの天明六年八月ににわかに失脚し、そのあとを追うようにして九月には十代将軍家治が没した。それとともに、スタロバンスキーが旧体制下のロココ文化について「浪費のスタイル」と呼んだのにまさに匹敵するような、華麗と不安の美を宿した田沼文化も、見る見るその輝きを失ってゆく。十一代将軍家斉と老中松平定信とに政権が替ってからも、実は大雨が続き、打ちこわしや一揆は頻発したのだが、その大雨をも玄白はいまは、「雨降って地固まる」の意味に解し、来るべき安定へのいささかの希望をもってこの特異な批判的同時代史を結ぶのである。

こうして、一方にフランス革命前夜のヨーロッパにおける寒波襲来と、それに対する同時代文人の象徴的解釈、他方に全く同じ一七八〇年代の日本における天変地異の続発と、それに対する一蘭医の歴史的診断――この二つを並立させて見て、その驚くべき共通性と若干の相異（玄白の方がやはり「人の道はこれ天地のさだめに従う」との東洋的自然観のなかにいる）を指摘することによって、十八世紀比較文化史はすでに成り立つのであろうか。ある程度まではそうであろう。むしろ、この種の共時的比較の方が、たとえば荻生徂徠の合理思想をヨーロッパ中世やルネサンスの神学思想と比較してどれほど進んでいる遅れていると論ずるよりは、興味深く、健全で、またいまの私たちの思考を挑発する。だが、東西におけるこの天災の同時発生は偶発的なものかもしれず、従って東西両洋からの鳥瞰も結局は恣意性をまぬがれないかもしれない。だが、さいわい、その危惧を打ち消してくれる一つの有力な示唆がある。

それは気象学者山本武夫氏の説である。氏の研究によると、十八世紀の後半から十九世紀の前半にかけて、北太平洋地域と北大西洋地域は明らかに「気候の小氷期」（異常低温期）にあったのだという（『気候の語る日本の歴史』そしえて出版）。北太平洋高気圧と北大西洋高気圧とは、地球をとりまく同じ中緯度高気圧の一環で、長期的には同じ変動をするのだが、それが右の時期に南偏したため、低気圧の配置が南に下って、風向きも変ってしまったのである。山本氏はロンドン周辺の南西風の頻度やオランダの一月の平均気温など、西側の統計資料を二百年ないし四百年分あげ、それに対し日本側では気温統計などが乏しいため、「岩手県災異年表」による徳川期の霖雨、洪水、飢饉の頻度や、同時代農村騒擾の年平均回数などのグラフをかかげ、東西両地域の気候変動には明らかな平行関係があり、それに応ずる社会変動についてもそうであることを、はっきりと示した。

日本では天明大飢饉（一七八三―八六）から天保大飢饉（一八三三―三七）にかけての半世紀が、右の小氷期のどん底をなすが、それはヨーロッパでもほぼ同様だったのである。その間に、あのベルナルダン・ド・サン゠ピエルの観察があり、フランス革命があり、長いナポレオン戦争があった。ナポレオンがモスクワ遠征に失敗した一八一二―一三年の冬は、日本も異常寒波に襲われたときで、隅田川のみならず淀川その他の関西の河川までが凍ったという。天明六年（一七八六）の関東大洪水については、山本氏も杉田玄白『後見草』の前引とまったく同じ箇所を引き、このような洪水はなにかの拍子で起るのではなく、「気候の長期変動の頂点に集中的に起る」ものであると指摘している。

こうして、ベルナルダン・ド・サン゠ピエルと杉田玄白とは、東西に数万キロをへだて互いにはもちろんなんの関わりもない間柄でありながら、十八世紀末に北半球中緯度をおおった同じ小氷期の気象現象とその異常な結果を相ともに観察していたということになる。それをそれぞれの文化また個性に応じて解釈し、記録していたのである。これに、一七六八年、一七七六年冬の酷寒、一七八一年と一七八三年の夏の異常な酷暑と天変地異などをやはり克明に記述していたイングランド、セルボーンの博物学者、ギルバート・ホワイト（Gilbert White, 一七二〇―九三）もつけ加えておかなければならないだろう。そもそも彼らがあのような記録を書き残したというのも、自然科学的関心や民衆の悲惨を前にしての義憤からというより、その前にまず異常寒冷の時代に生きて、その異常さを或る程度まで自覚したからではなかったろうか。三人とも分ちもっていた終末観には当然この長期寒波や霖雨も影を落していたのにちがいない（この十八世紀末以前で、東西ともに小氷期に落ちこんだのは十五世紀中葉、つまり日本では応仁の乱のころであるらしいのも興味深いことだ）。

ところで、この小氷期の異常寒冷のもとで発生したフランス革命が、観点を気候史から国際関係に移してみれば、同じ北半球の小氷期のもとにあったはずの日本列島に、なお何十年かの「徳川の春」とまではもういわなくても、一種の政治的・社会的「小春日和」を保障する結果となったのではなかろうか。それこそがフランス革命の日本におよぼした直接の最大の影響であったともいえるのではなかろうか。つまり寛政期から化政期にかけて、徳川日本が対外関係の上で、いくつかの小摩擦は経験しても、天保期以降とはちがう小春日和のような平和をなお享受することができたのは、実はまさにフランス革命以後のヨーロッパの動乱のおかげではなかったか、と考えられる。たしかに西洋から見れば日本は、中国からさらに先の極東の小島国にすぎず、しかも頑迷な鎖国政策で防壁を築いている厄介な国だった。だが、もし西洋列強がフランス革命戦争（一七八九―九九）とナポレオン戦争（一七九九―一八一四）という相つぐ大戦乱・大変動に一斉に捲きこまれてしまうことがなかったなら、その勢力はもっと早く競いあって北から南西から日本列島に迫り、容易にその「泰平」の白昼夢を破っていたにちがいない。そうはならなかったことこそが、フランス革命が同時代の日本に与えた最大の政治的影響とはいえないだろうか――。

実は十八世紀も後半にはいると、日本列島にしたところで、もはや必ずしもその住民が思っていたほど四海波静かではなくなっていた。英国海軍のジェームズ・クックの探検隊は、一七七六―七九年、北太平洋を調査していたし、その数年後には、こんどはフランスのラ゠ペルーズの船隊が、ルイ十六世の命をうけて、日本人のまったくあずかり知らぬ間に日本列島をぐるりと一周して沿岸調査をし、ラ゠ペルーズ海峡（宗谷海峡）を発見して南太平洋に下るという大冒険を行っていた（一七八五―八八）。

英仏以上にロシアが、「隣国」日本に久しく強い関心を寄せていたことはいうまでもない。すでに一七三九年（元文四）、ピョートル大帝の遺命を体したスパンベルグ中佐の船隊が、オホーツクから南下して日本東岸の調査を試み、日本官民の間に「元文の黒船」ともいわれる一時のセンセーションをひき起こしたことはよく知られている。その後、蝦夷地では幾度かいざこざが繰り返されたことがあったし、たとえば一七七一年（明和八）にはカムチャツカ監獄から脱走したハンガリー人、ベニョフスキー（ハンベンゴロー）が、ロシアの蝦夷地進出の計画という怪情報を、漂着地の奄美大島からわざわざ長崎に寄せてきたことさえあった。これは結局理由不明のデマだったのだが、少し後長崎に遊学した仙台藩の工藤平助や林子平はこのニュースを洩れ聞いて驚いて『赤蝦夷風説考』（天明三年〔一七八三〕）を書き、『海国兵談』（天明六年〔一七八六〕）をあらわしたのである。

そして彼らが警告と幕政批判の声をあげはじめたころには、ベニョフスキーの情報はもはや単なるデマではなくなっていた。一七九二年（寛政四）にはアダム・ラクスマンがエカテリーナ二世の命により、漂流民大黒屋光太夫らを伴って根室に渡来し、オランダ・中国以外の外国使節としては初めて幕府に通商を求めて正式交渉の道を開いたのである。

このようなさまざまの対日活動が各方面からすでに始まっていたのに、それが実は脆弱な日本の「鎖国」の壁を破るまでに継続的な強い衝撃として盛り上がっていかなかったのはなぜだろうか。その理由の一つが、フランス革命以後ヨーロッパ大陸に生じた異常に求心力の強い大変動の渦であったと思われるのである。英国は英仏海峡をへだてて、終始もっとも粘り強く革命とナポレオンのフランスに対抗した。だが同時に、この戦乱によってかえって著しく進んだ近代的工業力と海上軍事力とをもって、インドやカナダでの対仏植民地戦争に次々に勝ち、オランダがフランスの支配下に入ればただちにそのオランダの植民地権益を奪って東南アジアでの地歩を固め、広東貿易でも、一七九〇年代にはすでに他を排して絶対的優位を占めるにいたっていた。まさにそのため英国は、少なくとも当分は、日本にまで手を伸ばす必要も余裕もなかったといえるかもしれない。

それに対し、日本に一番近いはずのロシアは、たとえラクスマン使節の派遣が日本側の感触を試すための一冒険にすぎなかったかもしれないにしても、同使節が松平定信から得て帰った長崎入港認可の信牌（しんぱい）さえ、持続的行動によって有効に利用しようとはしなかった。それも、エカテリーナ二世の晩年は、第一次対仏大同盟（一七九三）から、ポーランドの対露反乱の鎮圧と同国の最終的分割（一七九四）といった西方外交の大問題と、革命思想に刺激された国内の不満分子に対する弾圧策とに忙殺されていたからであった。ラクスマンの復命は聴きながらも、おそらくしばらくは極東経営の継続をはかるゆとりはなかったのであろう。

ようやく十年あまりの後の一八〇四年（文化元）、アレクサンドル一世の開国要求の親書と先の幕府信牌とを携えた全権使節のニコライ・レザーノフが長崎に来航した。一行は一年近くも同港にねばって日本側に前後かなりの動揺を与えはしたものの、結局なんの見るべき成果もなしに引き上げざるをえなかった。だが、このときの日本国内の緊張は実はかなりなもので、当時江戸の郊外にその日暮しをしていたしがない百姓俳人小林一茶（宝暦十三〔一七六三〕—文政十〔一八二七〕）のごとき人でも、次のような句を作って国の平穏を祈念せずにはいられなかったのである。

——

春風の国にあやかれおろしや船

一茶の祈願にもかかわらず、ロシア船隊は蝦夷地で腹いせに暴行を働いたりして帰国したのだが、それでもロシア内部の脆弱さと当時いよいよ勢いを得て展開中のナポレオン戦争の重荷のために、ロシアはついに日本に強力で計画的な衝撃を加えつづけて、開国を強いることができなかった。

レザーノフ来航から四年後（一八〇八）、同じ長崎で突発した英艦フェートン号の事件は、ナポレオンの圧力に屈してフランスのものとなったオランダからその最後の権益を奪取しようとした一つの冒険であったが、これはそれまでのどの事件よりも深刻な震撼を日本側に与えたかもしれない。これこそフランス革命以後の国際関係が日本におよぼした、もっとも直接的な一波動ともいうべきであったろう。だがこれも、ヨーロッパにおけるその同じ国際的相互牽制の関係が日本に強制開国の執行猶予をもたらしてくれたという大きな事実にくらべれば、やはりはるかに小さな一飛沫にすぎなかった。

その一八〇八年以降、オランダ船の渡来はまったく途絶えて、商館長ヘンドリク・ドゥーフ（一七七七—一八三五）は本国からの音信もバターも葡萄酒もなしに出島に閉じ籠められた。アジアの制海権は英国に掌握され、一八一一年以降は蘭領ジャヴァもこの敵国に併合されてしまったからである。一八一七年（文化十四）、ようやく復権したオランダ国籍の船が迎えにくるまで九年間、ドゥーフこそ日本におけるナポレオン戦争の最大の受難者であったといえよう。だがその間日本人は、まさにそれだけたっぷりと、鬼の来ぬ間の最後の泰平を楽しみ、「徳川の平和」の下の最後の日曜日との別れを惜しむことができたのである。だが——

けふからは日本の雁ぞ楽に寝よ
桜さく大日本ぞ日本ぞ
此やうな末世を桜だらけ哉
蝶とぶや此世に望みないやうに
花の陰寝まじ未来が恐しき

俳諧師一茶が当時、このようにしきりに「日本」を強調し、他方終末の予感を洩らすようになったのは、このタフな小ナショナリストのうちにもなにか内と外の世界からの不安が遠く感じられはじめていたからかもしれない。はたして、ヨーロッパ本土の情勢がひとまず安定した（そして「小氷期」もほぼ終了した）一八二〇年代、三〇年代になると、もうイギリスを先頭とする「西洋列強」の艦船はしきりに日本近海に出没しはじめていた。日本列島を二百年余にわたってひねもす満たしつづけてきたあの長い「徳川の平和（パクス・トクガワーナ）」の終焉、そして開国と維新への暗転も、すでにそう遠い先のことではなくなっていたのである。

V

17 「徳川の平和」の終焉へ

†島崎藤村、パリからの回想

島崎藤村（明治五年（一八七二）—昭和十八年（一九四三））は大正二年（一九一三）、四十一歳の年の四月半ばにフランス船でパリに渡った。翌一九一四年夏、第一次世界大戦が勃発し、フランスも参戦すると、一時フランス中部のリモージュに疎開するが、同年十一月半ばにはまたパリのリュクサンブール公園に間近なポール・ロワイヤル通りの下宿（パンシヨン）にもどった。二年後の一九一六年四月末まで、ドイツ軍の飛行機や飛行船による爆撃もあった戦争直下のパリで暮し、同年七月に日本に帰った。

藤村はパリ到着後間もないころから二年間にわたって（大正二年八月—四年八月）、実に筆まめに自分のフランス見聞や一種の比較文化的考察を文章にして東京に送り、『東京朝日新聞』に断続的に連載した。その前半は『平和の巴里』として、後半は『戦争と巴里』としてまとめられて、著者の滞仏中にすでに単行本として刊行され（大正四年）、後には両書を合わせて『仏蘭西だより』上下二冊として新潮社から出版された（上巻は大正十三年九月、下巻は同十一年六月。なおこれらの原稿料、印税が筆者藤村のパリ生活を支えた）。

なぜここに藤村の『仏蘭西だより』を引き合いに出すのか。それは同書後半「戦争と巴里」のなかの一章に、意外にも徳川日本後期の文化史・精神史を考える上できわめて示唆に富む一文が含まれているからである。「春を待ちつゝ」と題してくられた全十一篇のエッセイのなかの第四篇で、大正四年三月十三日にパリで書かれ、同五月五日に『東京朝日』に掲載された。早春といっても、ときに「淡黄の光のほのめき」や「桃色の雲の群」を空に望むことがあるだけで、依然として濃い霧のこめることの多い暗澹たるパリの町で、下宿の窓の下のプラタナスの並木通りにフランス歩兵の一隊がしばしば休息するのを見おろしたりするような日々に書かれた一節である。以下にまず引用しよう。

もし吾国に於ける十九世紀研究とも言ふべきものを書いて呉れる人があつたら、奈何（どんな）に自分はそれを読むのを楽むだらう。明治年代とか、徳川時代とかの区画はよくされるが、過去つた一世紀を纏めて考へて見ると、そこに別様の趣が生じて来る。先づ本居宣長の死あたりから其時代の研究を読みたい。万葉の研究、古代詩歌の精神の復活、国語に対する愛情と尊重の念、それらのものが十九世紀に起つて来たクラシシズムの効果を収めたことあたりから読みたい。それがいかばかり当時に眼覚めて来た国民的意識の基礎と成つたかを読みたい。一方にはあの時代の初に於いて、喜多川歌麿も歿し、皆川淇園も歿し、上田秋成も歿し、十八世紀風の特殊な芸術が次第に山東京伝とか式亭三馬とか十返舎一九とか為永春水とか、あるひは歌川派の画家の群とかの写実的傾向に変つて行つたことを読みたい。一方には聖堂を学問の中心として文藝、趣味、道徳の上に支那の憧憬があるかと思へば、一方には蘭学の研究なぞが非常な勢で起つて居る。十九世紀の初期を考へると、旧いものと新しいものとが雑然同棲して居る。それを委しく読んで見たい。組織的な西洋の文物を受納れようとしてから未だ漸く四五十年だ、兎も角もその短期の間に今日の新しい日本を仕上げた、斯う言ふ人もあるが、それは余りに卑下した考へ方と思ふ。少くも百年以前に遡らねば成るまい。十九世紀の前半期は殆ど其準備の時代であつたと見ねば成るまい。前野良沢とか桂川甫粲とか杉田玄白とか大槻玄幹とか、其他足立左内、高橋作左衛門、伊藤圭助、足立長雋、彼様いふ人達が来（きた）るべき時代の為に地ならしをして行つた跡を委しく読んで見たい。

　頼山陽といふ人も彼（あ）の時代には見逃せない代表的の人物であつたらう。あの人の書いたものは随分混り気の多いものとして、一代の人心をチャアムしたことは争はれまい。けれども山陽には未だ余程十九世紀風の遺つたところが有る。渡辺崋山、高野長英、吉田松陰等に成つて来ると、何となくそこに武士的新人の型（タイプ）を見る。その熱情に於いてはより熱烈であり、その思想に於てはより実行的であり、その学問に於いてもより新しいものと成つて来て居る。反抗、憤怒、悲壮な犠牲的精神、彼の人達の性格を考へると、どうしても十九世紀でなければ見られないやうな激しい動揺と、神経質と、新時代の色彩を帯びたものがある。其様なことなぞも精しく書いてあつて、それを読むことが出来たらばと思ふ。

十九世紀は旧いものが次第に頽れて行つて新しいものがまだ真実に生れなかつたやうな時だ。すべての物が統一を欲して叫びを揚げて居たやうな時だ。その中で『士族』といふ一大知識階級が滅落して行つた。幾何の悲劇がそこに醸されたらう。それを読んで見たい。長谷川二葉亭、山田美妙、尾崎紅葉なぞの創めた言文一致の仕事を国語の統一といふ上から論じたのも読みたい。新しい詩歌が僅に頭を擡げたのも漸く十九世紀の末のことである。

（「戦争と巴里」四、『藤村全集』第六巻、筑摩書房、一九六七）

「徳川の平和」の風景を「平和」にふさわしくゆったりと眺めてきた本書の最終節で、「平和」の終焉が間近いことを語ろうとするときに、まさに引用に値する洞察の一節ではなかろうか。昔、フランス比較文学の先達ポール・アザールの『ヨーロッパ意識の危機・一六八〇―一七一五年』という大著（Paul Hazard, *La Crise de la conscience européenne, 1680–1715*, Paris, 1935）を読み、それならば日本近代でこのような感性と思考の様式の「急変」が発生したのはいつ頃のことだったろう、などと考えて模索していたときに、たまたま藤村の『仏蘭西だより』を繰っていて、この一節にめぐりあった。私は驚き、感嘆し、一挙に眼を開かれるような思いをしたものであった。

十九世紀日本の研究というような書物があったなら、ぜひそれを読んでみたい、と繰り返す右の文章は、藤村が渡仏以来幾たびも反芻してきた想いを、ここに一気に吐露したかの観があって、まことに興味深い。この章の前後には、戦時下のパリの市民生活の観察や政治家・文学者たちの愛国の檄文に触れたりしているなかで、日本近代史への突然の言及は際立っており、文章にもこのときの藤村の精神の昂揚が宿っている。パリに来てまもなく二年になろうとして、藤村には日本列島の歴史、とくに近代史を遠くからかえってよく見霽（みはる）かし、捉え直す鳥瞰の視野が出来てきていたのだ。世界大戦の非常事態のさなかにあって、この危機からの脱出と再生を探りはじめているヨーロッパ知識人たちの言動が、十九世紀日本の相つぐ内憂外患のなかからの近代的国家統一への転身の歴史を藤村に想起させ、その歴史記述への新たな構想を懐抱させた、ということもあったのにちがいない。

右の一文の冒頭に「明治年代とか、徳川時代とかの区劃はよくされるが、過去つた一世紀を纏めて考へて見ると、そこに別様の趣が生じて来る」と述べるところからして、面白い。いまなお新鮮な提言とさえいえるだろう。徳川・明治の文化史ないし精神史を一貫して眺望する、把え直すという史書は、二十一世紀初頭のいま、藤村のこの発言から百年たったいまなお、めったに見かけることはないからだ。

藤村はまず本居宣長（一七三〇―一八〇一）にいたる古事記・万葉集などの日本古典研究の蓄

積を「クラシシズムの効果」と呼び、そのいわゆる国学が十九世紀日本人の「国民的意識」、つまりナショナル・アイデンティティの自覚の源泉となる経緯を知りたい、という。彼が十数年後に『夜明け前』（昭和四―十年、『中央公論』連載）でみずから試行してゆく近代史像の先触れの言葉である。十返舎一九（一七六五―一八三一）とか為永春水（一七九〇―一八四三）などの洒落本、人情本の戯作者たちや、おそらく歌川国貞（一七八六―一八六四）、国芳（一七九七―一八六一）、広重（一七九七―一八五八）などを念頭にしての浮世絵師たちによる、徳川文化のさらにも多彩な民衆化とそのなかでの「写実」の新潮流にも、藤村は忘れずに眼を向けている。これも思想史、文学史、美術史といった、局面にとらわれずに、十九世紀日本の文化と社会の変動をその動態のままに生擒(いけど)りにしてみたいとの、小説家藤村の野心の予告であったろう。

　しかしこの一章でなによりも注目すべきは、徳川学術の中心柱ともいうべき聖堂アカデミーの儒学・漢学の力を認めながらも、国学とともにそれを挟撃するかたちで展開した蘭学＝洋学の歴史的意義を強調する一点である。

　藤村は夏目漱石が有名な講演「現代日本の開化」（明治四十四年〔一九一一〕）のなかで、明治の日本は「体力脳力共に吾等(われら)より旺盛な西洋人が百年の歳月を費(ついや)したものを……僅か其の半(なかば)に足らぬ歳月で明々地に通過し了(おわ)」ろうとし、そのためかえっていまわれわれは「神経衰弱に罹(かか)って気息奄々(えんえん)」の有様だ、などと論じたのを念頭のどこかにおいていたのだろうか。彼は、その漱石説のように、日本が西洋文物を組織的に受容するようになったのは維新以後の四、五十年にすぎぬ、などという通念は、「余りに卑下した考へ方と思ふ」と断じるのである。日本人の西洋文明研究・摂取の歴史は「少くも百年以前に遡（さかのぼ）らねば成るまい」と主張して、そこにこそ徳川から明治への緊張した思想、文化の連続性を読みとろうとするのである。

その蘭学＝洋学の系譜の先駆けとして、藤村が思いつくままに挙げていったらしい学者たちの名前も面白い。前野良沢とか杉田玄白とかは当然である（ただ、この稿執筆当時、彼らと並べた「桂川甫粲（ほさん）」という名についてはよく分からないでいた。桂川家の後裔今泉源吉の大著『蘭学の家・桂川の人々』〔篠崎書林、一九六五年〕を繰ってみても『洋学者人名事典』〔武内博編、柏書房、一九九四年〕を開いてみても、この名は見当らない。ところがその後の調べによると、「甫粲」は前にも挙げた〔一六三頁〕桂川甫周の実弟で、平賀源内の弟分でもあった蘭学好きの浄瑠璃作者万象亭（まんぞうてい）森島忠良〔一七五六―一八一〇〕のことを指す。島崎藤村はさすがに詳しい、とあらためて感ずる）。

これは代々将軍家の奥医師〔外科侍医〕を勤めた法眼桂川家の三代目桂川甫三（ほさん）〔国訓（くにのり）、一七三〇―八三〕の名の誤記であろう。前野良沢、杉田玄白のみならず平賀源内などをも引き連れて、よく江戸石町（こくちょう）の長崎屋にオランダ商館長一行を訪ね、問答を交わしたよき先達である。その長子の俊才、四代桂川甫周〔国瑞（くにあきら）、一七五一―一八〇九〕が、良沢、玄白、中川淳庵らとともに『解体新書』を訳出したとき、幕府のお咎めを避けるためこれを将軍に内献させたのも、この甫三翁のはからいであった。甫三の名を挙げるなら、大黒屋光太夫のロシヤ体験の詳細を聴取し記録した『北槎聞略（ほくさぶんりゃく）』の編者でもある甫周の名も、藤村はここに列記すべきであったろう。

同様に、幕府の蕃書和解（わげ）御用を勤めた大槻玄幹（一七八五―一八三七）の名を出すなら、その父にして良沢、玄白の直系の蘭学者で芝蘭堂（しらんどう）の主となって多くの俊傑の師ともなった大槻玄沢（一七五七―一八二七）も、ここに忘れてはならぬ名であったろう。同時代の平賀源内、司馬江漢、本多利明など、蘭学周辺で十八世紀末に活躍した「寂静ならざるの心魂」の持主たち（大西祝（はじめ））をもここに引合いに出していたなら、藤村のリストはさらにも興味深くなっていたはずだ。「来（きた）るべき時代の為に地ならしを行った」その他の人々として、幕府天文方の筆頭となりシーボルト事件にかかわって獄死した高橋景保（作左衛門、一七八五―一八二九）や、シーボルトに師事してリンネ式の新植物学の先達となった伊藤圭助（圭介、一八〇三―一九〇一）らを、ここに列挙するのはよくわかる。だが、江戸で高橋景保の暦学の助手となり、のちに松前でロシア語を学んで日本におけるこの語学のパイオニアとなった足立左内（一七六九―一八四五）とか、蘭方のなかでも洋式産科学の開祖となった足立長雋（ちょうしゅん）（一七七六―一八三六）とか、私たちには聞きなれぬ洋学者たちの名をここに連記するのはまた珍しい。パリの藤村の手もとには日本の蘭学＝洋学に関するどのような文献があったのか、まったく不明だが（大槻如電（じょでん）の『洋学年表』は一八七七年刊、同『新撰洋学年表』はその五十年後、一九二七年の刊行だった）、彼のこの分野への関心が意外なほどに広く深いことをよく示す事柄といえよう。

　十八世紀日本の蘭学が外科の解剖学から始まって、西洋医学の多分野の学習にひろがり、十九世紀にかけてさらに地理学、語学、天文学、博物学へと急速に発展したことは、杉田玄白自身があの鮮烈な回想記『蘭学事始』（一八一五）の末尾に「一滴の油これを広き池水の内に点ずれば散つて満池に及ぶとや」と歓喜の言葉をもって記したことであった。そして写本のみで伝わっていたこの『蘭学事始』を、蘭学の盟友神田孝平が湯島聖堂裏の露店で再発見（一八六七年）したと聞くと、事の重大性をすぐにさとって、二年後（一八六九年）にはさっそくこれを木版本にして刊行したのが福沢諭吉（一八三四―一九〇一）だったことも、よく知られている。

洋学者福沢はさすがに歴史の大局を見とおす慧眼の持主で、この『蘭学事始』復刊の七年後、明治九年（一八七六）九月二十八日、本郷金助町の大槻邸で催された「故大槻磐水（玄沢）先生五十回追遠会」では、後学総代として「追遠の文」を読み、つぎのようなみごとな言葉で徳川蘭学の思想史的意義を説いていた。歴史上の変動をもたらすのは革命でも戦争でも政府の政策でもない――

> 皆是れ人事の一部分にして、其本を尋れば必竟人心の変動発達、無形の際に源せざるものなし。而して我洋学の先人は、百年の上に在て既に此人心変動の原素を養ひ、之を伝へて後世の今日に遺し、以て文明の路に荊棘を除きたる者なり。……先人の功業、大にして、其徳沢、美なりと云ふ可し。
>
> （『福沢諭吉選集』第十二巻、岩波書店）

島崎藤村はこの名文を読んだことがあって、いまパリでこれを想い起こしていたのか。そうとも思えないが、彼の『仏蘭西だより』の一節はよくこの福沢の言に呼応するものであった。福沢はさらに右の「追遠の文」の十数年後、『蘭学事始』の再版にも長文の序を寄せて（明治二十三年〔一八九〇〕四月一日付）、前に重ねてつぎのように洋学の意味を強調していた。

（『蘭学事始』の再刊は）啻に先人の功労を日本国中に発揚するのみならず、東洋の一国たる大日本の百数十年前、学者社会には既に西洋文明の胚胎するものあり、今日の進歩偶然に非ずとの事実を、世界万国の人に示すに足る可し。（緒方富雄校註『蘭学事始』岩波文庫「解説」より）

いま福沢によるこの「序」を読み直して気づくのは、藤村もパリに暮して、この福沢と同じ思いを抱くことがあったのではないか、ということだ。彼もパリで日本人、フランス人の知友と語り合ううちに、実は日仏のどちら側にも、日本は維新後になってはじめて西洋文明の学習を始めたのであり、それゆえその理解と自国近代化はまだいたって浅薄だ、といった在外インテリに特に強い俗説がはびこっていることに気づき、そのことを心外に思うようになったのではないか、ということである。その俗説への反駁というひそかな意図があって、藤村はここに福沢と同じく「（日本の）今日の進歩偶然に非ずとの事実を、世界万国の人に示」そうとしたのではないか。少くとも徳川日本の先達のための一種の義憤と、祖国の近代史への自負の念とを、ここに洩らしていたのではなかろうか。私たちにそう思わせるような文章の一気呵成の勢いの強さが、この『仏蘭西だより』の一節には宿されている。

日本の蘭学が十九世紀に入ると医学をこえて自然科学、人文社会の学の多分野に押しひろげられていったことは、前に一言触れたが、その勢いは、十九世紀前半、文化文政から天保にかけて日本沿岸に西洋艦船の出没することが頻繁になると、一気に増し、内外の政治、社会、軍事の制度にまでかかわる学問に変質してゆく。蘭学から洋学（西洋学）への転換と新展開であり、そこには内憂外患の現実にゆさぶられはじめた徳川体制への批判の意識、すでに二百年つづいてきた「徳川の平和」への危機の自覚が、鋭く働きはじめていた。島崎藤村が前引の文章の後半で、洋学を踏まえたこの十九世紀の「武士的新人の型（タイプ）」の先駆けとしてあげるのが、『日本外史』の尊王派頼山陽（一七八〇—一八三二）よりも、渡辺崋山（一七九三—一八四一）であり、高野長英（一八〇四—五〇）であり、吉田松陰（一八三〇—五九）であるのは、まことに興味深く、図星を指している。

パリの宿舎にいて、十九世紀日本のこの新しい武士知識人の名をつらねて想い起こしたとき、藤村には日本にいるときよりもかえって身近になまなましく、彼らの疾走の姿とその心情とが浮かび上ってきたのにちがいない。彼らに寄せる藤村の評の言葉は、短いなかに切実な共感を籠め、また驚くほど真に迫っている。その一節だけをもう一度ここに引いておこう。——「反抗、憤怒、悲壮な犠牲的精神、彼（か）の人達の性格を考へると、どうしても十九世紀でなければ見られないやうな激しい動揺と、神経質と、新時代の色彩を帯びたものがある」。

「其様なことなぞも精しく書いてあつて、それを読むことが出来たらばと思ふ」と、藤村はすぐつづけて書いていた。彼が願望していたのは、十九世紀日本のただの政治史、思想史、あるいは外交史、洋学史などの一科、一分野の歴史書ではなかった。それら諸分野の現象の底流をなしていた、十九世紀日本ならではの精神の歴史、という以上に、とくに武士エリートを衝き動かした「激昂」（paroxyism）の心理・心情の歴史ともいうべき新しい史書への期待であった。やがて『夜明け前』の作者となるべき小説家の、さすがに鋭い直観的把握を示す、そしていまなお新鮮な心身の歴史への構想だったのではなかろうか。

シーボルトの直弟子で渡辺崋山の盟友となった洋学者高野長英は、後年「滅茶で、無法で、強情で、……我儘一杯」と評された（真山青果『玄朴と長英』）不屈の戦闘家であった。同じく洋学者にして砲術家佐久間象山（一八一一―六四）は、獄中にあってみずからの姿を「意、抗慨して激昂し、心、経結して愁を増す」と述べた（『省諐録』）。この象山に激励されて二十四歳の志士（**man of high purpose**）吉田松陰は「夷を以て夷を制す」べく、まず「世界」をその身に知ろうと、安政元年（一八五四）三月二十七日の深夜、「吾等米利堅に往かんと欲す」と墨書した紙一枚を掲げて、下田沖に淀泊中のペリー艦隊の旗艦ポーハタン号に乗りこんだのである。

彼らの洋学系の同志また後輩には、江川太郎左衛門英龍も、川路聖謨も、高島秋帆も、佐野常民も福沢諭吉も、また坂本龍馬も勝海舟も中岡慎太郎もいた。だが、その系譜にはきりがない。ここでは藤村が名を挙げた三人の十九世紀武士知識人のなかでも、「徳川の平和」の下の日本民衆の生活をもっともよく知り、「徳川の平和」の終焉を誰よりも早く鋭く予感し、西洋を知ることによって徳川体制の変革を模索し、その体制批判のためについにみずからを犠牲とした、十九世紀日本のおそらくもっともすぐれた武士教養人、画家にして洋学者であった渡辺崋山を最後にとりあげ、その精神史的肖像の素描を以下に試みて、本書を終えることとしよう。

†渡辺崋山と「徳川の平和」

いま私の手もとに『渡辺崋山』とだけ題された薄い展覧会図録がある。全三十頁の小冊子。末尾の頁の下段に「主催日本経済新聞社　後援文化財保護委員会　会期八月十五日―二十日　会場日本橋三越」と記されている。ところがこれが何年のことであったのか、冊子のどこにも出ていない。昔の展覧会図録とはこんなにも簡略なものであったかと感じつつ、冊子を繰ると、「崋山年譜」の最末尾に「昭和三十六年（一九六一）崋山名作展……」とあって、はじめてわかった。「主旨」というコラムの中にも「今年は、歿後百二十年にあたる」とあるのを見つけて、ようやく納得した。

なるほど、崋山が幕政批判によりいわゆる蛮社の獄で高野長英らとともに投獄され、死刑は免れたが、二年後、四十九歳の年の天保十二年（一八四一）十月十一日、蟄居先の田原の陋屋で切腹して果ててから、それはまさに一二〇年目の年にちがいなかった。

一九六一年といえば、私はフランス留学から帰ってまだ間もなく、もとの大学院博士課程にもどったが、定職はなかった。「近代日本における意識の危機」という課題を掲げて、公の機関から月二万円の奨学金を貰う身だった。右の研究課題の一端緒として、たまたま読んだ旧佐賀藩士久米邦武による岩倉使節団（一八七一―七三年）の報告書『特命全権大使米欧回覧実記』全五冊（一八七八）があまりにも面白く、その読解の論文一篇を書き終えたところでもあった。

この使節団に加わった新政府の指導者たち、旧幕府の外交官たち、新官庁のエリートとなった旧武士たちの、西洋文明の総体と細部に肉迫した知的把握の能力の高さ、勇気と使命感の強さに、私は心底から驚嘆していた。そして彼らが育ち、学んだ精神史的環境を知るべく、維新から幕末へとさかのぼり、さらに十八、十九世紀日本の蘭学・洋学の系譜を自分なりに探り直してみようと考えはじめていた。そこで私は渡辺崋山といえば十九世紀日本のもっとも代表的な武士知識人――彼のことをもっと詳しく知らなければ、と、三越に出かけたのであったろう。

だがこの崋山名品展は、私の予期したのとはまた別な、この武士の意外に柔かな内面の顔を私に示唆してくれることとなった。

もちろん、会場であらためて見直すと、国宝の「鷹見泉石像」などは、崋山が学びたての洋風の陰影画法をすでにみごとに伝統画法のなかに生かして、蘭学志向、開明派の先学としてのこの古河藩家老の颯爽たる風采をよく今日に伝えている。谷文晁門下で崋山の親友でもあった立原杏所の父立原翠軒の像は、崋山も若き日に直接にこの人と面識があったのか、墨一色の鋭い描線で

渡辺崋山「鷹見泉石像」部分（東京国立博物館蔵）

目、鼻、きつく結んだ口と、その口もとの髭まで把え、水戸の徂徠学派の儒者としての気迫をまざまざとよみがえらせていた。また崋山が師事した昌平黌の儒者佐藤一斎、名書家市河米庵などの画像も、本画と画稿がそろって出品されていた。両者のどちらも本画よりは画稿の方が筆鋒鋭くて険悪の相とも言うべきほどに描かれている。後に私はこの二人は崋山の蛮社の獄連座の際、他の師友たちと違って、崋山助命に奔走することがなかったと知って、「やはり」とうなずいたものだった。

このような十九世紀日本の知的歴史の一端を画像によってたどるような展示の他に、崋山晩年の主として中国式画題による本画が多数出品されていた。だが私が若かったからか、これらにはほとんど心惹かれることがなかった。私が初めて知って、ガラス・ケースのなかを見詰めて見飽きることのなかったのは、崋山二十六歳、文政元年（一八一八）の作という同時代江戸の市井風俗の写生帖「一掃百態図」であった。また文政八年（一八二五）、武蔵・下総・常陸・上総への徒歩旅行の見聞を日記と淡彩写生に記録した「四州真景図巻」から、天保四年（一八三三）の渥美半島の田原藩領と伊良湖岬沖の神島(かみじま)との視察記録「参海雑志(さんかいざっし)」(大正十二年、震災によって焼失。その前に作られていた復刻本展示)に至る旅行記類の数点であった。私は崋山のこれらのいわば私的な文献・記録に接することによって、この卓越した武士知識人のうちにも、当然のことながら、日常の悲喜こもごもの感情の起伏と解放があり、世間の瑣事へのおのずからな好奇心の働きがあったことを知って、ほっと安堵し、崋山への敬愛の念がいよいよ深まるのを感じたのである。

「四州真景図巻」以後の旅の絵日記については、三越展の十三年後(一九七四年)、私は『渡辺崋山——優しい旅びと』(淡交社、のち朝日新聞社)と題して一書をあらわした。いまここには、「一掃百態図」のなつかしい江戸街頭の小景のなかから、ほんの数点のみを眺め直してみよう。ここでは人物の肌にのみ薄茶色が施されている。

たとえば、口に煙管(きせる)をくわえて道端にぺったりと胡坐(あぐら)を組み、浅い桶に泳がせた金魚やめだかを売る商人。小さな男の子が手にこの露店専用の椀を一つ持って、嬉しそうに小魚の何匹かを注文している。傍に立つ父親らしいおさむらいは、袴に佩刀(はいとう)、煙管入れもぶら下げ、左手に番傘、右手の先を子供の肩に添えようとしながら、「やれやれ、またか」と少々困惑しながらも甘い顔である。金魚売りは手に三角網をかかげ鼻をふくらませて、「おや、坊っちゃん、金とと何匹?」そんな会話も聞こえる。向こうには、同じ商人のかなり大きな竹籠もあって、亀の子が二匹、外側にくくりつけられ、その糸をぴんと張って半立ちになっている。それを指さして喜ぶ赤ん坊を膝の上に抱えた少年も、面白がりながら少々もて余し顔(三三四頁)。——私も家の近くの富士神社のお祭りに幼なかった息子たちを連れていって、まったく同じ経験をした街頭小景である。

次の頁上段では、箱入りの大きな猿田彦の面を背負った金比羅参りの白装束の男が、手に下げた鈴を振ると、これに道を譲るらしい品のいい老夫婦。それにしても老女の方がほとんど横向きになり、かしげた頭を夫の肩に寄せんばかりに恥

渡辺崋山「一掃百態図」(田原市博物館蔵)

じらっているのが、いかにも好ましい。だが、それはなぜなのか。猿田彦の天狗鼻になにか卑猥な意味でもあったのか。この絵の下段には、江戸のどこかの寄席の一景。高座の咄家(はなしか)が首を襟にすっこめて語りつづけると、土間の男二人は不作法な格好のまま鼻の穴をひろげて面白がり、後列の別な二人はそれぞれにそっぽを向いて煙管に専念する。まさに天下泰平、「徳川の平和」の最終風景のなかの男たちだ。

その左頁には、小唄の稽古でなにかしくじり、三味線の女にまたたしなめられて閉口する男。その男のすぐ側では大きな角火鉢を囲んで、世間噺に夢中な女一人に男二人。手前には火鉢に向いたまま後手に薬罐(やかん)の白湯を茶碗につごうとしている男、左側には世間噺を半分聞きながら爪楊

枝で歯を拵る(せせ)もう一人の暇人(ひまじん)。

二十六歳の武士の絵描きが、なぜこれほどまでに親密にいきいきと同時代同胞の日常の仕種(しぐさ)と表情を観察し、描出しえたのか。それは彼が武士としてのエリートたることを自覚しながらも、彼ら民衆と同じ水準で暮し、彼らと同じ生活感情を分ちもっていたからに他なるまい。文化十一年(一八一四)以来、同時期に巻を重ねていた北斎の「北斎漫画」が男女同胞の日常の姿態を故意に滑稽化して笑っていたとするなら、崋山の写生はむしろ彼ら民衆のまったく屈託のない表情に共感の微笑みを向けていたとも言うべきだろう。

終りに「一掃百態図」のなかでもよく知られた見開き二頁の、ある日の寺子屋の景。右側では十名ほどの悪童どもが取組(とっく)みあいを始めたり、いたずらとあくびの仕放題だったりする。それに対し左側では、小柄な生徒が一人、お師匠さんの前で漢籍素読を懸命に勤め、彼の両親らしい中年夫婦がすぐ横で、それを勝手に応援しているというまことに愉快な情景である。

この一景を愉快がってからまもなくのこと、私は駒場でリルケ学者富士川英郎教授が始めた「江戸漢詩」演習で、頼山陽の叔父頼春風(一七五三―一八二五)が江戸来遊中に詠んだという詩の一篇、「目黒に赴く路上」を読んだ。富士川氏の訓(よ)みでここに引用すれば――

城外　薫風　十里余
午雞(ごけい)の声近くして　田閭(でんりょ)に入る

蛮童を会集して　何の事業ぞ
主翁　几に凭りて　村書を写す

（富士川英郎『江戸後期の詩人たち』筑摩叢書）

「午雞」とは陶淵明の「桃花源記」の作中で、昼下りの桃花源の村里で間ぬけた声で鳴いていた鶏たちのこと。田閭は田園。まるで、そっくりそのまま「一掃百態図」の寺子屋の景ではないか。私の脳裡にいよいよ鮮やかに「徳川の平和」の映像がひろがり始めたのも、実はこの崋山、春風、それに富士川先生の語りつづけた菅茶山（一七四八—一八二七）らの詩と画に同時に接した一九六〇年代半ばの頃からのことだった。

渡辺崋山も後年、相模厚木への旅日記「游相日記」や、神島探訪の「参海雑志」などのあちこちに、繰返し「あたかも桃源の如し」との言葉を書き入れている。それはむしろ天保年間に入ると、彼の切願する「桃花源」的駘蕩たる「徳川の平和」の景が、この列島内から消えてゆきつつあることを感知していたからではなかろうか。彼はまさにその頃から、内憂外患の急迫する中の、洋学系海防思想家として、愛する国土と同胞民衆の平和のために活動し発言し、やがて自決へと自らを押し進めていったのである。

†「極秘永訣」——世界を探る知識人・渡辺崋山

三河田原藩の藩士、そして画家渡辺崋山が西洋の文物に接するようになったのは文政初年、一八二〇年代からのことだったようである。画家として蘭書のなかの銅版挿絵やオランダ渡りの石版画などを眼にして洋風画法に興味をよせるようになったのは、一世代前の司馬江漢や平賀源内や谷文晁などと大体似たコースだった。だが、その関心がこんどは彼をケンペルの『日本誌』や蘭学者小関三英（こせきさんえい）（一七八七―一八三九）との出会いに導き、さらに三英を介して同じくシーボルト門の俊才高野長英らと相識り、親交を結ぶようにもなるというと、そこにはたしかに時代のテンポが速くなり、『蘭学事始』以後の蘭学が、より広い西洋研究としても充実しはじめていたことが感じられる。

崋山自身はオランダ語はできなかったが、その代り三英・長英という当代一の蘭学者をかたわらに擁することができたのである。その二人の盟友の助力によって崋山が本格的に西洋研究に打ちこみはじめるのは、彼が田原藩の年寄役兼海防掛に就任した天保三年（一八三二）のころからだといわれる。

その崋山の旺盛な勉強ぶりは、多方面に及ぶ蘭書の題名やその内容の覚えを書きとめた『客坐録』（一八三七）や『客坐掌記』（一八三七―三九）などによってもうかがうことができる。だが、もっとととのったかたちで、彼の西洋研究の関心の方向や、その突っこみの鋭さ、既得知識の水準の高さと斬新さ、そしてひるがえって日本現状への批判の切実さを歴々と今日の私たちにまで示しているのは、『鴃舌或問（げきぜつわくもん）』（一八三八）という一書である（鴃（もず）の如き意味不明の言語〔外国語〕

を話す人物との問答書）。これは、天保九年（一八三八）三月、恒例によって江戸に参府した長崎のオランダ商館長ヨハネス・E・ニーマン（Johannes Erdewin Niemann, 1797–1850）に、崋山が（もちろん通詞を介してだが）会見して交した問答を、崋山なりにまとめた記録だった。「鴃舌」とは呼ぶものの、ニーマンは、身の丈七尺三寸の豊肥牛（うし）のごとき偉丈夫で、年齢も崋山より四つ下の四十二歳、見聞は世界大にひろい上に地理学（アールドレイキス）を専攻し、輿（かご）のなか、便所のなかでも書物を手放さぬ勉強家であったと、崋山はしるす。ケンペルの『日本誌』を愛読する点でも崋山の信用と共感を呼ぶに足る、出島商館長にはめずらしいなかなかの学者であった（「鴃舌小記」〔序文〕）。このオランダ人学者と崋山との問答録は、イタリア人宣教師シドッチと対決した新井白石のあの『西洋紀聞』（一七〇九）から、箱館でフランス人宣教師メルメ＝カションに学んだ栗本鋤雲（じょうん）の『鉛筆紀聞』（一八六四）にいたる道程の中間にあって、そのいずれにも匹敵する直接話法の西洋事情研究の傑作であったといってよい。

「今は古にあらず」。日本をめぐる世界の情勢は変転しつつある。「その俗を審（つまび）らかにしてその変を知る」ことこそいま緊要だ。「これを知れば則ち物に滞（とどこお）らず」——との、ダイナミックな時空の相対主義を基本の態度として、崋山は四方八方から日ごろ心中に鬱積した質問をニーマンに浴びせかけ、あの海の彼方の世界の実像に接近してゆく。たとえば崋山の第一問に対するニーマンの答え、「オランダの学者たちもドイツ語、フランス語の本で学問の第一線を追っている。オランダ語訳を待っていたら、三、四年も進歩に遅れてしまう」。こんな事実一つでも、当時はまだ日本の蘭学者たちのあいだでさえ十分には認識されていなかったことだった（このときの崋山より約三十年後、文久二年（一八六二）の幕府使節としてヨーロッパに渡った洋学系随員〔松木弘安、福沢諭吉、箕作秋坪（みつくりしゅうへい）ら〕は、アムステルダムの書店などに立寄ってはこの事実を実感する）。

それならば最近のヨーロッパで学問藝術のもっとも盛んな国はどこか。それは右のとおりドイツ、フランスだが、さらに近年、工業技術の面ではイギリスの発展がいちじるしく、ことに蒸気機関（ストームマシーネ）が発明されて以来ロンドンは西洋世界の産業の一大中心地となって繁栄し、火力機関（ヒュールマシーネ）による船舶も発明されようとしている現状だ。それならばヨーロッパでそのように学問や技術が代を重ねて着実に進歩するのはなぜか。それは数学、人文学、工学、いずれの面でも公の学校制度が発達していて、日進月歩の功を積んでいくからだ。能力ある者には官府から学資が出、業績は学士院、関係官庁と順を踏んで公平に査定され、資本家にその発明を売って利益を得ることも許されている。出版公開されてその新知識の恩恵を全地球に及ぼすことも多い。要するに人材養成、人材登用の道が公共の利益のためにいたるところに開かれていて、独学偏見に埋もれたままの者などいないのだ。その点で、どこかの国のように「独尊外卑、自ら耳目を閉て、井蛙（せいあ）管見の弊風」に自足する閉鎖社会とはまるで異なる（『鴃舌或問』）。

学者の規模広大にして、能（よく）容（い）れ、能（よく）弁じ、其不レ知（しらざる）ものは闕如（けつじょ）す（知らぬことについては黙する）。是を以て実学盛に行はれ、向学のもの日々に多く、日烘（にっこう）雨淋（うりん）（日が照り雨が降れば）、天の物を生ずる如くなれば、志あるもの丶、生活に事欠くなど丶申（まうす）義は、これなく候。

ヨーロッパ社会のこの開放された可動性、教育と学問のこの公開性という近代的原理は、すでに蘭学発足後まもないころから、前野良沢や杉田玄白や本多利明らによって大いに注目され、羨望の念をこめて論じられてきたし、以後も明治にいたるまで洋学者たちによって繰り返し説かれてゆく（例えば岩倉使節団（明治四―六年）の『特命全権大使米欧回覧実記』。とくに第二巻「イギリス篇」）。だが、その知識を一気にこれほど鋭く徳川体制の批判へと向けて斬りこんだのは、おそらく崋山がはじめてだったろう。日本人の気風はトルコ人と似ていて、「学問上達を尊び、下学（かがく）せず。こ丶をもて秀才なるものは傲慢に流れ、平庸なるものは怠惰なり。奇機を見て模倣する事、至て敏捷なれども、性沈実ならざる故に物を創始する事能はず。是を我国（オランダ）にてはリユクトホーフト（軽脳）といふ」などと痛烈な日本人批判とともに、これはほんとうはニーマンに託して崋山が日ごろの胸中の想いを述べているのではないか、と疑いたくなるほどである。事実上、なかばはそうでもあったのだが、要するに崋山は一を聞けば、わが身の上、わが藩、わが師友、わが徳川社会と、直ちに十を想わずにはいられなかったのである。

ここで『鴃舌或問』の全問答を紹介する余裕はないが、崋山は終始このような鋭く斬りこむ姿勢で質問をつづけていった。ナポレオン戦争後のフランス、ドイツ連邦、ロシア、イギリス、イタリア、デンマーク、ポーランド、ベルギー、スペインなどの諸国の最近の政治的変動とそこに生じた新しい国際関係を問い、アフリカ、北アメリカ、カナダ、オーストラリアなどにおける、イギリスを先頭とする西洋列強による植民地化の近況を事こまかに訊ねる。と思うと転じて、西洋人としてのニーマンの眼から見ての日本の風俗、鎖国制の是非（ニーマンの答え――「かかる安靖の国は、更に無之候。西洋は一日も寝食安からず。さるからに諸国実政を尊び、国家に憂勤する事、又他に異に候。」）、国富の度合い、江戸の印象など（「日本に乞食の多きと火事の大なると世界第一といふべし」）。また、ヨーロッパにおける医学教育と医師の認定やその階層づけ、屍体解剖のやり方と最近の医学の動向――等々、いずれも崋山の切実な関心から発して、まことに的を射た質問ばかりであった。

そしてこのやりとりを通じて私たちは、崋山の脳裡に次々にひろがってゆきつつあったきわめて立体的で動的な世界の政治地理――産業革命進展中のイギリスを中心として、一国内でも国家間でもたがいに鎬を削って近代化を進めながら、全地球上のすでに五分の四を支配下に収めてひしひしと日本にも迫りつつあるナポレオン以後の西欧世界についての崋山の映像を、かなり鮮やかに読みとることができる。それはもう、かつて崋山が江の島への船上や、神島の朝の巌の上で、一種の憧憬と漠たる不安とを持って予覚した西洋とは、格段に密度のちがう世界像だった。つい先刻まで、桃源の島で女たちの仕事ぶりを見守っていたりしたように思われる（「参海雑志」）、あの寛量で優しい武人画家崋山が、いまはこのように奥深くてひろい、危難と脅威に満ちた強大な西欧世界を、同時代の日本人の誰もまだ眼のとどかないような先まであえて踏みこんで探索しつつあったのである。

　こうして蓄積された知識をもとに西洋とアジアを一つのヴィジョンのなかに見わたしてゆけばゆくほど、「四周渺然（びょうぜん）の海」に囲まれたこの日本列島の行末は危うく思われてくる。崋山のこの危機感は、天保九年（一八三八）夏、米船モリソン号渡来とそれに対する幕府の打払い令実行のうわさを聞いて、一気に昂じて、彼に筆をとらせた。あの優しい旅びと、心寛（ひろ）い民衆派絵師渡辺崋山は、まさにそれゆえに、前引の島崎藤村の言う「反抗、憤怒、悲壮な犠牲的精神」の持主たる体制批判の一知識人に転じてゆく。あるいはその面をあらわにしてゆく。「どうしても十九世紀でなければ見られないやうな激しい動揺と、神経質と」を持合わせた武士の相貌を示してゆくのである。その危機感の切迫を如実に伝えるのが、彼の最後の論述『慎機論』（天保九年十月）であり、『西洋事情書』（天保十年（一八三九）三月）であった。

　この「西洋膻腥（せんせい）の徒」の接近に対応して改変されてゆかねばならぬ日本の国内政治の現況はどうだろうか。為政者たちの態度、認識、能力はどうか。民衆は飢餓に泣き、行く先の不安におびえて迷うのに、上に立つ者はみな「大を措（お）き、小を取り、一々皆不痛不癢（ふよう）の（痛くも痒くもない）世界」、まさに「国を亡せるが如」きではないか（『慎機論』）。「敵情」＝西洋事情を知って、このわが国情をふり返ってみれば「誠に心細き事に御坐候。然るに知らざれば井蛙に安んじ、鷦（しょう）鷯（りょう）（みそさざい）の一枝を頼み候心持に御坐候」（『西洋事情書』）。「今夫此（それかく）の如くなれば、只束手（そくしゅ）して寇（こう）を待（また）む歟（か）」（『慎機論』）。——「四州真景図巻」のあの感受性のおののきそのままの、「立原翠軒像画稿」や「鷹見泉石像」のあの鋭い描線そのままの、この張りつめた危機感を、現幕政への この不信と不安を、『慎機論』や『西洋事情書』に語気きびしく表白したとき、それはついに「蛮社の獄」（天保十年五月）を招く一因とならざるをえなかったのである。

そしてそのあげく、崋山は、天保十一年（一八四〇）正月、田原への蟄居を命ぜられ、ついに同十二年冬十月十一日の自決にまで追いつめられてゆく。その間の事情はすでによく知られたことでもあるので、ここには繰返さないことにする。

ただ最後に、自決の前夜、天保十二年十月十日の日付けで書かれた門人椿椿山あての遺書だけは全文訓み下しで、左にあげて読み返しておかなければならない。

一筆啓上仕り候。私事、老母優養仕り度きより、誤って半香義会（門人福田半香が崋山の窮状をすくおうと江戸で催した画会）に感じ、三月分迄認め、跡は二半（中途半端）に相成り置き候処、追々此節風聞無実の事多く（私をめぐって不謹慎を責め、これが幕府にも聞こえているといった風評が立ち）、必ず災至り申すべく候。然る上は主人（田原藩侯）の安危にもかゝはり候間、今晩自殺仕り候。右、私御政事をも批評致しながら、慎まざるの義と申す所に落ち申すべく候。必竟、惰慢自ら顧みざるより、言行一致仕らざるの災に相違無く候。是れ天にあらず、自ら取るに相違無く候。然らば今日の勢にては、祖母（老母）始め、妻子非常の困苦は勿論、主人定めて一通りには相済み申すまじくや。然れば右の通り相定め候。定めて天下の物笑ひ、悪評も鼎沸仕るべく、尊兄厚き御交りに候とも、先々御忍び下さるべく候。数年の後一変も仕り候はゞ、悲しむべき人もこれあるべきや。極秘永訣此の如くに候。頓首拝具。

十月十日

椿山老兄　　御手紙等は皆仕舞ひ申し候。

遺書をすべて書き終えた崋山の耳にはなお遠く海の音がひびいてきていたであろう。渥美半島をとり囲んで昼夜洪濤をとどろかせる三河湾、そして太平洋の浪の音である。

考えてみれば、あの海が崋山をこの悲劇的な最期にいたらせたのだといえるかもしれない。遠く鳴るこの夜の海の音を聞きながら、愛弟子椿山にあてて「数年の後一変も仕り候はゞ、悲しむべき人もこれあるべきや。極秘永訣此の如くに候」と書いた、この悲痛な言葉の真意はなんだったのだろうか。この言葉の射程は、意外に遠くまでのびていたのではなかろうか。「鎖国」の終焉か。幕政の瓦解か。徳川武士としてはさすがにそこまでは思いいたっていなかったろうが、満四十八歳になってなおやわらかく鋭敏な崋山の感受性は、いったい、どんな「一変」を予感し、ひそかに期待していたのでもあろうか。

この天保十二年（一八四一）、幕府老中水野忠邦はいよいよ天保改革に着手していた。そしてあの海を越えた隣国の清朝中国では、無論崋山はまだ知るよしもなかったろうが、前の年からすでにアヘン戦争がはじまっていた。ヨーロッパ列強、とくにイギリス帝国主義の無残酷薄な東アジア侵略は、すぐ目の前まで迫っていた。ペリーの率いるアメリカ艦隊が浦賀沖に襲来する十二年前のことであった。

「かびたんもつくばはせけり君が春」「春の海ひねもすのたり〱かな」と自讃された、春風駘蕩たる「徳川の平和（パクス・トクガワーナ）」も、いまようやく終ろうとしていたのである。

　佐久間象山、吉田松陰、横井小楠、橋本左内、阿部正弘、岩瀬忠震（ただなり）、川路聖謨（としあきら）、小栗忠順（ただまさ）、勝海舟、坂本龍馬、中岡慎太郎、榎本武揚、大久保利通、西郷隆盛……といった藤村の言う「十九世紀的」行動派の武士知識人、あるいは福沢諭吉、津田真道、西周、栗本鋤雲（じょうん）といった啓蒙派の武士学者たちが、列島の東に西に相ついで登場してきて、御一新（明治維新、一八六八年）という大「一変」をもたらすのは、この渡辺崋山の自決からわずか二十数年後のことだった。

　考えてみるまでもなく、この人々と彼らの同志はみな徳川日本の生まれで徳川育ち、彼ら自身が徳川日本の最大の遺産として、その文明とその精神を明治という新体制のなかに伝え、再生させ、この列島を新しい国際的環境に対峙させていったのである。

　わかりやすく言えば、明治四年十一月（一八七一）、ときの新政府の太政大臣三条実美によって「行ケヤ海ニ火輪（かりん）ヲ転ジ、陸ニ汽車ヲ輾（めぐ）ラシ、万里馳駆（ちく）、英明ヲ四方ニ宣揚シ」て帰国せよと激励されて横浜を出港し、なんと一年九カ月にわたって米欧文明の現場とその歴史とを徹底調査・研究して、明治六年九月（一八七三）に帰港した、あの岩倉具視を特命全権大使とする使節団約五十名と、それに同行した同じく約五十名の男女青少年留学生の派遣こそが、いわば徳川文明の凱旋門であり、同時に明治日本の出発点であった、というのが私の仮説である。だが、この使節団の大冒険については、また別の書物で語ることとしよう。

エピローグ——徳川日本の色とデザイン

藍色のめざめ

朝がほや一輪深き淵のいろ

少し齢をとった日本人ならば、この蕪村の一句を読むと、たちまち或るさわやかなセンセーションが身体を吹きぬけるのを感じる。西洋の人々にとってはどうであろうか。ただのなぞなぞにすぎないだろうか。

與謝蕪村はトマス・グレイやジャン゠ジャック・ルソーとほぼ同時代の、十八世紀日本のもっともすぐれた詩人である。蕪村より前の松尾芭蕉、後の小林一茶とならんで、徳川日本がつくりだした世界最小の十七文字の詩型、俳諧の三天才の一人とされている。

朝顔はその名のとおり夜明けとともに咲きひらいて、日が高くなればしぼんでしまう。夏から初秋にかけて咲く花で、俳諧では秋の季語となっている。ほとんどは夏に咲くのに秋の花として扱われているのは、この花の咲く時刻が夏の一日のなかでもまだ露をおびて涼しい早朝だからである。小さなラッパのかたちをした花はさまざまの美しい色に咲く。種子が薬になるとして中国から日本に輸入されたのは十世紀初めだというが、その花の、チューリップよりももっと単純なかたちと、みずみずしくあざやかな色彩とを日本人が愛して、観賞用にひろく栽培するようになったのは、まさに蕪村の時代、十八世紀になってからであった。

朝顔は花のかたちや色合いの上で変種をつくりやすい植物である。そのため、「博物学の世紀」ともいわれる十八世紀の日本では、金魚マニアと同様に、民間の朝顔マニアたちによって珍種の研究がさかんに行なわれ、栽培の教本が何種類も出版された。十九世紀初めになると、江戸では、入谷の鬼子母神という神社で、夏の早朝に朝顔だけを専門とする市が開かれるほどになった。この市はいまもなおつづいていて、毎年その季節となれば新聞やテレビに欠かすことのできないトピックとなっている。魚屋や八百屋の主人も、大工も学校の先生もおまわりさんも、その朝顔市に行って二鉢か三鉢を買ってきて、わが家の戸口や縁側や窓辺に飾る。少し熱心な人になれば、前の年にとった種から自分の好みの色やかたちを咲かせて、一夏をたのしむのである。朝顔はオランダ人にとっての春のチューリップにもまして、日本の名もなき民衆の古くからの、安い、つつましい夏のよろこびだったのであり、彼らはその花の色とすがたにしばしの涼を求めたのである。

細い竹の支柱にくるくると巻きついた蔓のさきに、あざやかな緑の葉を従えて、ラッパ型の朝顔の花は、薄い紅に咲く。淡い赤紫に咲く。純白に紅や青の筋を走らせるのもある。斑入りの花も工夫された。どれもみな、チューリップのように濃厚ではなく、薄い花びらに水彩をにじませたような、すがすがしくさっぱりとした色合いである。いかにも日本の夏から初秋の朝にふさわしい清らかな美しさであった。しかし、なかでも一番朝顔らしい朝顔の色といえば、それは「藍」であろう。俳人蕪村が右にあげた句で「淵のいろ」といったように、高い山から下る急流が岩にせかれて深く湛え、ゆるやかに渦巻くときの青々とした水の色である。朝顔の花は前にいったようにラッパ型——底のすぼまったグラスのようなかたちをしているから、花のなかをのぞきこむと、底にゆくほどその藍が濃くなるような気がする。そのことが谷川の「淵」のイメージをよびおこす。

詩人蕪村も、夏、あるいは初秋の朝、京の一隅の小さな庭の垣根にでもからまって咲く朝顔を眺めたのであろう。とくに藍色の一輪に心ひかれて見つめるうちに、その奥に、その内部に、音もなくひんやりと湛えた谷川の深い淵が見え、ひろがって、そこから一陣の涼気が立ちのぼってくるような気がしたのである。小さなもののなかに異次元の大きな世界を垣間見る、俳諧の詩人たちの得意とする想像力が、ここにみごとに働いている。

それは、まだよく目がさめぬ夏の朝の、一瞬の幻覚のようなものであったろう。だが、この幻覚を見ることによって、詩人は一ぺんにすっきりと目がさめてしまったのにちがいない。「イチリンフカキ／フチノイロ」という鋭い i 音の繰返しが、そのさわやかに涼しい藍色のなかへの目ざめのプロセスを語っている。

藍色の夏

この朝顔の「淵のいろ」、「藍」が、少し薄くなれば「青」とか水色とか呼ばれる。晴れた初夏の空、あるいは初秋の空、そしてそれらの空を映す浅い川や湖の色である。少し濃くなれば、それは「紺」と呼ばれた。ものによって、強い光をすべて吸収して紫をおびれば、「紫紺」とも呼ばれた。入道雲が湧いているような日本列島の真夏の空、それを映して浪打つ大洋、あるいはその海のほとりにそそり立つ富士山、またその空の下に実る茄子の色である。朝顔の花にも、もちろん、藍のこれらの濃淡さまざまのグラデーションはそっくり再現されて、日本の民衆はそこにいつも水や空や山を連想して涼しさを味わっていた。

日本列島の生気あふれる自然の色といってもいいこの藍は、紅や紫や緑とともに、日本人が昔からもっとも愛してきた色の一つであった。染料としてはインジゴを含むタデ科の植物からとられ、すでに九世紀以来、国内産と中国からの輸入の原料とによって藍染めがおこなわれていた。だが、藍玉が四国の阿波の特産として大量に生産されるようになり、日本人の日常生活のさまざまの細部にまでこの色が浸透するにいたるのは、徳川時代、それもとくに十八世紀になってからである。そのため、現在からふり返ってみると、藍は茶や鼠や緑などとともに、江戸カラーといってもいいほどに深くよく江戸文化になじんだ色として浮かび上ってくる。

植物染料の藍は絹にも麻にも木綿にも、さらに紙にもよくなじみ、藍染めすることによってかえって一層美しくそれぞれの繊維の質感を発揮させるという力があった。絹はしっとりとした光沢をおび、麻は硬いつやを放ち、木綿は光沢がないかわりに眼にも手にも安らかな深い落着きをおびた。とくに木綿は、かつて民俗学者柳田國男が論じたように（「木綿以前の事」一九二四）、徳川中期に綿の栽培が日本各地にひろがり、安く大量に生産されるようになって、日本民衆の生活に大きな変化をもたらすこととなるのだが、この木綿が民衆にとくに好まれてすみやかに普及した理由は、柳田によれば、新しくて安いからというだけでなく、一つは労働着として肌ざわりがよく着やすかったこと、もう一つ好み次第に色々の染めが容易な材質であったこと、であるという。

その木綿もはじめしばらくは無地に染めていたが、やがてあちこちの村里に染屋がふえてくると、綿糸をさまざまの色に染めわけて、それを農家の女たちは競って珍しい縞柄に織りあげるようになった。そのため家々には「縞帳」と称して縞柄の見本がたくさん集められた冊子が備えられ、これが参照された上に、もちろん家ごと人ごとの創意工夫もさかんに発揮されて、たちまちその趣味も技術も洗錬されていった。この家内の手仕事としての機織りは、地方によっては農家の重要な副収入源ともなったのである。無地であろうと縞柄であろうと、また縞柄が縦縞、横縞、格子縞であろうとあるいは変り格子縞であろうと、藍が黄や茶とならんでもっとも基本的な染め色として偏愛されたことはいうまでもない。その藍にも成分によっては、前に述べたような紺と水色の間に、赤味がかった縹（はなだ）色の諸段階があり、また鼠色をおびた御納戸（おなんど）色の系統もあった。黒っぽくもなったし、華やかな赤紫をおびることもあった。藍を基調とする千変万化の中間色が工夫され、それが無地にも、多種多様の縞の幾何学模様にも織りあげられて、「鎖国」時代の日本民衆の生活をこまやかに色どったのである。

農民や漁民の仕事着には、この安定して長持ちのする藍が好んで用いられた。江戸や大坂、その他の城下町で商家に行けば、そこの入口の分厚い木綿地ののれんも、その家に働く番頭や小僧たちの印絆纏や着物の前垂れも、たいがいはみな紺の藍染めだった。大工や左官や細工師などのさまざまの職人、また火消しなどが着た絆纏や法被（はっぴ）や法被の下の腹掛けも、みな分厚くて丈夫で肌ざわりのいい紺木綿である。それらは仕立ておろしならば「匂うような」藍の色を誇り、着古せばかえってまた少しかすれて沈んだ染めの味をよしとしたのである。絆纏にはつねに商家の屋号や印、また火消しならば所属の組の名などが、背中にみごとな大きなレタリングで染めぬかれ、腰の部分の幾何学模様と巧みに組み合わされて、まことにあざやかであった。

これらを着こなして働く男たちが、背中にしるされた自分の店や組に誇りをもつだけでなく、衣裳の形と色と模様のデザインの美学――「いき」の美学にふさわしい身と心の振舞いを心がけたのは、当然であったろう。きりっとひきしまった「張り」のあるスマートさ、それが彼ら江戸民衆の生活の美学であり、また行動の規範でもあったのである。

彼らが、また彼らの女房や娘や恋人が、夏の一日の仕事のあと、湯上りのくつろいだ宵に着たのが、浴衣である。これもまた、くつろぎの着物でありながら、かたちの上でも色の上でも、江戸好みの「すっきり」とした美しさを、そのままもっとも単純なすがたに具現したものであり、またそうでなければならぬものであった。ナイト・ガウンやネグリジェとはまったく異なる美学に属するものであった。浴衣は他の着物と同様、直線裁ちである上に、かならず単衣の木綿地である。だから糊がよくきき、その糊をべりべりとはがすようにして身にまとっても、なお肩に袖にまた裾にその直線性は涼し気にくっきりと残った。

その上に浴衣は伝統的にはほとんどが紺で柄模様を染めるものときまっていた。男用でも婦人用でも同じである。さまざまの縦縞、格子縞、それに鳥や波や草花などの小さな具象モチーフ、また漢字やひらがななどのレタリング、その他機智に富む抽象・具象のモチーフを、自由自在に組合わせて、白地に紺で染め、あるいは紺地から白抜きにした。歌舞伎の人気役者の好みの柄が流行を左右することもしばしばだった。江戸の男女の浴衣は、こうしていま眺め直してみても、驚くべく豊かな、いわば千変万化の「縞帳」にほかならず、それ自体一つのデザインの王国をなしているともいえる。現にいまこの文章を書いている私が着ている浴衣も、よく見ると、この徳川以来の意匠の一つのヴァリエーションを藍色に染めた(化学染料によってであろうが)ものにほかならない。

日本の海の色、山の色で染めた浴衣に、糊をよくきかせたのを、湯上りの肌にじかに羽織って、きりっと帯で締める。すると男のシルエットはほとんど幾何学図形のように、ひときわすっきりと浮かび上った。女も、どんな女であろうとこれを着れば、見直すほどに「垢ぬけ」して、かすかに見え隠れする曲線が新鮮な色気をただよわせた。それは徳川時代に限らず、つい一世代前までの日本人にとって、蒸し暑い夏の夕べにもっとももよく適した嬉しい肌ざわりであったし、それを着ること自体が一つのよろこびでもあった。そしてもちろん、着ている当人ばかりでなく、「はた目にも涼しい」すがただったのである。現代のもっともすぐれた二人の詩人も俳句に浴衣を讃えて詠んでいる。——

浴衣著て少女の乳房高からず　　高浜虚子

夕日あか〳〵浴衣に身透き日本人　　中村草田男

そのように浴衣を着てくつろぐ日本人が、かならず一人一人手にして涼風を呼び、あるいは蚊などを払うのに使ったのが団扇（うちわ）である。これにも多くは藍を基調とする絵や模様が描かれていて、一層の涼をそえた。その団扇の絵、また持ちかた使いかた一つにも、男女のちがいや年齢はおのずからあらわれたのである。歌舞伎の有名なヒーローとヒロインの恋すがたを描いた団扇をもって涼んでいたのは、あの「乳房高からぬ」おませな美少女でもあったろうか。

絵団（えうちは）のそれも清十郎にお夏かな　　蕪村

また、明りをともさぬなかに、団扇を手にわびしげに端居(はしい)している女のすがたを見かけることもあった。

後家(ごけ)の君たそかれがほのうちはかな　　蕪村

そして暑苦しい夜でも、蚊帳を釣ってそのなかに寝なければならぬのが、徳川時代からつい四、五十年ほど前までの日本人の夏の生活であった。その蚊帳は麻製であれ木綿製であれ、たいがいは藍染めの濃淡さまざまの「青蚊帳」である。そのなかに横たわって、開けっ放しの戸の外からのわずかな涼風を待ち、ときどきぱたぱたと団扇を使ってはようやく寝入る。だが、蚊帳の青さがいくらかは涼しさの幻覚をつくってくれたし、ときには貧しいなりにささやかな一工夫を試みることもあった。——

蚊屋つりて翠微(すいび)つくらむ家の内　　蕪村（「翠微」は薄みどりの山の気配）

蚊屋の内にほたる放してア、楽や　　蕪村

俳諧とはこのような庶民の四季の生活の一切の細部と、そこに託された彼らの感情とを、みな詠みこむことのできた世界にも稀な民衆詩のジャンルだったのである。

そして翌朝起きて、庭先の朝顔を眺めながら洗面するときに使うのは、タオルではなくて手拭い——これも浴衣と同じ木綿製で、白地に藍で縞柄や文字などを染めたものときまっていた。

朝皃や手拭のはしの藍をかこつ　　蕪村

この朝顔はもちろんあの「淵のいろ」の花。それが手拭いの藍染めを見て、自分と同じ色ではないか、まぎらわしい、と文句をいったのである。この藍染めの手拭いも浴衣や団扇やふろしきと同様、誰が発明したものとも知れないが、徳川中期からつい昨日まで、日本民衆の日常生活になくてはならない小道具であった。汗を拭き、顔を洗い、風呂に使って、それ一つでハンカチにもタオルにもなる便利な実用品だったが、その上にこれを器用に折ったりひねったりして頭や顔のかぶりものともした。そのかぶりかたの型によって、日本人は自分の商売から気分までを即座に表現し、他人は一目でそれを了解することができたのである。

きりりっとねじって頭に締め、結び目を横にはね上らせれば威勢のいい魚屋。三角に畳んで頭にひょいとのせれば新聞売り。後頭部からかぶって鼻の下で結べば泥棒。後の髪を包みこんで額の上に大きく結えば子守り。女がふんわりと吹き流しにかぶって一端を唇にはさめば艶めかしく、その女と道行きする美男は頭からすっぽりかぶって端を右耳の下で折っておさえた。縦長にきちんと畳んだ上で額から後に廻して強く結べば武士風の闘志の表現、カミカゼ特攻隊はこの「鉢巻き」をしてアメリカの空母に突っこみ、いまは浪人学生がその恰好で大学受験の勉強をする。かつての労働組合のデモ隊もこのスタイルが好きだった。

これらの手拭い使いの型も歌舞伎の役者が舞台の上で案出し、洗練したものが多いが、さらに落語家となれば、いまもこの手拭い一本と扇子一本で日本人の日常の小道具と仕種のほとんどすべてを表現してしまう。そして人々は、手拭いを頭や顔や肩にどう使おうと、その藍染めの草花の絵や文字や縞柄がもっとも効果的に見え隠れするように、不知不識(しらずしらず)のうちに演出していたのである。

日本の「三色旗」

さて、こうして俳句もまじえながら眺めてくると、徳川時代の日本民衆にとって、少くとも夏の一日は藍や紺の色にはじまって藍染めに終るものであったかのようにさえ見えてくる。藍が夏に特に好まれた色であったのはたしかにしても、しかし夏にしか使われなかったわけではないのは、いうまでもない。商家の奉公人や職人たちの藍染めの絆纏や仕事着は一年を通して使われ、その季節季節、折々の情景のなかに相変らずその美しさを発揮していたのである。たとえば、ラフカディオ・ハーンがアメリカからカナダ経由で日本に着いたのは、一八九〇年の四月初め、雪におおわれた富士の遠望が美しい春の日だったが、そのヨコハマでの彼の第一日の印象を支配したのも藍であり紺であった。

小さな妖精の国——人も物も、みな小さく風変りで神秘をたたえている。青い屋根の下の家も小さく、青いのれんを下げた店も小さく、青い着物を着て笑っている人々も小さいのだった。

その町の上を吹いてゆく大気全体も、こころもち青味を帯びて、異常なほどに澄み渡っていたし、ハーンが雇った俥屋は、袖の広い、短い紺の上衣に紺のもも引きをはいてきびきびと働き、竹に雀の柄を白く染め抜いた空色の手拭いで汗をふいていた。そしてその人力車の上からあらためて町を見下すと——

目の届く限り、幟（のぼり）がはためき、濃紺ののれんが揺れ、どれにもみな日本の文字や漢字が書いてあるので、美しい神秘の感を与える。（中略）一番多い着物の色は濃紺だが、その同じ色が店ののれんでも幅を利かせているのがわかる。

（*My First Day in the Orient*）

ラフカディオ・ハーンはまるで藍と紺の小王国にさまよいこんだような感じであったらしい。十九世紀の末近く、開国して四十年近くたっても、日本民衆の生活に深くなじんだ色彩の感覚は、そう簡単には変るはずもなかったのである。

しかし、ハーンも右の引用にすぐつづけて、"though there is a sprinkling of other tints ── bright blue and white and red"と一言述べていたように、十八・十九世紀の日本人の生活をいろどっていたのは、もちろん藍系統の色ばかりではなかった。四季を通じて緑も茶も鼠も黒もまた金銀や紅白も、衣食住の実用に、またさまざまの装飾や道具に、いたるところで使われていた。ただ、藍の場合もそうだったが、それらの色が現代風のいわゆる「原色」で、しかも一色だけで用いられることは、祭りなどの特殊のハレの場をのぞけば、めったになかった。日常の場では、一枚の着物、一本の団扇、一冊の本の表紙、一枚のカードでも、そのなかにさまざまの色が取合わされて、しっとりと華やかな調和を生みだすべく工夫されていたし、またそれらの個々の色もほとんどすべてが鼠色や藍をおびたり、紅味をおびたり、茶がかったりして「渋く」抑えられていた。前にも触れた、この複雑な、「中間色」の系列は、ほんのわずかずつの色調の差をおいてほとんど無尽につらなるとさえいってよく、ここにこそ「江戸好み」の美学の秘密は宿されているといってよさそうである。

多くは植物系の色合を組合わせて呼ばれていたそれらの色群を、今日ではもはやよほどの風俗史あるいは色彩史の専門家でなければ一々識別し指呼することはできない。だが私たちでも、これらの「渋く」てまた「いき」な色でデザインされた江戸の品々を、眼にし手にすれば、やがて私たちのもっとも内密な官能がそれに呼びさまされ、惹きよせられてゆくのを感ずる。

徳川の日本人は長崎を通じてオランダ人、中国人と毎年わずかの交易をするだけで国を鎖し、そのなかで二百五十年間の「完全平和」を営むうちに、独自の文化をまるで甘い果物のように熟れさせ、その一つの核としておのずからこの中間色の小宇宙をつくりあげたのである。いちじるしく、おどろくべく波長のこまかなこの江戸の色の世界に生きていた人々が、同時代のヨーロッパやアメリカ大陸にひるがえり始めていた三色旗やスターズ・アンド・ストライプスをもし仰ぎ見ることがあったなら、彼らはとんとそれを感受しないか、あるいは眩しすぎて見ることができないか、そのいずれかであったろう。実際、一八五三年、徳川日本がついに開国を強いられたとき、その衝に当った一人の幕府奉行は、日本の港に異国の船や旗を見ることは「目に痛い」と語ったと伝えられる（ゴンチャロフ『日本渡航記』井上満訳、岩波文庫）。

だが実は、ちょうどフランス共和国の三色旗ができてまもないころ、日本にも一種の三色旗ができ上っていた。それはもちろん「自由・平等・博愛」Liberté, Egalité, Fraternité などという固苦しいイデオロギーを一言も語るのではなく、「ヤマトダマシヒ」を説くのでさえない三色旗であった。それは遊びの世界、芸の世界の三色旗であった。つまり、日本語で「萌黄」「柿」「黒」と呼ばれる三色の、歌舞伎舞台の縦縞の定式幕である。この三色が徳川日本の文化を支配した歌舞伎のいわばシンボル・カラーとなったのであり、従って「江戸好み」の中間色の究極の典型といってもよいものであった。それゆえに、言葉ではまことに説明しにくい。「萌黄」とは葱（ねぎ）が萌え出るときの青と黄の中間色だが、そうはいってもそれがさらに鼠色がかって色調が沈んで、まるで濃く淹（い）れた玉露のような緑である。つぎに「柿」とは、もとは日本人が秋に愛好する果物のことだが、その果物の渋に似た色のことであり、紅殻にわずかに黒を加えた暗褐色である。そして「黒」とはいっても、それは単純なブラックではまったくなく、要するに紫の明るさをおび黒味がかった濃紺であった。

この三つの中間色の縦縞模様を見るとき、昨日も今日も、日本人はたちまち江戸に帰り、キモノを着て歌舞伎を見、寿司を食べている気分にならざるをえない。気をつけてみれば、二十一世紀の東京でも、どこか肝心なところの、なにか肝心なものには、この美しくも含蓄の深い三色が生きている。いつか、白地に日の丸の現日本国旗が他国民にとってあまりに目障りになったときには、日本はそれをこの渋い江戸三色旗に変えればよいだろう。ただし、そうすると、世界中の印刷屋と染物屋がこの複雑な三色を出すのに大いに苦労することになるかもしれぬ。

藝術と工藝と生活

名もなき民衆が何世代かかかって染め出した色が、こうして歌舞伎の舞台のシンボル・カラーに昇華されていったように、逆に歌舞伎の名優の好みの色が、たちまち江戸および地方の民衆の間の流行色となってゆくというのも、鎖(とざ)された島国のなかでの興味深い文化現象であった。それのもっとも早いころの例とされるのが、俳諧詩人蕪村と同時代、一七六〇—七〇年代の江戸の女形の人気者、二代目瀬川菊之丞(俳名路考、一七四一—七三)が好んだ茶色である。それは暗緑のかかった渋い茶色だったが、この難しい色が「路考茶」と呼ばれて一八二〇年代まで日本中に流行したという。それ以後も幕末にいたるまで何代か、歌舞伎の人気役者のとくに好んだ茶系、藍系の色が、彼らの考案したさまざまの縞や「つなぎ」や「小紋」の模様とともに、日本の各地各層の民衆の生活に滲透していった。その影響は彼らの衣服を中心として、それのみならず、生活の諸道具から装飾品、玩具の類の色やデザインにまで徐々に及んでいったのである。

しかも、その歌舞伎と民衆生活の間には、趣味の流行の相互媒体として、一世代ごとに民衆化の度を進める絵画と文学の多彩で豊かな働きがあった。元禄期（十七世紀末—十八世紀初頭）の西鶴や近松の文学、また光琳スクールの絵画が、上方浄瑠璃のブルジョア演劇としての発展と洗練とを支えたとするなら、十八世紀末から十九世紀半ばにかけての浮世絵と戯作文学とは、江戸歌舞伎の衣裳や科白また所作にいたるまでを一般民衆の間にひろめるのに多大な役割を果したのである。

春信から清長、歌麿、写楽をへて北斎、広重、国芳、英泉にいたるまでの江戸錦絵を眺めるならば、そこにはまず当代の人気役者の好みの色とデザインの舞台姿が描かれて、いよいよその人気を煽ったばかりでなく、それらの新ファッションをさっそくわが身につけた遊里の名妓から市井の男女の姿態までが、飽きることなく克明に描きつづけられた。そして、もちろん、彼ら流行児の周辺に忙しげに楽しげに立ち働き、旅し、行楽する上下各層の商人、職人、農民のなにげない生態、また彼らの背後にひろがる都市と自然の四季さまざまの風景が、それこそ江戸の藍と紅と緑と茶の濃淡を駆使して、まことにいきいきと美しく描きだされていたのである。

周知のとおり、この浮世絵の美しさ、面白さにはじめて触れて狂喜したのは、十九世紀末ヨーロッパの前衛画家や美術愛好家たちであった。彼らは浮世絵への熱中のまま、しだいに広く深く日本藝術の全体像を探っていったが、そのとき彼らは、そこに色彩や空間の処理法の新奇さを発見しただけでなく、さらに日本では生活と諸藝術の間に或る寛容で豊潤な相互作用の関係が、いまなおあるらしいことに気がついて、感激を深くした。日本の自然の風土と絵画と詩と工藝（**crafts**）と建築と、さらに諸デザインと演劇と民衆の生活とが、互いに切れ目もなく親密な作用を交差させつつ一つの豊かな円環、つまり「文明」をつくりあげている——そのことを彼ら世紀末のヨーロッパの知日派の幾人かは発見していったのである。それは、少くとも徳川日本の文化については、基本においていまなお正しい把握だったのではなかろうか。

開国後まもなく来日したイギリスの初代駐日公使ラザフォード・オールコックは、すでに一八六〇年代半ばに、その「日本文明」の発見を現地での体験にもとづいていきいきと克明に、大著『大君の都』（**Rutherford Alcock, *The Capital of the Tycoon: A Narrative of a Three Years' Residence in Japan*, London & New York, 1863**）のなかに報告していた。そして一八八八年、南仏アルルにあったヴァン・ゴッホは、明るく澄んだ空を仰いでも、青い水の斑紋を見ても、「美しい国」日本へのエキゾチシズムを覚えずにはいられなかったが、一方彼は日本の画家が一枚の草の葉の謙虚な研究をとおして、動植物を、季節を、田園の風景を、さらに人間をも把握してゆく哲人であることを考えつづけていたのである。それはちょうどラフカディオ・ハーンが日本へ旅することを考えはじめていたころでもあった。

おそらくこのゴッホの日本美術観は、同じ年パリで創刊された月刊誌『藝術の日本』（*Le Japon artistique*, Samuel Bing ed., 1888–1891）の記事から触発されたものでもあったろう。この豪華雑誌の編集者、ドイツ生まれのフランス人サミュエル・ビングは、ジャポニスムの画商であり、第一のプロモーターの一人でもあったが、同誌創刊号（一八八八年五月）にはみずから「プログラム」と題して次のような一節を書いていた。

日本人は自然の大スペクタクルに感動する霊感に満ちた詩人であると同時に、極微の世界を持った身近な神秘を発見する注意深い観察者でもある。蜘蛛の巣に幾何学を学び、雪の上の鳥の足跡に装飾のモチーフを見、そよ風が水面に描く漣（さざなみ）に曲線模様の霊感を受けるのである。約言すれば、彼らは自然は万物の根元たる要素を秘めていると信じている。彼らによれば創造物はすべて、藝術の気高い概念の中に位置するにふさわしくないものはないのである。たとえ一枚の小さな草の葉であっても。もし私が誤っていないなら、これこそ我々に与えられた事例から引き出せる最も重要で最も有益な教訓であるといえよう。

次の第二号（一八八八年六月）には、美術批評家ルイ・ゴンスがさらに修辞を尽して、「装飾における日本人の天才」を礼讃し、以下毎号、仏英独の多彩な筆者が、日本の建築、刀剣、陶器から、北斎、広重、光琳、さらには演劇、詩歌の伝統と美術、また櫛や根付けやさまざまのオブジェまでを論じて、この雑誌をして日本文化研究の卓抜な総合誌たらしめてゆくのだが、彼らの徳川日本の藝術と工藝と生活を見る方向は、けっしてまちがってはいなかったのではないか。

朝顔の俳諧から藍染めの労働着や浴衣、そして団扇と手拭い、歌舞伎や浮世絵における色彩とデザインをここに垣間見てきた私たちは、いまそう思う。自然と諸藝術と生活との間のあの相互浸透による調和は、二十一世紀の日本においてはもちろんもはや過去のように容易ではない。しかし、あの過去の経験の成果とは、まったく過去のものとなったのではなく、いま私たちの感覚と思考の様式、そして art of living のなかになお生き残っているらしい。その資質が核に生きつづけている限り、現代日本のグラフィック・デザインはその大胆な構図と鮮明なフォルムと繊細な色彩において、そして自動車とカメラはそのコンパクトさと効率のよさにおいて、今後もなお美しい「日本らしさ」を世界の人々の前に発揮してゆくことであろう。

あとがき

本書『文明としての徳川日本　一六〇三―一八五三年』は、ずいぶん手間暇（ひま）かけて、ゆっくりと出来上った一冊である。

もともとは同題の『文明としての徳川日本』と題してまとめた六〇〇頁をこえる大冊に、私が書いた一〇〇頁ほどの巻頭論文であった。それは「〈徳川の平和〉小論――比較文化史的一考察」と題して、今回の筑摩書房版の本の基本の構想といくつかの論点がすでに十分に盛りこまれていた。

中央公論社から「叢書比較文学比較文化」の第一巻として一九九三年十月に刊行されたこの分厚い重たい一冊は、しかしなかなか瀟洒な造りで、面白い論文ばかりが収められていた。白い函の表の横組みの題名『文明としての徳川日本』の上には、平賀源内作・デザインの「エレキテル」（静電気発生器）の箱の図が、その蓋と側面の異国趣味的な花と葉の紋様を見せて、カラー版であしらってあった。編者たる私はこれを見て、わが意を得たりとよろこんだものだった。

そもそもこの中公版「叢書比較文学比較文化」は、同じ名を頂く東大駒場の、日本では今なお唯一の大学院修士・博士課程の第一期生たる私と平川祐弘が、一九九二年春に六十歳の東大教授定年を迎え、少々後輩になる亀井俊介や小堀桂一郎もやがてまもなく同じめぐりあわせになる。比較文学比較文化研究室では、初代の島田謹二先生のとき以来、主任教授が定年を迎えると、毎回還暦・退官記念論文集を編んで出版、当の教授に献上してきた。しかし定年教授がこうも相継ぐのでは、執筆者の方も出版社の方でも重荷になりすぎよう。この際、従来の方針を変えて、定年前後の主要教授がそれぞれ自分のもっとも強い関心を寄せる主題を選定して論文集を編成し、二十年前に東京大学出版会から出した全八巻の「講座比較文学」(一九七三―一九七六)以後の私たちの、さらにも拡充し深化したはずの仕事ぶりを学界と公衆に示し、評価してもらおうということになった。そして定年までにはまだかなり間のある川本皓嗣、大澤吉博両教授をもこの企画に加えてしまおうとの結論となった。

新企画を中央公論社の当時出版部長をしていた旧知の平林敏男氏のもとに持ちこむと、同氏は即刻快諾、編集実務のすべてを担当してくれることとなった。こうして次々に刊行された「叢書比較文学比較文化」全六巻をいま眺め直すと、第一巻の芳賀編『文明としての徳川日本』と並んで――

2『異文化を生きた人々』　平川祐弘編
3『近代日本の翻訳文化』　亀井俊介編

4『東西の思想闘争』　　小堀桂一郎編
5『歌と詩の系譜』　　川本皓嗣編
6『テクストの発見』　　大澤吉博編

と、駒場の比較文学比較文化専攻の創始（一九五三年）以来、この研究室で打ち開かれ、試行され、展開されてきた東西間の文学的連関、思想の移動、人々の往来、古代中世と近代の連動、東西比較文化史的風景の眺望などの大問題がつぎつぎに取り上げられている。そしてこの大学院で学んだ者、教えた人々、また留学生・研究員などとして出入りした外国人の研究者、学内外の同志・友人たちなどが、一巻平均二十名の執筆者となって参加している。題材と言い寄稿者と言い、まことに壮観とも言うべき充実ぶりであり、いま読み直してみてもなお「駒場学派」つまり新学問分野のパイオニアとしての活気に満ちていて、面白い。

たとえば私の『文明としての徳川日本』の巻には、第一章から第四章まで順に、遠藤泰生、笠谷和比古（日文研）、金泰俊（韓国）、山内昌之、加納孝代、杉田英明、田中優子、崔博光（韓国）、小宮彰、小谷野敦、白幡洋三郎（日文研）、山下真由美、佐伯順子、池田美紀子、福田眞人、延廣眞治、井田進也、四方田犬彦、今橋映子という、当時まだまだ若かった俊才才媛たちが十九名、みなそれぞれ新発見の主題を追って実にのびのびと筆を走らせている。金、崔両氏のような駒場研究室のもっとも古い韓国人留学生や、山内、杉田両氏のようなアラブ・ペルシャ研究の気鋭の学徒、それに東大定年の一年前（一九九一年）から私はすでに京都に新設の国際日本文化研究センターに「本籍」を移していたから、そこの新同僚笠谷、白幡両氏も加わって、それぞれ得意のテーマで快筆を揮った。編者にとっても忘れがたい爽快にして重厚な、徳川日本研究史上一つのモニュメントともなるべき一冊であった。

ところでこの一冊には、今回の著につながる思いがけぬ展開が待ちうけていた。私は本が出来上ると、一冊を盟友の川勝平太氏にも献上したらしい。川勝氏は一九九〇年代初めの当時にはまだ早稲田大学教授であったと思うが、私の巻頭の「〈徳川の平和〉小論」をさっそくに読んで大変面白がってくれた。従来の左翼暗黒史観による徳川蔑視を全面的に見直して、これを明治以後の西洋化日本とも異なる一つの独立の「平和」な「文明体」として再評価しようという私の意図に大いに共鳴し賛同してくれた上に、その論の中に私が取り上げた主題とその記述のしかたを愉しんでくれたらしい。そして「この本で一〇〇頁の論文は少々手を加えれば十分に別な独立の一冊になりうる、ぜひ単行本として出すように」と、当時氏のところにも出入りしていた筑摩書房の編集者湯原法史氏に強く薦めてくれた。

湯原氏はやがて動いて、中央公論社の平林氏と交渉し、この「文明としての徳川日本」から私の序論だけの版権を譲り受けてもらったようだ。それが一九九〇年代の終りの頃か、今世紀の初めの頃であったか、私自身はよく憶えていないが、まもなく筑摩版の本書の初校ゲラが出来上って私の手もとにとどけられた。それから現在まですでに十五年ないし二十年。私は一九九九年、日文研の後に京都の藝術系大学の学長職を引き受けて、これまた大いに面白がり、忙しがって、徳川日本の校正刷りは長いこと私の仕事机の横の紙袋に入れたままになっていた。

この校正刷りが急によみがえって、今回のこの書物として実現することになったのには、私が京都造形芸術大学や岡崎市美術博物館から異動して、静岡県立美術館の館長に任じられたことが機縁となった。私を静岡に呼んでくれたのも、実は早稲田から日文研教授に転じた後に浜松市の静岡県立文化芸術大学の二代目学長となり、さらに跳躍して静岡県知事となっていた川勝平太氏であった。その上に、二〇一〇年私が静岡に移ったときには、すでに駿河の国にとってもっとも縁の深い徳川初代将軍家康が駿府城に歿して（一六一六年）ちょうど四百年の記念の年を間もなく迎えようとし、県・市をあげてさまざまな記念行事を企画していたときだった。私はほどなく創立された「徳川みらい学会」で、徳川宗家十八代御当主徳川恒孝（つねなり）名誉会長の下に、その初代会長に命じられ、県の商工会議所（会頭、「はごろもフーズ」会長・後藤康雄氏）を中心とする活動にも捲きこまれることとなった。その会のさまざまな行事は私にとっても大いに勉強になったが、末期高齢の独居書生は大いに草臥（くたび）れもした。

私はわが静岡県立美術館としても当然この一連の徳川文明再考の活動に直接に参加することとし、二〇一六年秋の九月―十一月の一カ月半余りの期間に「徳川の平和　Pax Tokugawana――250年の美と叡智」と題する、かなり大規模な自主企画展を催すことを決めた。展示企画の基本設計は館長たる私、実際の作品収集と展示の実務は学藝部長の泉万里さんと学藝員の野田麻美（あさみ）さんの御両人の担当ということになって、開会の二年ほど前からすでに活発な準備活動が始まった。何回かの企画小委員会の折、私は思い出して中公版から私の「〈徳川の平和〉小論」を全文コピーして、お二人に手渡した。私の初発以来の徳川観を理解しておいて貰おうという思いからである。

お二人、とくに泉万里さんの反応はめざましかった。彼女は日本中世・近世の各種屛風絵の研究が専門で、『光をまとう中世絵画』（角川学芸出版、二〇〇七年）や『中世屛風絵研究』（中央公論美術出版、二〇一三年）など、実にすてきな著書をすでに数冊出している。いずれも、周到な調査・観察と、ゆたかな感受性と想像力とによって、平安・室町のやまと絵屛風を見つめ、細部から読み解いていって、最後にはそこに描かれる社会風俗や自然観をしっかりと説いてみせるという著述だ。近年の美術史専門家には珍しく視野が広くかつ緻密で、文章もしなやかでいい。前著は「光をまとう」という言い方がうまいと思っていたら、『中世屛風絵研究』は著者を静岡県立美術館にリクルートしてきたその年（二〇一四年）の秋に日本美術史学界最高の「国華賞」を受賞した。

この才媛二人が口をそろえて私の「徳川の平和論」を面白がってくれたのだから、老書生としては嬉しくないはずはない。筑摩書房から改訂新版の話もあると洩らすと、それを来年秋の「〈徳川の平和〉」展の前に出版しなさいよ、といつもは私に向かって辛辣な口もきく二人が励ましてくれたのである。こうして筑摩をすでに定年でやめていた湯原氏との間の仕事は再起動した。しかしこれも私自身の能率低下のために遅れに遅れて、この二〇一七年後半にずれこんでしまったのである。

こうしてこの「徳川の平和論」は、川勝平太現知事から県立美術館学藝部長泉万里さんまで、家康歿後四百年記念の諸行事をはさんで、意外に静岡県との縁が深かった。しかし徳川時代の日本文明を「パクス・トクガワーナ」として見直してゆこうという気持、ヴィジョンは、本書中の蕪村に関する章などでも繰返し触れたように、一九六〇年代半ばのプリンストン留学時代にすでに私のなかに抱懐されていた。そのヴィジョンがその後徐々に確認され、展開されてきたのである。プリンストンから帰国後に書いた論文やエッセイにはすでにあちこちに **Pax Tokugawana** との用語が出てきているし、一九七五年、アメリカのワシントンＤＣに創設されたウッドロー・ウィルソン記念国際学術研究センターに日本人研究者として初めて派遣されたときには、その翌年秋、同センターでの最後の研究成果発表に「十八世紀日本と西欧世界」を語り、動乱と啓蒙と革命と戦争をつづける欧米からまだ遠く離れて、青海波の海に浮かんで藝術にまみれて暮していた日本列島の「平和」を思い切り礼讃し、終りには当時同センターで刊行二百周年記念のシンポジウムが行われたばかりのギボンの『ローマ帝国衰亡史』（**Edward Gibbon**, ***The History of the Decline and Fall of the Roman Empire*, 1776–88**）の一節を引用して、その「平和」の終焉にも触れたものだった（同センターにフランスから来ていた「アナール」派の歴史家たち、フェルナン・ブローデルやフィリップ・アリエス夫妻らと毎日のように東西歴史談義を交わしたのも、貴重な思い出である）。

一九八〇年代半ばになると、私は梅原猛氏に誘われて、京都の国際日本文化研究センターの設立準備委員会メンバーとなった。当時委員会は大阪千里の国立民族学博物館に場所を借りて開かれていたが、あるときは同センターが創立されたらどのようなテーマで共同研究を進めるかが、種々提案された。私はさっそく「パクス・トクガワーナ」をその一つとして提案して説明を加えた。すると座長役を務めていた同博物館館長梅棹忠夫氏が、「あ、それは私が昔言いだしたテーマだ」と洩らした。Pax Tokugawana 構想のプライオリティ競争の端緒である。だが私がプリンストン以来の研究成果のあれこれを挙げて反論し、結局は私が勝ったのだといまも思っている。同じころ、国会の文教委員会に同センターの設立趣旨説明に委員の一人として私も派遣され、山東昭子委員長の同委員会で同じく「徳川の平和」をその一部として説明しようとした。するとこんどは梅原猛初代所長予定者が、「あんまり平和、平和と言うと、左翼かと疑われたりするかもしれないから気をつけろよ」と注意してくれた。これも当時ならではの面白いなつかしい思い出である。

右の少し前、一九八三年の四月から九月までの半年にわたって、私は「NHK市民大学」で毎週木曜夜、四十五分間の講義を担当させられた。これはテキスト執筆と放映用ビデオ収録と両面にわたって私にとっては初めての重労働の体験だった。だが私はここで「江戸の比較文化史」と題して、このたびの本の基本となる部分を映像や朗読入りでたっぷりと語った。あのときの愉快な長時間番組のディレクター山本三四郎氏のことも、ここでなつかしく思い出して厚く御礼を申し上げておかねばならない。

そしてこれらすべての章の書き始めには、東大教養学部の教師時代、学部でのフランス語の授業の他に、教養学部の一、二年生や、教養学科各分科学生（三、四年）相手の演習や、大学院比較文学比較文化専攻の修士・博士課程での演習・講義に、新井白石も、荻生徂徠も、杉田玄白や平賀源内も、鈴木春信や與謝蕪村、渡辺崋山もつぎつぎに取り上げて、ときには八王子セミナーハウスに一泊で、「十八世紀日本比較文化史」を論じあった経緯があることを、もちろん忘れるわけにはいかない。

以上、大変長い「あとがき」となったが、数え切れぬほど多くの人々の激励、援助、伴走を得て、いまようやく一冊の単行本となることをあらためてよろこび、新旧の学友たちに厚く感謝申し上げる。以下、初出の文章は本書に収めるに当って全面的に補筆、改稿を施したが、念のため各章の元となった論考を簡略に列記しておこう。

プロローグ――徳川像の変遷

――芳賀徹編『文明としての徳川日本』（中央公論社、一九九三年十月）

I

1「洛中洛外図屛風」の世界

2「いざやかぶかん」——出雲阿国と隆達小歌
——右二篇、『NHK人間講座　みやこの円熟』（NHK出版、二〇〇四年二月）
3「平和」の祝典序曲——光悦・宗達と古典復興
——『花ひらく琳派——琳派四百年記念祭公式記録』（京都新聞出版センター、二〇一六年四月）

Ⅱ

4すべての道は江戸へ——芭蕉の徳川礼讃
——『NHK市民大学　江戸の比較文化史』（NHK出版、一九八三年四月）
5啓蒙の実学者——風土記と本草学の貝原益軒
——上野益三他『彩色江戸博物学集成』（平凡社、一九九四年八月）
6「鎖国」への来訪者——ケンペルと元禄日本
7宝永六年冬——切支丹屋敷の東西対話
——右二篇、前出『江戸の比較文学史』および『文明としての徳川日本』

Ⅲ

8博物学の世紀——十八世紀の日本と西洋
——前出『江戸の比較文化史』
9あて名のない手紙——九幸老人杉田玄白
——『諸君！』（文藝春秋、一九六九年七月号）

10回想記『蘭学事始』を読む
——前出『江戸の比較文化史』
11「平和」の島の点景
†俵屋宗達の早春と初秋——「仔犬図」と「枝豆図」
——「茶の湯」484、488号（茶の湯同好会、平成二十六年六月一日／十月一日）
†久隅守景「夕顔棚納涼図」
——『徳川の平和 Pax Tokugawana 1603–1853展 図録』（静岡県立美術館、二〇一六年九月）
†一匹の犀の東奔西走
†ルソーと平賀源内の「朝鮮人参」
——右二篇、前出『江戸の比較文化史』
†平賀源内「西洋婦人図」とその妹たち
——前出『徳川の平和展図録』
†江戸の花咲男——源内をめぐる比較放屁論
——『ユリイカ』特集・平賀源内（青土社、一九八八年四月）
†與謝蕪村「富嶽列松図」
——「茶の湯」485号（茶の湯同好会、平成二十六年七月一日）
†オランダから飛んできた小さな鳥

——高階秀爾・平山郁夫・丸谷才一・和田誠編『二枚の絵』（毎日新聞社、二〇〇〇年五月）

†渡辺崋山「翎毛虫魚冊」——末期の筆

——前出『徳川の平和展図録』

Ⅳ

12「徳川の平和（パクス・トクガワーナ）」の詩人——與謝蕪村

——『俳句』（角川書店、二〇一六年二月号）

13蕪村の青春哀歌——「北寿老仙をいたむ」

——『アナホリッシュ国文学』No.5（響文社、二〇一三年十二月号）

14美しくなる女たち——蕪村と春信

15永い平和とつきあう法——悪少年また大田南畝

16フランス革命と日本——「小氷期」のもとの小春日和

——以上三篇、前出『文明としての徳川日本』

17「徳川の平和」の終焉へ

——部分的に前掲『江戸の比較文化史』および『アステイオン』84号（サントリー文化財団、二〇一六年五月）

エピローグ——徳川日本の色とデザイン

——田中一光・小池一子構成『JAPANESE COLORING』（リブロポート、一九八一年）

なお、これらの論文、エッセイの多くは、私の長年の習慣で、旧町名本郷曙町のわが家の書斎で、夜中から明けがたにかけて執筆された（それゆえに「曙紅斎」の自称）。原稿が終りかけの朝になると、妻知子が二階から下りてきて、「また寝なかったのね」と言いながらドアから顔をのぞかせた。そして私に半熟卵を一つか二つ作ってくれ、熱い焙じ茶と一緒に持ってきてくれた。実にうまかった。あの寛容とやさしさは忘れようがなく、この長い私的歴史がまつわる一冊を、いまは亡き彼女の霊に献げることとする。

東京・駒込　曙紅斎　　　芳賀　徹

二〇一七年五月

参考文献＊執筆当時また改稿当時に参照した主要な文献のみを挙げる（雑誌論文等は省略）

三上参次『江戸時代史』上・下、冨山房、一九四三年（上）、一九四四年（下）、講談社学術文庫（新装版、上・下）、一九九二年

内田銀蔵『近世の日本』冨山房、一九一九年、創元社（日本文化名著選）、一九三八年

内藤虎次郎『近世文学史論』政教社、一八九七年、創元社（日本文化名著選）、一九三九年

藤岡作太郎『近世絵画史』金港堂書籍株式会社、一九〇三年、ぺりかん社（日本芸術名著選1）、一九八三年

村岡典嗣『増訂　日本思想史研究』岩波書店、一九四〇年

同右『続　日本思想史研究』岩波書店、一九三九年

G. B. Sansom, *The Western World and Japan*, Alfred A. Knopf, 1950（G・B・サンソム、金井圓・芳賀徹・平川祐弘・多田実訳『西欧世界と日本』上・下、筑摩叢書、一九六六年、ちくま学芸文庫（上・中・下）、一九九五年

Marius B. Jansen (ed.), *Changing Japanese Attitudes Toward Modernization* (Studies in the Modernization of Japan), Princeton U. P., 1965（細谷千博編訳『日本における近代化の問題』岩波書店、一九六八年）

J・W・ホール、M・B・ジャンセン編（宮本又次、新保博監訳）『徳川社会と近代化』ミネルヴァ書房、一九七三年

Albert M. Craig (ed.), *Japan: A Comparative View*, Princeton U. P., 1979

大石慎三郎『江戸時代』中公新書、一九七七年

同右・中根千枝編『江戸時代と近代化』筑摩書房、一九八六年（Chie Nakane & Ôishi (eds.), *Tokugawa Japan: the Social and Economic Antecedents of Modern Japan*, Univ. of Tokyo Press, 1990）

大石慎三郎『田沼意次の時代』岩波書店、一九九一年

上山春平監修・野口武彦著「太平の構図　文明の成熟」『日本文明史6』角川書店、一九九〇年

尾藤正英『江戸時代とはなにか――日本史上の近世と近代』岩波書店、一九九二年
田中優子『江戸はネットワーク』平凡社、一九九三年、平凡社ライブラリー、二〇〇八年
高埜利彦『天下泰平の時代』(シリーズ日本近世史③)岩波新書、二〇一五年
辻達也・朝尾直弘ほか編『日本の近世』(一―一八)中央公論社、一九九一-九四年
水谷三公『江戸は夢か』ちくまライブラリー、一九九二年、ちくま学芸文庫、二〇〇四年
石川英輔『江戸空間――100万都市の原型』評論社、一九九三年
和辻哲郎『鎖国――日本の悲劇』筑摩書房、一九五一年
ロナルド・トビ(速水融ほか訳)『近世日本の国家形成と外交』創文社、一九九〇年
川勝平太『日本文明と近代西洋――「鎖国」再考』NHKブックス、一九九一年
山口啓二『鎖国と開国』(日本歴史叢書)岩波書店、一九九三年
ドナルド・キーン(芳賀徹訳)『日本人の西洋発見』中公叢書、一九六八年、中公文庫、一九八二年
高瀬弘一郎『キリシタンの世紀――ザビエル渡日から「鎖国」まで』岩波書店、一九九三年
平川新「前近代の外交と国家――国家の役割を考える」『日本史学のフロンティア1――歴史の時空を問い直す』法政大学出版局、二〇一五年所収
武田恒夫責任編集、辻惟雄ほか『日本屏風絵集成第十一巻風俗画――洛中洛外』講談社、一九七八年
京都国立博物館編『洛中洛外図』角川書店、一九六六年
辻惟雄編「洛中洛外図」至文堂、『日本の美術No.121』、一九七六年六月号
奥平俊六『洛中洛外図　舟木本――町のにぎわいが聞こえる』(アートセレクション)小学館、二〇〇一年
黒田日出男『洛中洛外図・舟木本を読む』角川選書、二〇一五年
小笠原恭子『出雲のおくに――その時代と芸能』中公新書、一九八四年
服部幸雄『歌舞伎成立の研究』第二版、風間書房、一九八〇年

河竹登志夫『歌舞伎』東京大学出版会、二〇〇一年
新間進一ほか校注『日本古典文学大系44　中世近世歌謡集』岩波書店、一九五九年
正木篤三編『本阿弥行状記と光悦』中央公論美術出版、一九九三年
芳賀幸四郎『近世文化の形成と伝統』河出書房、一九四八年
山根有三『琳派名品百選』日本経済新聞社、一九九六年
同右「光悦・宗達・光琳」『水墨美術大系第十巻』講談社、一九七七年
「宗達研究」一・二、『山根有三著作集』一・二、中央公論美術出版、一九九四年（一）、一九九六年（二）
河野元昭『琳派――響きあう美』思文閣出版、二〇一五年
『花ひらく琳派――琳派四百年記念祭公式記録』京都新聞出版センター、二〇一六年
林進『宗達絵画の解釈学――『風神雷神図屏風』の雷神はなぜ白いのか』敬文舎、二〇一六年
京都国立博物館『琳派　京（みやこ）を彩る』特別展覧会図録、二〇一五年
熊倉功夫『後水尾院』朝日評伝選、一九八二年
小島道裕『洛中洛外図屏風――つくられた〈京都〉を読み解く』吉川弘文館、二〇一六年
井本農一ほか校注・訳「松尾芭蕉集1　全発句」『新編　日本古典文学全集70』小学館、一九九五年
富山奏校注「芭蕉文集」『新潮日本古典集成』新潮社、一九七八年
中村俊定校注『芭蕉俳句集』岩波文庫、一九七〇年
尾形仂『芭蕉・蕪村』岩波現代文庫、二〇〇〇年
同右『松尾芭蕉』ちくま文庫、一九八九年
清水孝之校注「與謝蕪村集」『新潮日本古典集成』新潮社、一九七九年
尾形仂校注『蕪村俳句集』岩波文庫、一九八九年
藤田真一・清登典子編『蕪村全句集』おうふう、二〇〇〇年
芳賀徹『與謝蕪村の小さな世界』中央公論社、一九八六年、中公文庫、一九八八年

芳賀徹『詩の国　詩人の国』筑摩書房、一九九七年

尾形仂『蕪村の世界』岩波書店（同時代ライブラリー）、一九九七年

早川聞多『夜色楼台図――己が人生の表象』（絵は語る12）平凡社、一九九四年

雲英末雄ほか校注・訳「近世俳句俳文集」『新編　日本古典文学全集72』小学館、二〇〇一年

山下一海ほか校注「天明俳諧集」『新　日本古典文学大系73』岩波書店、一九九八年

芳賀徹『みだれ髪の系譜』美術公論社、一九八一年、講談社学術文庫、一九八八年

同右『平賀源内』朝日評伝選、一九八一年、朝日選書、一九八九年

飯島勇・鈴木進「大雅・蕪村」『水墨美術大系第十二巻』講談社、一九七七年

水田紀久ほか校注「菅茶山・頼山陽詩集」『新　日本古典文学大系66』岩波書店、一九九六年

富士川英郎『菅茶山と頼山陽』東洋文庫195、平凡社、一九七一年

辻惟雄『奇想の図譜――からくり・若冲・かざり』平凡社、一九八九年

呉秀三訳注『ケンプェル江戸参府紀行』上・下、「異国叢書」（駿南社、一九二八－二九年）、雄松堂書店復刻版、一九六六年

ケンペル（今井正編訳）『日本誌』上・下、霞ヶ関出版、一九七三年

同右（斎藤信訳）『江戸参府旅行日記』東洋文庫303、平凡社、一九七七年

小堀桂一郎『鎖国の思想――ケンペルの世界史的使命』中公新書、一九七四年

ヨーゼフ・クライナー編『ケンペルのみたトクガワ・ジャパン』六興出版、一九九二年

Beatrice Bodat-Bailey (ed. Trans), *Kaempfer's Japan*, Honolulu, University of Hawaii Press, 1999

吉野作造『新井白石とヨワン・シローテ』文化生活研究会、一九二四年

新井白石（宮崎道生校注）『西洋紀聞』東洋文庫113、平凡社、一九六八年

松村明ほか『新井白石』日本思想大系35、岩波書店、一九七五年

村岡典嗣「新井白石の一書簡とその解説」『増訂　日本思想史研究』岩波書店、一九四〇年

宮崎道生『新井白石の研究』増訂版、吉川弘文館、一九六九年
同右『新井白石の洋学と海外知識』吉川弘文館、一九七三年
上野益三『日本博物学史』平凡社、一九七三年、講談社学術文庫、一九八九年
上野益三ほか『彩色江戸博物学集成』平凡社、一九九四年
木村陽二郎『日本自然誌の成立——蘭学と本草学』中央公論社、一九七四年
同右『ナチュラリストの系譜——近代生物学の成立史』中公新書、一九八三年
益軒會編集『益軒全集』全八巻、益軒全集刊行部（隆文館内）、一九一〇—一一年
井上忠『貝原益軒』人物叢書103、吉川弘文館、一九六三年
芳賀徹『渡辺崋山——優しい旅びと』淡交社、一九七四年、朝日選書、一九八六年
同右『平賀源内』朝日評伝選、一九八一年、朝日選書、一九八九年
平賀源内（中村幸彦校注）「風来山人集」『日本古典文学大系44』岩波書店、一九六一年
太田桃介・武塙林太郎・成瀬不二雄編『図録・秋田蘭画』三一書房、一九七四年
武塙林太郎監修『画集　秋田蘭画』秋田魁新報社、一九八九年
ホイジンガ（高橋英夫訳）『ホモ・ルーデンス』中公文庫、一九七三年
辻善之助『田沼時代』（一九一五年初版）、岩波文庫、一九八〇年
阿部次郎『徳川時代の芸術と社会』（改造社初版）『阿部次郎全集』第八巻、角川書店、一九六一年
原勝郎『日本中世史』（『日本中世史之研究』同文館、「鞦韆考」付載）東洋文庫146、平凡社、一九六九年、講談社学術文庫、一九七八年
九鬼周造『「いき」の構造　他二編』（一九三〇年、岩波書店）岩波文庫、一九七九年
サミュエル・ビング編（ジャポネズリー研究学会訳）『藝術の日本　一八八八‐九一』美術公論社、一九八一年
潁原退蔵校注・清水孝之増補『與謝蕪村集』（日本古典全書）朝日新聞社、一九五七年
永井荷風「江戸芸術論」『荷風全集』第十四巻、岩波書店、一九六三年、岩波文庫、二〇〇〇年

寺田寅彦「浮世絵の曲線」（一九二三年執筆）、小宮豊隆編『寺田寅彦随筆集』第二巻、岩波文庫、一九四七年
髙橋誠一郎『新浮世絵二百五十年』中央公論美術出版、一九六一年
小林忠『春信』三彩社（東洋美術選書）、一九七〇年
同右『江戸絵画史論』瑠璃書房、一九八三年
富士川英郎『江戸後期の詩人たち』筑摩叢書、一九七三年、平凡社東洋文庫816、二〇一二年
武笠三校訂『大田南畝集』有朋堂文庫、一九二六年
浜田義一郎『大田南畝』人物叢書、吉川弘文館、一九六三年
Jean Starobinski, *1789, Les Emblèmes de la raison*, Flammarion, 1973
『燕石十種　第二』（「賤のをた巻」所収）国書刊行会、一九〇七年
芳賀徹責任編集・解説「杉田玄白・平賀源内・司馬江漢」『日本の名著22』中央公論社、一九七一年
山本武夫『気候の語る日本の歴史』そしえて文庫、一九七六年
上前淳一郎『複合大噴火――1783年夏』文藝春秋、一九八九年
根本順吉『江戸晴雨攷』中公文庫、一九九三年
ギルバート・ホワイト（寿岳文章訳）『セルボーン博物誌』上下、岩波文庫、一九四九年
斎藤阿具訳註『ヅーフ日本回想録　フィッセル参府紀行』奥川書房、一九四一年
佐藤昌介ほか校註「渡辺崋山　高野長英　佐久間象山　横井小楠　橋本左内」『日本思想大系55』岩波書店、一九七一年
石川淳『渡邊崋山』筑摩叢書20、一九六四年
ドナルド・キーン（角地幸男訳）『渡辺崋山』新潮社、二〇〇七年
冷泉為人・河野通明・岩崎竹彦・並木誠士『瑞穂の国・日本――四季耕作図の世界』淡交社、一九九六年
ベルトルト・ラウファー（武田雅哉訳）『サイと一角獣』博品社、一九九二年
水上英廣『ニーチェの顔』岩波新書、一九七六年

略年表（主要人物の生年は歿年の下にカッコに入れて示した）

西暦	和暦	できごと
一五二一	大永 元	このころ、町田本「洛中洛外図屏風」成立か
一五四三	天文一二	八月、ポルトガル人が種子島に来て鉄砲を伝える
一五五〇	一九	十月、フランシスコ・ザビエルが山口で布教する
一五五二	二一	二月、上京下京衆が土御門の法華堂跡にて勧進猿楽を催す
一五六〇	永禄 三	五月、織田信長が尾張桶狭間にて今川義元を破る
一五六五	八	九月、一説に狩野永徳筆「洛中洛外図屏風」（上杉本）成る
一五七一	元亀 二	九月、信長が延暦寺を焼き討ちする
一五七三	天正 元	七月、信長が将軍足利義昭を京から追放する（室町幕府の滅亡）
一五七四	二	六月、信長が狩野永徳筆の「洛中洛外図屏風」を上杉謙信に贈る
一五七五	三	五月、信長・徳川家康の連合軍が長篠にて武田勝頼を破る
一五八二	一〇	六月、信長（天文3、一五三四—）が本能寺で自刃する（本能寺の変）
一五八七	一五	十月、豊臣秀吉が北野大茶会を催す。十一月、聚楽第成る
一五九〇	一八	八月、秀吉が奥羽を平定する（全国の統一）
一五九一	一九	二月、千利休（大永2、一五二二—）が秀吉の命により聚楽屋敷にて自刃する
一五九五	文禄 四	四月、方広寺大仏殿がほぼ完成する
一五九八	慶長 三	八月、秀吉が伏見城で歿する（天文5、一五三六—）
一六〇〇	五	三月、豊後に漂着したオランダ東インド公社東洋遠征船隊リーフデ号の英人船長ウィリアム・アダムズ、家康に拝謁。後に三浦按針として徳川将軍の対外政策を指南（一五六四—一六二〇）。九月、家康ら東軍が美濃関ヶ原にて石田三成ら西軍を破る
一六〇三	八	二月、家康が征夷大将軍となり江戸に幕府を開く。五月、出雲阿国が京都で「かぶき踊り」を演ずる
一六〇四	九	八月、京都町衆が豊国大明神臨時祭礼にて風流踊を演ずる
一六〇五	一〇	四月、家康、将軍職を辞し、やがて駿府に移り「大御所」となる。三男秀忠（天正7、一五七九—寛永9、一六三二）後継、二代将軍

一六〇六	慶長一一	八月、角倉了以（天文23、一五五四—慶長19、一六一四）が大堰川の水路を開く
一六〇七	一二	五月、朝鮮国使節（回答兼刷還使）来日、江戸で秀忠、駿府で家康と会見
一六一〇	一五	八月、家康が京都商人の田中勝介らをメキシコに派遣（日本人初の太平洋横断）
一六一一	一六	十一月、角倉了以が幕府に高瀬川の運河建設を請願する
一六一四	一九	十月、家康が大坂征討を命ずる（大坂冬の陣）
一六一五	元和　元	五月、大坂落城、豊臣氏が滅びる（大坂夏の陣）。この年、本阿弥光悦が家康より鷹ヶ峰の地（光悦村）を拝領する
一六一六	二	このころ、舟木本「洛中洛外図屏風」成立か。四月、徳川家康駿府に歿（天文11、一五四二—）。久能山東照宮に祀られる
一六一七	三	八月、朝鮮使節、伏見で将軍秀忠に謁見
一六二〇	六	六月、秀忠の娘和子が後水尾天皇（慶長元、一五九六—延宝8、一六八〇）に入内する。この夏、桂離宮の造営がはじまる（〜一六二四）
一六二二	八	八月、幕府が長崎でキリシタン五十五人を処刑（元和大殉教）
一六二三	九	七月、秀忠辞任、秀忠の次男家光（慶長9、一六〇四—慶安4、一六五一）第三代将軍となる。一一月、イギリス、平戸商館を閉鎖、日本退去
一六二六	寛永　三	この年、狩野探幽（慶長7、一六〇二—延宝2、一六七四）が二条城の襖絵を描く
一六二九	六	七月、幕府が沢庵らを配流する（紫衣事件）。十月、幕府が女舞・女歌舞伎を禁止する
一六三〇	七	九月、俵屋宗達が「西行法師行状絵詞」を模写する。このころ、「江戸名所図屏風」成る
一六三五	一二	五月、幕府、日本人の海外渡航・帰国を禁止。六月、武家諸法度改定、参勤交代制定
一六三六	一三	一二月、第一回朝鮮通信使来日。家光に謁
一六三七	一四	二月、本阿弥光悦が京都で歿する（永禄元、一五五八—）。十月、島原の乱が起こる
一六三九	一六	七月、幕府、ポルトガル船の来航を禁止する（鎖国の完成）
一六四一	一八	八月、幕府、風流踊を禁止する。オランダ商館を平戸から長崎出島に移す
一六四三	二〇	七月、第二回朝鮮通信使、家光拝謁
一六五一	慶安　四	七月、由井正雪らの陰謀が発覚する（慶安事件）。八月、家光長男、徳川家綱（寛永18、一六四一—延宝8、一六八〇）四代将軍となる
一六五二	承応　元	六月、幕府が若衆歌舞伎を禁止する

西暦	年号	事項
一六五三	二	三月、幕府が歌舞伎（野郎歌舞伎）の再開を許可する
一六五五	明暦 元	一〇月、第三回朝鮮通信使、家綱襲職祝賀
一六五七	三	一月、江戸が大火に見舞われ、江戸城本丸焼失（明暦大火）
一六六二	寛文 二	この年、伊藤仁斎が堀川に私塾「古義堂」を開く
一六七一	一一	七月、河村瑞賢が東廻り航路を開き、翌年には西廻り航路を開く
一六八〇	延宝 八	八月、徳川家光の四男、上野館林藩主（15万石）綱吉（正保3、一六四六―宝永6、一七〇九）第五代将軍就任。江戸湯島に聖堂建立など文治主義。後に生類憐れみの令発令
一六八一	天和 元	この年、鷹ヶ峰の光悦村が消滅する
一六八二	二	八月、第四回朝鮮通信使来日。綱吉襲職祝賀
一六八四	貞享 元	十月、貞享暦ができ、翌年より採用される
一六八九	元禄 二	三月、松尾芭蕉が「奥の細道」の旅に出る、八月大垣帰着
一六九〇	三	九月（陽暦）、ドイツ人博物学者エンゲルベルト・ケンペル（一六五一―一七一六）、オランダ商館医師として長崎に来航、元禄四、五年の春二回の江戸参府、一六九二年秋長崎出航、十年ぶりに帰国
一六九四	七	四月、賀茂葵祭が再興される。十月、芭蕉が大坂で没する（寛永21・正保元、一六四四―）
一七〇二	一五	十二月、赤穂浪士大石良雄らが吉良義央を討つ（赤穂事件）
一七〇四	宝永 元	この年、尾形光琳が「中村内蔵助像」を描く
一七〇五	二	三月、伊藤仁斎が京都で歿（寛永4、一六二七―）
一七〇七	四	十一月、富士山大噴火
一七〇九	六	一月、三代将軍家光の孫、甲府侯徳川綱重の長男徳川綱豊。（寛文2、一六六二―正徳2、一七一二）、綱吉の養子家宣（いえのぶ）となって第六代将軍就任。侍講新井白石を幕政に重用する（正徳の治）、十一月、十二月、白石、江戸小日向切支丹屋敷で、密入国のイタリア人イエズス会士シドッチを審問。貝原益軒『大和本草』刊行
一七一一	正徳 元	第五回朝鮮通信使、家宣襲職祝賀。新井白石、同聘礼改革
一七一四	四	貝原益軒歿（寛永七、一六三〇―）
一七一六	享保 元	六月、尾形光琳が京都で歿する（万治元、一六五八―）。八月、紀伊藩主徳川吉宗（貞享元、一六八四―寛延4、一七五一）が七代家継歿ののち第八代将軍となる。享保改革を推進、洋学を一部解禁
一七一九	四	第六回朝鮮通信使、吉宗襲職祝賀

一七二八	享保一三	荻生徂徠、江戸で歿（寛文6、一六六六―）
一七四八	寛延　元	六月、家重、第七回朝鮮通信使引見
一七五一	宝暦　元	この年、與謝蕪村が京都に上る
一七六三	一三	七月、平賀源内、江戸で『物類品隲』刊、十一月、同人戯作小説『根南志具佐』『風流志道軒伝』刊行
一七六四	明和　元	二月、家治、第八回朝鮮通信使引見
一七六五	二	この年、鈴木春信が錦絵を創始する
一七六八	五	三月、『平安人物志』の初版が刊行される
一七七〇	七	この年、蕪村が夜半亭二世を継承。伊藤若冲が「動植綵絵」三十幅の連作に取り掛かる
一七七一	八	三月、杉田玄白、前野良沢、中川淳庵ら江戸千住小塚原で刑死体腑分けを検分、『ターヘル・アナトミア』翻訳を発意。八月、蕪村と大雅の合作「十便十宜画冊」成る。ハンガリー人ベニョフスキー（ハンベンゴロウ）カムチャツカを脱獄、奄美大島に漂着、ロシアの対日侵略計画を長崎に警告
一七七二	安永　元	田沼意次（享保4、一七一九―天明8、一七八八）老中格から老中に昇る
一七七四	三	八月、杉田玄白、中川淳庵、桂川甫周ら『解体新書』刊行、小田野直武同書附図制作
一七七五	四	九月、スウェーデン人博物学者ツンベルク（ツュンベリー、一七四三―一八二八）オランダ商館医師として来日、翌年春、江戸参府
一七七六	五	四月、池大雅が京都で歿する（享保8、一七二三―）、上田秋成『雨月物語』刊、十一月、平賀源内エレキテルを完成。七月、アメリカ「独立宣言」公布
一七七七	六	一月、蕪村が『夜半楽』を刊行する、「春風馬堤曲」「澱河歌」掲載
一七七九	八	十二月、平賀源内、江戸で獄死（享保13、一七二八―）
一七八一	天明　元	このころ、菅茶山が備後神辺に私塾を開く
一七八三	三	九月、浅間山爆発、各地凶作飢饉、十二月、蕪村、京都で歿（正徳六、一七一六―）
一七八七	七	六月、松平定信（宝暦8、一七五八―文政12、一八二九）が老中となる
一七八九	寛政　元	七月、フランス革命
一七九〇	二	五月、幕府が昌平黌で朱子学以外の学問を講じることを禁止（寛政異学の禁）
一七九一	三	林子平、仙台で『海国兵談』出版。翌年、松平定信の命により版木破棄、子平仙台に蟄居
一七九二	四	九月、ロシア使節ラクスマンが根室に来航し通商を求める、伊勢の漂流民大黒屋光太夫同船帰国
一七九七	九	十二月、幕府が林家の昌平黌を官立の昌平坂学問所に改める

西暦	年号	事項
一七九八	一〇	六月、本居宣長が『古事記伝』を著す
一八〇〇	一二	九月、伊藤若冲が京都で歿（正徳6、一七一六—）
一八〇四	文化 元	九月、ロシア全権使節ニコライ・レザーノフの艦隊長崎来航、幕府に通商要求。五月、執政ナポレオン、フランス皇帝となる。
一八〇五	二	十月、ネルソン提督の英国艦隊、イベリア半島南端のトラファルガー沖で仏・西連合艦隊に大勝。ナポレオンのイギリス上陸作戦挫折
一八〇八	五	八月、イギリス軍艦フェートン号長崎港侵入、フランス属領となっていたオランダ商館引渡しを要求
一八一一	八	五月、第九回（最終回）朝鮮通信使、対馬で聘礼
一八一二	九	ナポレオン軍ロシアに侵入、敗退。ナポレオン、一八一四年に皇帝退位
一八一五	一二	ナポレオン「百日天下」の下、ワーテルローの戦いに敗退。セントヘレナ島に流刑、一八二一年同島で歿
一八一七	一四	四月、杉田玄白歿（享保一八、一七三三—）
一八一九	文政 二	二月、イギリス、シンガポールを占有
一八二一	四	七月、伊能忠敬「大日本沿海輿地全図」を幕府に献上
一八二五	八	二月、幕府が異国船打払令を出す
一八二七	一〇	八月、菅茶山が備後神辺で歿（寛延元、一七四八—）。この年、頼山陽が松平定信に自著『日本外史』を献上
一八三二	天保 三	九月、頼山陽が京都で歿
一八三三	四	この冬より、全国的な飢饉が起こる（天保の大飢饉）
一八三七	八	二月、大塩平八郎が大坂船場の豪商を襲撃する（大塩の乱）、三月、平八郎自殺
一八三九	一〇	十二月、幕府が渡辺崋山を蟄居、高野長英を永牢に処す（蛮社の獄）。中国広州でアヘン輸入をめぐる清・英紛争深刻化。林則徐、清英貿易を断絶、アヘン戦争本格化。↓一八四一年一月英軍、香港を占領↓一八四二年八月清英間に南京条約締結、広州、上海、福州等開港。
一八四一	一二	十月、崋山、田原の蟄居先で自決（寛政5、一七九三—）
一八五三	嘉永 六	六月、アメリカ東インド艦隊司令長官ペリー、浦賀に来航、幕府に開国要求。七月、ロシア艦隊プチャーチン司令長官長崎に来航。ともに翌年再来航
一八五四	安政 元	五月、幕府、日米和親条約に調印

筑摩選書 0002

江戸絵画の不都合な真実

狩野博幸

近世絵画にはまだまだ謎が潜んでいる。若冲、芦雪、写楽など、作品を虚心に見つめ、文献資料を丹念に読み解くことで、これまで見逃されてきた〝真実〟を掘り起こす。

筑摩選書 0009

日本人の暦 今週の歳時記

長谷川 櫂

日本人は三つの暦時間を生きている。本書では、季節感豊かな日本文化固有の時間を歳時記をもとに再構成。四季の移ろいを慈しみ、古来のしきたりを見直す一冊。

筑摩選書 0039

長崎奉行 等身大の官僚群像

鈴木康子

江戸から遠く離れ、国内で唯一海外に開かれた町、長崎を統べる長崎奉行。彼らはどのような官僚人生を生きたのか。豊富な史料をもとに、その悲喜交々を描き出す。

筑摩選書 0082

江戸の朱子学

土田健次郎

江戸時代において朱子学が果たした機能とは何だったのか。この学の骨格から近代化の問題まで、思想界に与えたインパクトを再検討し、従来的イメージを刷新する。

筑摩選書 0118

〈日本的なもの〉とは何か ジャポニスムからクール・ジャパンへ

柴崎信三

様々な作品を通して19世紀末のジャポニスムから近年のクール・ジャパンまでを辿りながら、古くて新しい問いである「日本的なもの」の生成と展開、変容を考える。

筑摩選書 0121

芭蕉の風雅 あるいは虚と実について

長谷川櫂

芭蕉の真骨頂は歌仙の捌きにこそある。芭蕉にとって歌仙とは、現実の世界から飛翔し風雅の世界にあそぶことであった。「七部集」を読みなおし、蕉風の核心に迫る。

芳賀 徹（はが・とおる）

一九三一年生まれ。東京大学教養学部教養学科卒、同大学大学院人文科学研究科比較文学比較文化専攻博士課程修了。文学博士（東京大学）。東京大学教養学部教授、プリンストン大学客員研究員、国際日本文化研究センター教授、京都造形芸術大学学長、岡崎市美術博物館、静岡県立美術館の館長などを経て、現在は国際日本文化研究センター名誉教授、東京大学名誉教授。主な著書に『大君の使節』、『渡辺崋山・優しい旅びと』、『明治維新と日本人』、『みだれ髪の系譜』、『平賀源内』（サントリー学芸賞）、『絵画の領分——近代日本比較文化史研究』（大佛次郎賞）、『与謝蕪村の小さな世界』、『詩の国 詩人の国』、『詩歌の森へ——日本詩へのいざない』、『藝術の国日本——画文交響』（蓮如賞）など多数ある。

筑摩選書 0149

文明としての徳川日本 一六〇三—一八五三年

二〇一七年九月一五日 初版第一刷発行

著者 芳賀 徹

発行者 山野浩一

発行所 株式会社筑摩書房
東京都台東区蔵前二-五-三 郵便番号 一一一-八七五五
振替 〇〇一六〇-八-四一二三

装幀者 神田昇和

印刷 製本 中央精版印刷株式会社

本書をコピー、スキャニング等の方法により無許諾で複製することは、法令に規定された場合を除いて禁止されています。請負業者等の第三者によるデジタル化は一切認められていませんので、ご注意ください。
乱丁・落丁本の場合は左記宛にご送付ください。送料小社負担でお取り替えいたします。
ご注文、お問い合わせも左記へお願いいたします。

筑摩書房サービスセンター
さいたま市北区櫛引町二-六〇四 〒三三一-八五〇七 電話 〇四八-六五一-〇〇五三
©Haga Toru 2017 Printed in Japan ISBN978-4-480-01646-1 C0321

人名索引

▼た行

▼な行

▼は行

▼や行

▼ら行

▼わ行

一八五五	安政二	一月、幕府、江戸に洋学所（蕃書調所）、七月、長崎に海軍伝習所を開設
一八五六	三	四月、江戸築地に幕府講武所（のちに軍艦操練所）を開設
一八五八	五	六月、幕府、日米修好通商条約に調印。九月、元小浜藩士梅田雲浜が幕府に囚われ、安政の大獄はじまる。八月、日英和親、十二月、日露和親の条約を調印
一八六〇	万延元	一月、咸臨丸太平洋横断、サンフランシスコ往復。同月、幕府遣米使節、米艦で江戸湾出航、パナマ経由（鉄道）でワシントン行き、通商条約批准書を交換。大西洋、インド洋経由帰国（以後、遣欧一八六二、遣仏一八六四、一八六五、遣露一八六六、遣仏一八六七と、幕府使節派遣つづく。幕府留学生も一八六二オランダ、一八六五ロシア、一八六六イギリスに派遣）。三月、大老井伊直弼、桜田門外で暗殺さる
一八六一	文久元	十月、皇女和宮が将軍家茂に降嫁するために江戸へ向かう
一八六三	三	八月、三条実美ら宮中攘夷派が京都から追放さる（八月十八日の政変）
一八六四	元治元	七月、禁門の変（蛤御門の変）が起こる
一八六六	慶応二	一月、薩摩藩と長州藩の連合の盟約（薩長同盟）成る。一二月、徳川慶喜第十五代将軍となる
一八六七	三	十月、徳川慶喜が大政奉還上表を朝廷に提出。十二月、朝廷が王政復古の大号令を発する
一八六八	明治元	一月、鳥羽・伏見の戦い起こる（戊辰戦争）。三月、五箇条の御誓文が制定される。九月、明治と改元
一八六九	二	三月、天皇が東京に行幸し、太政官を置く（東京遷都）。五月箱館の榎本武揚らの反政府軍降伏（戊辰戦争終結）
一八七一	四	七月、廃藩置県発令、十一月、遣米欧岩倉使節団団員約五十名、横浜出帆、（一八七三年九月帰国）、約五十名の男女青少年の留学生これに同行